MÜNSTERISCHE BEITRÄGE ZUR RECHTS- UND STAATSWISSENSCHAFT

HERAUSGEGEBEN VON DER
RECHTS- UND STAATSWISSENSCHAFTLICHEN FAKULTÄT DER
WESTFÄLISCHEN WILHELMS-UNIVERSITÄT IN MÜNSTER

16

Berlin 1970

WALTER DE GRUYTER & CO.

vormals G. J. Göschen'sche Verlagshandlung · J. Guttentag, Verlagsbuchhandlung
Georg Reimer · Karl J. Trübner · Veit & Comp.

DIE ENTSTEHUNG DER VORSCHRIFTEN DES BGB ÜBER DIE GESETZLICHE ERBFOLGE UND DAS PFLICHTTEILSRECHT

Von

HANS-GEORG MERTENS

Berlin 1970

WALTER DE GRUYTER & CO.

vormals G. J. Göschen'sche Verlagshandlung · J. Guttentag, Verlagsbuchhandlung
Georg Reimer · Karl J. Trübner · Veit & Comp.

D 6
ISBN 3 11 002165 X

Satz und Druck: Saladruck, Berlin 36

MEINER MUTTER

VORWORT

Die vorliegende Abhandlung wurde im Jahre 1969 von der Juristischen Fakultät der Westfälischen Wilhelms-Universität Münster auf Vorschlag der Professoren Dr. *Gmür* und Dr. *Kiefner* als Dissertation angenommen.

Ich danke besonders meinem verehrten Lehrer, Herrn Professor Dr. *Gmür*, für die Anregung und vielfältige Förderung der Arbeit. Mein Dank gilt ferner der Juristischen Fakultät für die Aufnahme der Abhandlung in ihre Schriftenreihe und für die Auszeichnung mit einem Preise. Des weiteren danke ich dem Lande Nordrhein-Westfalen für die Gewährung eines Druckkostenzuschusses.

Münster
im November 1970

Hans-Georg Mertens

INHALT

4. TEIL

5. TEIL

ABKÜRZUNGSVERZEICHNIS

Abg	Abgeordneter
AcP	Archiv für die civilistische Praxis
Acta	Acta des Königlich Bayrischen Staatsministeriums des Königlichen Hauses und des Aeussern
Arch. f. bürg. R.	Archiv für bürgerliches Recht
ALR	Allgemeines Landrecht für die preußischen Staaten von 1794
bad. LR	badisches Landrecht
bayr. LR	Codex Maximilianeus Bavaricus Civilis
bayr. Entw.	bayrischer Entwurf von 1856
BR	Bundesrat
BRD	Bundesrepublik Deutschland
E I	Erster Entwurf des BGB
E II	Zweiter Entwurf des BGB
E I EGBGB	Einführungsgesetz zum BGB, 1. Entwurf
GE	Gegenentwurf zum BGB von Otto Bähr
Gruchot-Beiträge	Beiträge zur Erläuterung des deutschen Rechts. Begründet von Gruchot
GO	Geschäftsordnung
hess. Entw.	Hessischer Entwurf
Krit. Viert. Schr.	Kritische Vierteljahresschrift für Gesetzgebung und Rechtswissenschaft
LÖK	Verhandlungen des Königlich-Preußischen-Landes-Oekonomie-Kollegiums vom 11.—22. November 1889
N.	Note
österr. ABGB	Österreichisches Allgemeines Bürgerliches Gesetzbuch
preuß. Entw.	preußischer Entwurf
Prot. I	Protokolle der 1. Kommission zur Ausarbeitung des BGB
Prot. II, Bd. 5	gedruckte Protokolle der 2. Kommission zur Ausarbeitung des BGB
Prot. II	Metallographierte Protokolle der 2. Kommission zur Ausarbeides BGB
sächs. BGB	sächsisches bürgerliches Gesetzbuch
St. B. R. T.	Stenographische Berichte des Reichstags des Deutschen Reiches
TE	Teilentwurf des Erbrechts von 1879
TE FamR	Teilentwurf des Familienrechts von 1880
Zürcher GB	Privatrechtliches Gesetzbuch für den Kanton Zürich
Zusammenstellung	Zusammenstellung der gutachtlichen Äußerungen zum Entwurf eines Bürgerlichen Gesetzbuches
Zusammenstellung BReg	Zusammenstellung der Äußerungen der Bundesregierungen zu dem Entwurf eines Bürgerlichen Gesetzbuches
Zusammenstellung EG	Zusammenstellung der gutachtlichen Äußerungen zum Entwurf eines Einführungsgesetzes

Einleitung

Die vorliegende Abhandlung will darstellen, wie die Vorschriften des BGB über die gesetzliche Erbfolge und das Pflichtteilsrecht entstanden sind.

Unter „gesetzlicher Erbfolge" versteht sie all jene Normen, auf Grund deren man kraft Gesetzes Erbe werden kann. Diese Vorschriften sind nicht sämtlich im BGB, sondern zum Teil in den Landesgesetzen enthalten. Daher soll auch der Frage nachgegangen werden, welche Gründe den Gesetzgeber bewogen haben, bestimmte erbrechtliche Materien nicht im BGB zu ordnen, sondern ihre Regelung dem Landesrecht der einzelnen Bundesstaaten vorzubehalten.

Das Pflichtteilsrecht beschäftigt sich mit der Frage, wie weit der Erblasser die gesetzliche Erbfolgeregelung abändern und aufheben darf. Es ist also Ausdruck eines Kompromisses im Widerstreit von gesetzlichem Familienerbrecht und Testierfreiheit. Bei seiner Darstellung sollen vor allem jene Fragen behandelt werden, die typisch sind für die Art, in welcher der Gesetzgeber den Kompromiß geschlossen hat. Dagegen soll darauf verzichtet werden, die Entstehungsgeschichte aller technischen Einzelheiten des Pflichtteilsrechts und der Enterbungsgründe näher zu behandeln.

Bislang fehlt es an Abhandlungen, die untersuchen, von welchen Gesichtspunkten der Gesetzgeber sich bei der Entscheidung der oben genannten Fragen im einzelnen leiten ließ. In den Lehrbüchern und Kommentaren zum geltenden Recht wird die Entstehungsgeschichte des jetzigen Erbrechts nur gestreift. Insbesondere fehlt in ihnen jeder nähere Hinweis auf die Beratungen der ersten Kommission zur Abfassung des BGB, obwohl sie für die Gestaltung der oben genannten Vorschriften besonders wichtig waren, weil die damals gefaßten Beschlüsse im Prinzip kaum mehr geändert wurden. Deshalb wird das Schwergewicht dieser Abhandlung auf einer Darstellung der Verhandlungen der ersten Kommission liegen, die ihre entscheidenden Beschlüsse bereits in den Jahren 1875 bis 1878 gefaßt hat.

Als Quellen dienen vor allem die Protokolle der ersten Kommission sowie die Vorlagen der einzelnen Redaktoren und der Teilentwurf zum Erbrecht aus den Jahren 1875 bis 1879. Da die Protokolle der Beratungen von 1875 bis 1878 sehr knapp gefaßt sind, ist es schwierig, den Gang der Beratungen zu rekonstruieren. Dies ist oft nur möglich, indem man die Protokolle mit den Motiven des Teilentwurfes zum Erbrecht vergleicht, die durch ihre Fassung Rückschlüsse auf die Verhandlungen der ersten Kommission zulassen.

Es soll jeweils auch das Echo des ersten Entwurfes zum BGB in der Öffentlichkeit dargestellt und gezeigt werden, wie weit dessen Regelung den Vorstellungen der damaligen Zeit entsprach. Schließlich ist darauf einzugehen, wie die zweite Kommission und der Reichstag das Erbrecht behandelt und wie weit sie die Kritiken am ersten Entwurf berücksichtigt haben.

Diesen Einzeluntersuchungen soll ein erster Teil vorangestellt werden, der sich mit der Entstehungsgeschichte des ganzen Erbrechtsbuches befaßt. Zwar ist die Entstehung des BGB in seiner Gesamtheit bereits von *Schubert*[1] untersucht und dargestellt worden, jedoch geht dessen Abhandlung nicht auf die Besonderheiten des Erbrechts ein.

---

[1] Die Entstehung der Vorschriften des BGB über Besitz und Eigentumsübertragung, Berlin 1966.

1. Teil

Die Entstehung des 5. Buches des BGB

Wie das gesamte Privatrecht, so war besonders auch das Erbrecht gegen Ende des 19. Jahrhunderts in Deutschland sehr zersplittert. Vielleicht war es dies sogar noch stärker als die übrigen Materien. Denn gerade das Erbrecht ist von allen Rechtsgebieten lokaler Färbung und Verschiedenheit besonders zugänglich, weil es mit dem Güterverkehr und Warenaustausch, für die eine einheitliche Rechtsgestaltung besonders erstrebenswert ist, nur wenig Berührung hat[2]. Zwar bildete das gemeine Recht in weiten Teilen Deutschlands eine gewisse Klammer, einen Rechtsrahmen; jedoch kam ihm regelmäßig nur subsidiäre Geltung zu, so daß es von jedem beliebigen Land- oder Stadtrecht gebrochen werden konnte. Deshalb bildete sich im Laufe der Jahrhunderte eine große Zahl partikulärer Erbrechtsordnungen heraus, die sich in vielen Punkten vom gemeinen Recht unterschieden[3].

Auch das Gebiet der einzelnen Bundesstaaten bot nicht durchweg ein einheitliches Bild. So war das preußische ALR von 1794 zwar als umfassende Kodifikation gedacht und sollte das zuvor gültige Recht in vollem Umfang ablösen, gegenüber den Provinzialrechten galt es jedoch nur subsidiär[4]. Deshalb gab es in Pommern, Brandenburg, Schlesien und Teilen Sachsens jeweils eigene, vom ALR abweichende Erbrechtsvorschriften. Lediglich in den 1815 neu erworbenen Provinzen Westfalen, Posen und Teilen der Provinz Sachsen hatte Preußen das ALR als ausschließliches Privatrecht eingeführt[5]. Hingegen hatte man in der Rheinprovinz das ALR nicht eingeführt, sondern den Code civil in Geltung belassen[6]. Im 19. Jahrhundert wurde mehrfach versucht, das Erbrecht des ALR umzuarbeiten. Das Ergebnis dieser sogenannten Gesetzesrevision ist in einem „Entwurf der das Erbrecht betreffen-

---

[2] *Hedemann*, S. 47; vgl. auch *Roth*, § 295 (S. 195) für Bayern.

[3] Der Teilentwurf zum Erbrecht führte mehr als 100 Partikularrechte und Statuten aus der Zeit zwischen der Mitte des 13. und der Mitte des 19. Jahrhunderts an (vgl. Motive TE S. 2—9); *Hedemann*, S. 48. Vgl. ferner *Roth*, Dt. Privatrecht, §§ 1—41.

[4] ALR II, 2 §§ 271, 272; *Hedemann*, S. 48; *Roth*, § 356 Note 1; *Vierhaus*, S. 6.

[5] Motive TE S. 14—19. So richtete sich z. B. das Erbrecht des überlebenden Ehegatten in Münster nach den Vorschriften des ALR, in Berlin jedoch nach der Constitutio Joachimica von 1529.

[6] *Koschaker*, Nachträge S. 357 (zu S. 137).

den Gesetze“ niedergelegt, der 1835 als Manuskript gedruckt wurde. Dieser Entwurf schloß sich an die einzelnen Abschnitte des ALR an und rechtfertigte abweichende Entscheidungen in besonderen Motiven. Beratungen über diesen Erbrechtsentwurf haben, soweit ersichtlich, nicht mehr stattgefunden[7]. Als 1864 und 1866 Schleswig, Holstein, Lauenburg, Hannover, Kurhessen, Nassau und Frankfurt dem preußischen Staate eingegliedert wurden, hat man in ihnen das ALR nicht eingeführt. Dort galt also weiterhin gemeines Recht, sofern es nicht durch örtliche Statuten verdrängt wurde, wie z. B. in Frankfurt durch die Reformation von 1578[8].

Eine zusammengehörige Rechtsgruppe bildeten die Gebiete des sächsischen gemeinen Rechts. Zu ihr gehörten die Rechte der verschiedenen thüringischen Kleinstaaten[9] All diese Rechtsordnungen gingen von der Grundlage des sächsischen gemeinen Rechts, basierend auf dem Sachsenspiegel, aus und beschränkten, änderten oder ergänzten sie. Von besonderer Bedeutung war das königlich-sächsische Bürgerliche Gesetzbuch vom 2. Januar 1863, welches das gesamte sächsische Zivilrecht zusammenfaßte und zur damaligen Zeit die modernste deutsche Zivilrechtskodifikation darstellte[10]. Obwohl die thüringischen Staaten an der Ausarbeitung dieses Gesetzbuches mitbeteiligt gewesen waren, übernahmen sie es doch nicht für ihr Gebiet[11].

In der preußischen Rheinprovinz, in Elsaß-Lothringen und im linksrheinischen Bayern galt französisches Recht, das seit dem Ende des napoleonischen Kaiserreiches nur wenig geändert worden war[12]. In Baden hatte man 1809 den Code civil in offizieller deutscher Übersetzung als Badisches Landrecht eingeführt, jedoch mit einer ganzen Reihe von Abweichungen, durch die einzelne, dem französischen Recht nicht bekannte Institute des alten badischen Rechts, wie etwa die Familienfideikommisse oder die Reallasten, beibehalten wurden[13].

Seit 1756 galt in Bayern der Codex Maximilianeus Bavaricus Civilis, der im Laufe der Zeit in zahlreichen Einzelheiten ergänzt und abgeändert wurde. Seit dem Beginn des 19. Jahrhunderts beschäftigte man sich in Bayern mit der Ausarbeitung eines neuen Zivilgesetzbuches[14]. 1808 fertigte Feuerbach einen Entwurf an, der sich materiell eng an den Code civil anschloß. 1811 sowie 1816/17 wurden auf der Grundlage des Codex Maximilianeus zwei weitere Entwürfe ausgearbeitet. Es folgte 1826/27 ein neuer

---

[7] *Schubert*, S. 6.
[8] *Roth*, Dt. Privatrecht § 6 (S. 49), § 14 (S. 118), § 3 (S. 30).
[9] Motive TE S. 12, 13.
[10] *Schubert*, S. 9; *Vierhaus*, S. 31.
[11] *Vierhaus*, S. 31.
[12] Motive TE S. 19.
[13] Motive TE S. 19; *Vierhaus*, S. 9; *Roth*, Dt. Privatrecht § 21 (S. 146).
[14] Motive TE S. 10; *Schubert*, S. 8; *Vierhaus*, S. 26 ff.

Entwurf, der allerdings nur das Personenrecht umfaßte, und 1834 ein weiterer, der sich eng an das österreichische ABGB von 1811 anschloß. 1854 bis 1857 arbeitete Endres den Entwurf eines Zivilgesetzbuches aus, der das Erbrecht in 994 Artikeln besonders ausführlich regelte[15]. Von all diesen Entwürfen wurde aber keiner in Kraft gesetzt.

Auch Hessen-Darmstadt hatte 1845 einen stark vom französischen Recht beeinflußten Gesetzesentwurf ausarbeiten lassen, der in Abteilung 3 das Erbrecht in 363 Artikeln regelte. Allerdings wurde dieser Entwurf nicht in Kraft gesetzt[16].

Einige andere kleinere Staaten waren bei der Reform ihres Erbrechts erfolgreicher; so hatten Schwarzburg-Sondershausen 1829, Reuß-Plauen 1841, Lübeck 1862 und Oldenburg 1873 ihr Erbrecht neu geregelt[17]. In allen übrigen Teilen Deutschlands galt weiterhin gemeines Recht, so außer in Hessen-Darmstadt auch in Mecklenburg-Schwerin, Mecklenburg-Strelitz, Braunschweig, Lippe-Detmold, Schaumburg, Waldeck, Bremen, Hamburg und Württemberg[18]. Jedoch ist zu berücksichtigen, daß in all diesen Ländern das gemeine Recht nur subsidiär galt und durch landesrechtliche Regelungen weitgehend verdrängt wurde, so z. B. in Württemberg, wo in erster Linie das württembergische Landrecht von 1610, eine — wenn auch sehr unvollständige — Zivilrechtskodifikation, galt[19].

Dieses vielfach zersplitterte Erbrecht galt es zu vereinheitlichen, als der Bundesrat am 4. Dezember 1873 beschloß, dem Reiche die Gesetzgebungskompetenz für das Zivilrecht zu übertragen und gleichzeitig eine Kommission einzusetzen, die ein bürgerliches Gesetzbuch für das Deutsche Reich ausarbeiten sollte[20]. Am 28. Februar 1874 beauftragte der Bundesrat fünf Juristen, Vorschläge über den Plan und die Methode zu machen, in der der Entwurf eines bürgerlichen Gesetzbuches erarbeitet werden sollte[21]. Diese sogenannte Vorkommission schlug vor, der Bundesrat solle eine Kommission von neun Juristen zur Ausarbeitung des Gesetzes wählen. Diese Kommission solle zunächst fünf ihrer Mitglieder beauftragen, Teilentwürfe für das Obligationenrecht, das Vormundschafts- und Familienrecht ohne das eheliche Güterrecht, das Erbrecht einschließlich des ehelichen Güterrechts, das Immobilienrecht und schließlich das übrige Sachenrecht anzufertigen. Gleich-

---

15 Motive TE S. 10. Leider wurde dieser Entwurf nicht gedruckt, sondern nur autographiert. Laut Auskunft des Bayrischen Hauptstaatsarchivs in München verbrannte er dort 1943 bei einem Luftangriff.

16 *Schubert,* S. 8; *Vierhaus,* S. 26, 27.

17 Motive TE S. 9, 13.

18 *Roth,* Dt. Privatrecht § 6 (S. 49).

19 *Roth,* Dt. Privatrecht § 20 (S. 143).

20 *Schubert,* S. 13.

21 *Schubert,* S. 13; *Vierhaus,* S. 46.

zeitig solle der Hauptreferent der Kommission zusammen mit den Redaktoren einen allgemeinen Teil herstellen[22]. Man wollte die Regelung des Erbrechts und des ehelichen Güterrechts einem einzigen Bearbeiter übertragen, weil diese Materien, die auf einer ganz eigentümlichen Verbindung römischer und germanischer Grundsätze beruhten, vielfach ineinandergriffen. Auch wurde empfohlen, dem Bearbeiter mehrere Spezialkommissare mit besonderer Sachkenntnis zuzuordnen, da die Bearbeitung dieser Materien eine besonders gründliche Kenntnis und genaue Berücksichtigung der tiefgreifenden örtlichen Rechtsverschiedenheiten erfordere[23].

Die Ausarbeitung dieser Teilentwürfe dachte man sich als eine Kombination von Einzelarbeit der Redaktoren und Tätigkeit der Gesamtkommission. Bereits während der Fertigstellung der Teilentwürfe sollte die Kommission über gewisse grundlegende Fragen und allgemein bedeutsame Prinzipien beschließen, um so die Richtung der Teilentwürfe in ihren Grundzügen festzulegen und der Notwendigkeit einer späteren zeitraubenden Umarbeitung, die sich aus einer Ablehnung von Grundsätzen der fertiggestellten Entwürfe würde ergeben müssen, von vornherein vorzubeugen[24]. Der Bundesrat stimmte diesen Vorschlägen der Vorkommission am 22. Juni 1874 im wesentlichen zu. Er erhöhte aber die Zahl der Kommissionsmitglieder von 9 auf 11 Personen[25]. Die Mitglieder wurden am 2. Juli 1874 durch den Bundesrat gewählt und tagten vom 17. bis 28. September 1874 zum ersten Male. Auf diesen Sitzungen wurden Beschlüsse über den Umfang des Entwurfs und den technischen Ablauf der Kommissionsarbeiten gefaßt. Die Kommission schloß sich den Vorschlägen der Vorkommission über Umfang und Einteilung des in das Gesetzbuch aufzunehmenden Stoffes an und wollte fünf Teilentwürfe, über einen allgemeinen Teil, das Schuldrecht, Sachenrecht, Familienrecht und Erbrecht, anfertigen lassen[26]. Man hielt jedoch die Verbindung der Redaktion des ehelichen Güterrechts mit der des Erbrechts für bedenklich und beschloß, das eheliche Güterrecht dem Redaktor des Familienrechts zuzuweisen. Hingegen sollte der Redaktor des Erbrechts das Recht der Stammgüter und Familienfideikommisse und das bäuerliche Güterrecht behandeln, soweit diese Materien das Erbrecht betrafen[27].

Die Kommission überließ es ihrem Vorsitzenden, *Heinrich Eduard Pape*, die einzelnen Redaktoren auszuwählen und ihnen ihre Redaktionsgebiete zuzuweisen. Pape schlug mit eingehender Motivierung vor, den königlich

---

[22] Drucksache BR Nr. 53 vom 16. April 1878 (*Rassow*, S. 184—193); *Schubert*, S. 16.

[23] Drucksache BR Nr. 53 (*Rassow*, S. 187); *Schubert*, S. 16.

[24] *v. Roth*, S. 939/940; Drucksache BR Nr. 53 (*Rassow*, S. 212).

[25] *Schubert*, S. 16.

[26] Nähere Einzelheiten s. bei *Schubert*, S. 18 ff.

[27] *Rassow*, S. 218.

bayrischen Ministerialrat Dr. *Gottfried Schmitt* zum Redaktor des Erbrechts zu bestimmen. Die Kommission schloß sich diesem Vorschlag einstimmig an und beauftragte Schmitt gleichzeitig, eine Geschäftsordnung für die Beratungen der Gesamtkommission aufzustellen[28].

Gottfried Schmitt entstammte einer katholischen Bürgersfamilie. Er wurde am 30. September 1827 als Sohn des Gastwirts Joseph Schmitt und dessen Ehefrau Dorothea Müller zu Hofheim in Unterfranken geboren[29]. Leider läßt sich nicht mehr feststellen, wann Schmitt mit dem Studium der Rechtswissenschaften begann und wo er studierte. 1852 bestand er die juristische Staatsprüfung; seit Januar 1857 war er als Richter in Würzburg, Augsburg, Kempten, Nürnberg und Bamberg tätig[30]. 1865 wurde ihm sein einziger Sohn Gottfried geboren[31]. Am 16. Januar 1869 wurde Schmitt zum Appellationsgerichtsrat ernannt und in das bayrische Staatsministerium der Justiz einberufen. Mit dem 1. Oktober 1872 wurde er zum Rat am obersten Gerichtshofe Bayerns befördert. Er wurde aber auch fernerhin im Staatsministerium der Justiz verwendet. Am 1. März 1874 wurde er zum Ministerialrat im bayrischen Justizministerium ernannt[32]. Als solcher vertrat er Bayern im Justizausschuß des Bundesrates zu Berlin, wo er an den Verhandlungen über das Gutachten der Vorkommission zur Anfertigung eines bürgerlichen Gesetzbuches teilnahm und die Interessen Bayerns wahrnahm, vor allem in der Frage, ob die erste Kommission aus 9 oder 11 Mitgliedern bestehen solle[33]. Schmitt gehörte auch zu den Unterzeichnern des vom Justiz-

---

[28] *Rassow*, S. 224; *Schubert*, S. 18; Drucksache BR Nr. 1, Session 1876, 1877, S. 16.

[29] *Schärl*, S. 373 (Nr. 751). Die Personalakten des bayrischen Justizministeriums über Dr. Schmitt sind leider nicht mehr vorhanden. „Mit der Auflösung der bayrischen Justizverwaltung und deren Übergang auf das Reich im Jahre 1935 wurden die Personalakten von deren bisheriger Ministerialregistratur an das Hauptstaatsarchiv abgegeben. Sie verbrannten dort im Jahre 1943 vollkommen. Glücklicherweise wurde im amtlichen Auftrag des Justizministeriums im Jahre 1931 ein Werk über die königlich bayrischen Staatsminister der Justiz veröffentlicht." *Schärl*, S. 28.

[30] Die königlich bayrischen Staatsminister der Justiz, II. Teil S. 1108, 1109.

[31] *Gottfried Schmitt* Sohn schlug ebenfalls die Justizlaufbahn ein und wurde Amtsrichter, Staatsanwalt, Landgerichtsrat und schließlich Oberregierungsrat im bayrischen Justizministerium. 1908 schied er infolge seiner Ernennung zum Reichsgerichtsrat aus dem bayrischen Justizdienst aus. Er starb 1919. Vgl. *Schärl*, S. 374 (Nr. 752).

[32] Die königlich bayrischen Staatsminister der Justiz, a. a. O.

[33] Acta, Bd. I, Aktenstücke 17, 18, 33. — Preußen befürwortete eine Erhöhung der Kommissionsmitglieder auf 12; Bayern erklärte sich nur unter der Voraussetzung mit einer Erhöhung einverstanden, daß es zwei Mitglieder delegieren dürfe. Man einigte sich auf 11 Mitglieder und gestand Bayern zwei derselben zu. Vgl. Acta Bd. I, Aktenstücke 9, 10, 14, 17, 18, 24.

ausschuß über das Gutachten der Vorkommission an den Bundesrat erstatteten Berichtes[34].

Durch Schreiben vom 27. Juni 1874 schlug der bayrische Justizminister, von *Fäustle*, König *Ludwig II.* vor, den Ministerialrat *Schmitt* und den Professor *Paul von Roth* als bayrische Mitglieder in die erste Kommission zu entsenden: „Beide gelten als ausgezeichnete, auf der Höhe der Wissenschaft stehende Kenner des Rechtes und kann von ihnen angenommen werden, daß sie auch mit den praktischen Bedürfnissen des Rechtslebens in allen hier in Betracht kommenden Beziehungen genau bekannt geworden sind ... Dr. Schmitt hat sich bereits durch seine wiederholte Verwendung bei Gesetzgebungscommissionen sowohl dahier als in Berlin als eine für Gesetzgebungsarbeiten in hohem Grade geeignete Persönlichkeit bewährt, wie bereits bei früheren Angelegenheiten zu allerhöchsten Kenntnisnahme Euerer Königlichen Majestät gebracht worden ist. Die beiden vorgenannten sind Männer von gediegenem, verlässigem Charakter, erfreuen sich allseitig großen Ansehens und dürfte mit Sicherheit zu erwarten sein, daß sie die an sie nunmehr herantretende wichtige und schwierige Aufgabe in einer den Interessen Bayerns vollkommen entsprechenden Weise durchzuführen im Stande sein werden." Noch an demselben Tage genehmigte Ludwig II. den Vorschlag seines Justizministers[35]. Der Justizausschuß des Bundesrates sprach sich einmütig für den bayrischen Vorschlag aus und stellte Schmitt ohne Gegenstimme als Kandidaten für die erste Kommission auf[36]. Auch der Bundesrat wählte Schmitt auf seiner Sitzung vom 2. Juli 1874 einstimmig in die erste Kommission[37]. Schmitt nahm die Wahl zum Kommissionsmitglied sofort an, wurde vom bayrischen Justizdienst dispensiert und verlegte seinen ständigen Wohnsitz von München nach Berlin[38].

Am 1. September 1883 wurde er zum Oberlandesgerichtspräsidenten extra statum und am 1. September 1886 zum Präsidenten des Oberlandesgerichts Nürnberg unter Aufrechterhaltung des Dispenses vom Landesjustizdienst ernannt. Nach Auflösung der ersten Kommission widmete Schmitt sich völlig seiner Arbeit als Oberlandesgerichtspräsident in Nürnberg[39].

---

[34] Drucksache BR Nr. 78, Session von 1874.

[35] Acta, Bd. I, Aktenstück 37.

[36] a. a. O., Aktenstück 44 (Bericht des bayrischen Gesandten in Berlin, von *Perglas*, vom 30. Juni 1874).

[37] Acta, Bd. I, Aktenstück 46. Hierüber berichtete der bayrische Justizminister befriedigt an seinen König: „Durch dieses Wahlergebnis ist Bayern ein hervorragender Anteil gesichert und es ist ihm zugleich die Möglichkeit gewährt, seine Interessen durch bewährte einheimische Kräfte vertreten zu lassen und sich seine wohlberechtigte Einflußnahme auf den Gang und die Gestaltung dieser Aufgabe eröffnet zu sehen." a. a. O., Bd. I, Aktenstück 50 (Bericht vom 10. Juli 1874).

[38] Ordensakte Nr. 536; Acta, Bd. II, Aktenstück 131.

[39] Die königlich bayrischen Staatsminister der Justiz, a. a. O.

Als Bayern im Jahre 1890 für die zweite Kommission zur Ausarbeitung des BGB einen Vertreter vorschlagen sollte, wandte sich der damalige Justizminister von *Leonrod* zunächst vertraulich an Schmitt mit der Frage, ob er bereit sei, auch in der zweiten Kommission an der „Revision des unter seiner Mitwirkung ausgearbeiteten Entwurfes" mitzuarbeiten[40]. Schmitt lehnte jedoch dieses Angebot ab und bat „aus dienstlichen und persönlichen Gründen, von seiner Person abzusehen"[41].

Daraufhin blieb *Schmitt* Oberlandesgerichtspräsident in Nürnberg und wurde am 1. September 1891 Präsident des Obersten Bayrischen Landesgerichtes mit dem Prädikat „Exzellenz". Am 1. Oktober 1897 wurde er zum lebenslänglichen Reichsrat der Krone Bayern ernannt. Auf eigenes Ersuchen versetzte man ihn am 16. Oktober 1899 in den dauernden Ruhestand[42]. Dr. Gottfried Ritter von Schmitt starb nach „langem, schweren Leiden" am 25. August 1908 zu Ebern bei Bamberg in seiner unterfränkischen Heimat[43].

Wie dieser Lebenslauf zeigt, handelt es sich bei *Schmitt* um einen begabten Juristen und um einen hervorragenden Rechtspraktiker, der im Justizdienst lange Erfahrungen gesammelt hatte und mit den Problemen der Gesetzestechnik und Gesetzgebung wohlvertraut war. Die zahlreichen Ehrungen und Beförderungen lassen erkennen, daß jene Fähigkeiten von allen anerkannt und gewürdigt wurden. Jedoch macht der Lebenslauf auch deutlich, daß Schmitt ein Mann war, von dem keine besondere Originalität des Denkens und Handelns, sondern vor allem eine klare, durchdachte Analyse des bestehenden Rechtszustandes erwartet werden durfte.

Nachdem die erste Kommission ihre vorbereitenden Beratungen über die Verteilung der Rechtsgebiete unter die Redaktoren und den weiteren Gang der Verhandlungen am 28. September abgeschlossen hatten, traten die fünf Redaktoren unter dem Vorsitz *Papes,* des Präsidenten der ersten Kommission, am 29. September 1874 zu einer ersten Sitzung zusammen[44]. In dieser

---

[40] Acta, Bd. II, Aktenstück 198 (Bericht des bayrischen Justizministers von *Leonrod* an das bayrische Außenministerium vom 27. 10. 1890).

[41] Acta, Bd. II, Aktenstück 203 (Bericht des bayrischen Justizministers an den Prinzregenten *Luitpold* vom 7. 11. 1890).

[42] Die königlich bayrischen Staatsminister der Justiz, a. a. O. „Seine Königliche Hoheit Prinz Luitpold, des Königreiches Bayern Verweser, haben durch die allerhöchste Entschließung vom 8. d. Mts. allergnädigst geruht, vom 16. Oktober ds. Js. an den Präsidenten des Obersten Landesgerichts, lebenslänglichen Reichsrat der Krone Bayern Dr. Gottfried Ritter von Schmitt, entsprechend seinem alleruntertänigsten Gesuchen in den dauernden Ruhestand treten zu lassen und demselben bei diesem Anlasse in Anerkennung seiner langjährigen mit musterhaften Treue und Hingebung geleisteten ausgezeichneten Dienste das Großkomturkreuz des Verdienstordens der bayrischen Krone zu verleihen ..." (Schreiben des bayrischen Justizministers, Freiherr *von Leonrod,* vom 11. Oktober 1899), Ordensakte Nr. 536.

[43] Ordensakte Nr. 536 (Todesanzeige).

[44] Drucksache BR Nr. 1, Session 1876/1877, S. 17.

Sitzung äußerten alle Redaktoren übereinstimmend den Wunsch, jedem von ihnen möge „ein praktischer Jurist als Hilfsarbeiter namentlich zur Sammlung des Materials zur Seite gestellt" werden. Schmitt bat um einen Mitarbeiter, der mit dem preußischen Erbrecht gründlich vertraut war, und schlug den königlich preußischen Kreisgerichtsrat *Wilhelm Neubauer* aus Berlin als geeigneten Mann vor. Auf Antrag Papes gab der Reichskanzler, Fürst Bismarck, diesem Ersuchen statt. Neubauer war der Kommission zunächst als Schriftführer beigegeben worden; nach Auflösung der ersten Kommission im Jahre 1889 wurde er Oberlandesgerichtsrat in Hamm und später Senatspräsident am Kammergericht in Berlin[45]. Auch Neubauer war also ein hervorragender Rechtspraktiker, der aus dem Justizdienst kam. Im weiteren Verlauf ihrer Arbeiten hielten die Redaktoren des Sachen- und Erbrechts die Bestellung eines weiteren Hilfsarbeiters für erforderlich. Auf ihren Antrag wurde beiden durch Erlaß des Reichskanzlers vom 25. Februar 1875 der großherzoglich mecklenburgische Kanzleirat Dr. *Martini* zugeordnet[46].

In der Folgezeit versammelten sich die Redaktoren jede Woche einmal in Berlin, und zwar unter der Leitung *Johows*, des Redaktors des Sachenrechts. Diesem hatte *Pape* für die Zeit seiner Abwesenheit von Berlin die Wahrnehmung der Geschäfte übertragen, die er persönlich von Leipzig aus nicht versehen konnte, wo er weiter als Präsident des Reichsoberhandelsgerichtes waltete[47]. Jedoch konnten die Redaktoren auf ihren Sitzungen keine bindenden Beschlüsse fassen, sondern nur ihre Meinungen austauschen[48]. Über die leitenden Prinzipien und Grundsätze ihrer Entwürfe mußten sie eine Entscheidung der gesamten Kommission einholen, die jeweils nur einmal im Jahre vier bis sechs Wochen lang tagte[49]. Eine schnellere Aufeinanderfolge der Sitzungsperioden wurde entgegen den Wünschen Papes abgelehnt, da die Redaktoren eine „unzeitige Unterbrechung ihrer Arbeiten besorgten"[50].

Die Gesamtkommission legte bereits 1875 auf dem Gebiet des Erbrechts die Grundsätze der Testierfreiheit, des Pflichtteilsrechts, der Verwandtenerbfolge und der Form letztwilliger Verfügungen fest[51]. 1876 regelte sie die Prinzipien des Erbschaftsüberganges und der Erbenhaftung[52]. 1877 einigte

[45] *Rassow*, S. 224; *Vierhaus*, S. 61, 69; *Planck*, Bd. 1, S. 6; Drucksache BR Nr. 1, S. 17.

[46] Drucksache BR Nr. 1, S. 19.

[47] Drucksache BR Nr. 1, Session 1876/77, S. 16.

[48] *Schubert*, S. 24; *Vierhaus*, S. 70; *Frensdorff*, S. 310, 311.

[49] *Schubert*, S. 24.

[50] Drucksache BR Nr. 1, Session 1876/77, S. 23.

[51] Prot. der Sitzungen vom 22., 23., 25., 27. und 28. Oktober 1875.

[52] Prot. der Sitzungen vom 18., 19., 21., 23. und 24. Oktober 1876.

man sich über die Grundzüge des Erbvertrages, der Schenkung von Todes wegen und des Ehegattenerbrechts[53]. 1878 entschied die Kommission, die Familienfideikommisse nicht in das Gesetzbuch aufzunehmen[54]. Die leitenden Grundsätze des Erbrechts wurden also schon früh, in den Jahren 1875 bis 1878, festgelegt. Obwohl diese Beschlüsse für die späteren Hauptberatungen nicht bindend waren, so stellten sie doch die Weichen für die Richtung, in der sich die weitere Gesetzgebungsarbeit fortbewegte. Auch hat die erste Kommission im Bereiche des Erbrechts in allen Fällen an ihren Vorbeschlüssen festgehalten und lediglich in Einzelfragen spätere Korrekturen und Abweichungen vorgenommen.

Als Beratungsgrundlage dienten der Kommission jeweils Vorlagen Schmitts, die dessen Vorschläge und Begründungen enthielten. Handelte es sich um Fragen, die auch in den Bereich anderer Redaktoren fielen, und konnten die Bearbeiter untereinander keine Einigung erzielen, so wurden der Gesamtkommission von jeder Seite Vorschläge unterbreitet. So geschah es z. B. beim Erbrecht des Ehegatten, über das sich *Schmitt* mit *Planck*, dem Bearbeiter des Familienrechts, nicht einigen konnte, und bei den Familienfideikommissen, die zu einer Kontroverse zwischen *Schmitt* und *Johow*, dem Redaktor des Sachenrechts, führten. Bis zur Sitzung der ersten Kommission vom 30. Oktober 1879 war der Teilentwurf des Erbrechts fertiggestellt und wurde dieser als Vorlage Nr. 1 von 1879 unterbreitet[55]. Er umfaßte 410 Paragraphen und 1234 Seiten Motive zur Begründung der gefällten Entscheidungen. Bei der Anfertigung des Teilentwurfes hatte Schmitt sich streng an das Gutachten der Vorkommission gehalten und deren Empfehlungen zu Beginn der Motive — in Auszügen — wörtlich wiederholt. Er betrachtete es als seine Aufgabe, das geltende Recht unter Berücksichtigung der bestehenden Gesetzbücher und vorhandenen Entwürfe in einer Form kodifizierend zusammenzufassen, die den wissenschaftlichen Anforderungen seiner Zeit entsprach[56]. Diese Aufgabenstellung schloß von vornherein die Prüfung der Frage aus, ob man die bestehenden sozialen Verhältnisse mit Hilfe des Erbrechts reformieren solle, wie es im Laufe des 19. Jahrhunderts mehrfach — allerdings größtenteils nicht von Juristen — angeregt worden war[57].

Da es *Schmitt* allein um eine Vereinheitlichung des bestehenden Rechtszustandes ging, legte er großen Wert auf dessen genaue Klärung. Besondere Schwierigkeiten bereitete ihm die Feststellung des in den deutschen Klein-

---

[53] Prot. der Sitzungen vom 26., 28., 29. September und 1. Oktober 1877.

[54] Prot. der Sitzung vom 23. Oktober 1878.

[55] Prot. der 1. Sitzung vom 30. Oktober 1879.

[56] Motive TE S. 1.

[57] Vgl. z. B. *v. Scheel*, Volkswirtschaftliche Bemerkungen, S. 97—108.

staaten geltenden Erbrechts[58]. Vornehmlich stützte Schmitt sich bei allen Überlegungen auf das gemeine Recht, das preußische ALR und das sächsische BGB. Stets berücksichtigte er aber auch den Code civil und das österreichische ABGB[59]. Ferner zog er die Gesetze der schweizerischen Kantone heran, besonders *Bluntschlis* Privatrechtliches Gesetzbuch für den Kanton Zürich von 1855[60]. Weniger beachtete er das angelsächsische Recht, weil dessen System und Vorstellungswelt sich in die Pläne der Schöpfer des BGB weniger gut einfügten als die kodifizierten kontinentalen Rechte[61].

An Literatur benutzte Schmitt hauptsächlich die neuesten Auflagen der „Standardwerke" zu den einzelnen Rechtsordnungen. Für das gemeine Recht legte er vornehmlich *Windscheids* Pandektenlehrbuch und *Roths* „Bayrisches Civilrecht" zugrunde. Im Bereiche des deutschen Privatrechts stützte er sich auf *Beselers* System des gemeinen deutschen Privatrechts. Beim preußischen ALR benutzte er die Erbrechtsdarstellungen von *Koch* und *Gruchot*, sowie *Försters* „Theorie und Praxis des preußischen Privatrechts", für den Code civil *Zachariä von Lingenthals* Handbuch des Französischen Civilrechts und für das österreichische ABGB *Ungers* System des österreichischen allgemeinen Privatrechts.

Unter den privaten Erbrechtsentwürfen des 19. Jahrhunderts, die Schmitt heranzog, ist besonders der Entwurf von *Friedrich Mommsen* zu erwähnen[62]. Diese Abhandlung war durch ein Preisausschreiben der Juristischen Gesellschaft zu Berlin vom 1. März 1874 veranlaßt und im Dezember desselben Jahres vollendet worden. Sie erschien 1875 im Druck und umfaßte 531 Paragraphen sowie 400 Seiten Motive, die die Entscheidungen begründeten[63]. Schmitt, der diesen Entwurf noch vor der Drucklegung durchsah, war von der Arbeit augenscheinlich sehr beeindruckt. Denn er warf die Frage auf, ob man nicht diesen Entwurf den Kommissionsberatungen zugrunde legen solle,

---

[58] Hier halfen verbindliche Äußerungen der betroffenen Regierungen von Sachsen-Weimar, Oldenburg, den thüringischen Kleinstaaten, Schaumburg-Lippe, Lippe-Detmold, Hamburg, Lübeck und Bremen (vgl. Drucksache BR Nr. 1, Session 1876/77, S. 21).

[59] Motive TE S. 22.

[60] Motive TE S. 26, 27.

[61] Motive TE S. 27.

[62] *Mommsen* (1818—1892) war nicht mit dem Historiker und Juristen *Theodor Mommsen* verwandt. Von 1848—1851 war er Chef des Justizdepartements in Kiel. 1858 wurde er Professor in Göttingen und 1864 Appellationsgerichtsrat in Schleswig. 1867 wurde er in das Oberappellationsgericht für die neuen preußischen Provinzen Schleswig und Holstein in Berlin berufen. 1868 ging er als Präsident des neu errichteten evangelisch-lutherischen Konsistoriums für Schleswig und Holstein nach Kiel. 1879 wurde Mommsen Kurator der Universität Kiel und 1884 Mitglied des preußischen Staatsrates (vgl. Meyer's Konversationslexikon).

[63] *Mommsen*, S. III.

statt einen neuen Erbrechtsentwurf anzufertigen[64]. Da jedoch die Vorkommission davon abgeraten hatte, eines der geltenden Gesetzbücher oder einen der bestehenden Entwürfe den Beratungen zugrunde zu legen, arbeitete Schmitt schließlich einen eigenen Entwurf zum Erbrecht aus[65].

Schmitt betrachtete es als selbstverständlich, daß dem Erbrecht „im Rahmen und der Systematik" des BGB „eine selbständige Stellung" zukommen werde. Er lehnte den Aufbau des preußischen ALR ab, das das Erbrecht teils unter dem Gesichtspunkt des Eigentumserwerbs, teils unter dem Komplex der wechselseitigen Pflichten von Eltern und Kindern regelte und so die Erbrechtsnormen auseinanderriß[66]. Ebenso entschied Schmitt sich gegen die Sytematik des österreichischen ABGB, das das Erbrecht im Rahmen des Sachenrechts behandelte, und gegen die des Code civil, der das Erbrecht unter dem Aspekt des Eigentumserwerbs regelte[67]. Entsprechend der Anordnung des *Heise*schen Pandektensystems, dem das sächsische BGB gefolgt war, behandelte Schmitt das Erbrecht als „systematische Einheit", die als fünftes und letztes Buch dem BGB einzugliedern sei[68].

Der Erbrechtsentwurf Schmitts gliederte sich in zwei große Teile. Der erste umfaßte die verschiedenen Berufungsgründe: Testament, Erbvertrag und Gesetz unter Einschluß des Pflichtteilsrechts. Der zweite Teil behandelte den Erwerb der Erbschaft und die rechtliche Stellung des Erben[69]. Schmitt lehnte es ab, seinem Entwurf einen allgemeinen Teil voranzustellen mit Vorschriften über die allgemeinen Grundsätze des Erbrechts, Eintritt und Bedeutung der Universalsukzession, Gründe und Voraussetzungen der Berufung zur Erbfolge, Anfall und Umfang des Nachlasses, wie sie sich in vielen Gesetzbüchern und Entwürfen der damaligen Zeit fanden[70]. Zwar räumte er ein, daß durch einen allgemeinen Teil des Erbrechts Wiederholungen vermieden werden könnten und daß er als allgemeine Übersicht das Verständnis erleichtern würde. Allein dergleichen sei Aufgabe eines Lehrbuches und nicht eines Gesetzes[71].

Die Vorschriften des Teilentwurfes zeigen, daß sie aus der Hand eines erfahrenen Praktikers stammen, dem es auf klare, übersichtliche Regelungen ankam, die zu vernünftigen Ergebnissen führen; lehrbuchhafte Äußerungen

---

[64] Motive TE S. 35.
[65] Motive TE a. a. O.
[66] ALR I, 9, 12; ALR II, 2; *Förster*, Bd. 4, § 243 (S. 16); Motive TE S. 36.
[67] *Wieacker*, S. 337, 342; *Unger*, Einleitung, S. 4 (Fußn. 3), der die Anordnung des ABGB ebenfalls als schlecht bezeichnet. — Motive TE S. 36.
[68] *Gmür*, ZGB, S. 20, 21; Motive TE S. 36.
[69] Motive TE S. 38.
[70] Österr. ABGB §§ 531—551; sächs. BGB §§ 1999 ff.; *Mommsen*, §§ 1—16; hess. Entw. Art. 1—8.
[71] Motive TE S. 37.

wurden nach Möglichkeit vermieden. Diesem Bestreben nach eindeutigen, praktikablen Vorschriften entsprach eine nüchterne, klare Sprache, die allerdings nicht sonderlich elegant und ansprechend war. So zeichnet sich der Teilentwurf zum Erbrecht nicht durch Originalität, wohl aber durch scharfes Durchdenken der erbrechtlichen Probleme und durch eindeutige, konsequente Entscheidungen aus.

Die erste Kommission einigte sich in ihrer Sitzung vom 30. Oktober 1879 darauf, die Beratung des Erbrechtsentwurfes zurückzustellen, bis auch die übrigen Entwürfe fertiggestellt seien[72]. Denn gerade das Erbrecht eigne sich von allen Teilen des BGB am wenigsten als Ausgangspunkt der Beratungen, da es weitgehend von den übrigen Rechtsgebieten abhänge und zahlreiche wichtige Teile des Erbrechtsentwurfes wegen ihrer engen Verbindung mit anderen, nicht erbrechtlichen Materien vorläufig von der Beratung ausgeschlossen bleiben müßten[73].

Am 4. Oktober 1881 begann die erste Kommission mit den Hauptberatungen des ersten Entwurfes zum BGB, obwohl die Entwürfe zum Allgemeinen Teil und Schuldrecht noch nicht vorlagen[74]. Im Auftrage des Vorsitzenden der ersten Kommission, *v. Pape,* hatte *Schmitt* den Entwurf einer Geschäftsordnung für die Hauptberatungen ausgearbeitet, die von der Kommission ohne große Änderungen übernommen wurde[75]. Nach dieser Geschäftsordnung sollte zunächst der sachliche Gehalt der Vorschriften in der Reihenfolge Allgemeiner Teil, Schuldrecht, Sachenrecht, Familienrecht und Erbrecht beraten werden[76]. Die Beratungen der ersten vier Bücher zogen sich so lange hin, daß die Kommission erst im Mai 1886 mit den Beratungen des Erbrechts beginnen konnte[77]. Da seit der Fertigstellung des Teilentwurfes zum Erbrecht im Jahre 1879 sieben Jahre vergangen waren und die bisherigen Kommissionsbeschlüsse zu den übrigen Büchern Änderungen des Erbrechtsentwurfes notwendig gemacht hatten, legte *Schmitt,* um die Beratungen zu erleichtern, im Jahre 1886 vor Beginn der Erbrechtsberatungen einen abgeänderten Entwurf vor, der die bisher gefaßten Beschlüsse berücksichtigte. Diese Abänderungen betrafen allerdings kaum den materiellen Inhalt des Erbrechtsentwurfes, sondern waren meist nur formaler und

---

[72] Prot. der Sitzung vom 30. Oktober 1879.

[73] Drucksache BR Nr. 184, Session 1879/80, S. 4.

[74] Prot. I, S. 1 ff.; *Schubert,* S. 30.

[75] Prot. I, S. 3—5 (1. Sitzg. v. 4. Oktober 1881). Schmitt hatte auch schon für die Vorberatungen der Kommission die Geschäftsordnung ausgearbeitet (Prot. I, S. 2). Vgl. S. 7.

[76] Vgl. §§ 1 und 3 GO.

[77] Prot. I, S. 8875 (555. Sitzg. v. 28. Mai 1886). Besonders zeitraubend und schwierig gestaltete sich die Ausarbeitung eines Allgemeinen Teils und des Schuldrechts, weil hierfür keine vollständig ausgearbeiteten Teilentwürfe vorlagen.

terminologischer Art. Am Aufbau des Teilentwurfes änderte Schmitt nichts. Seine Änderungen begründete er in 232seitigen Motiven[78].

Die sachliche Beratung des Erbrechts nahm ein gutes Jahr in Anspruch und war im Juni 1887 abgeschlossen[79]. Die Kommission war sich darüber einig, daß der durch den Referenten Schmitt vorgelegte revidierte Entwurf Grundlage der Beratungen bilden solle[80]. Man behandelte zunächst die gewillkürte, dann die gesetzliche Erbfolge einschließlich des Pflichtteilsrechts, weiterhin den Erwerb der Erbschaft sowie schließlich die Stellung der Erben[81]. Eine endgültige Entscheidung über die Gliederung des Erbrechtsbuches behielt sich die Kommission für die Zeit nach Abschluß der Einzelberatungen vor[82].

Ende Juni und Anfang Juli 1887 ging die erste Kommission die beschlossenen erbrechtlichen Vorschriften noch einmal durch und überprüfte sie im Hinblick auf ihre sprachliche Fassung und Stellung im Gesetzesaufbau, die sie durch die Redaktionskommission erhalten hatten[83]. Im Dezember 1887 wurde der als Kommissionsentwurf bezeichnete Entwurf, soweit er das Erbrecht betraf, von der Kommission noch einmal behandelt und vornehmlich stilistisch abgeändert[84].

Insgesamt hat die erste Kommission am Aufbau des Schmitt'schen Teilentwurfes nur wenig geändert. Die einzige größere Umstellung bestand darin, daß man einen ersten Abschnitt mit Vorschriften allgemeiner Natur einfügte, die sowohl für den Fall der gewillkürten als auch der gesetzlichen Erbfolge von Bedeutung waren[85]. Die Kommission hielt im übrigen daran fest, die gewillkürte Erbfolge vor der gesetzlichen zu regeln, obwohl ein Abänderungsantrag gestellt worden war[86]. Das Pflichtteilsrecht blieb im selben Abschnitt wie die gesetzliche Erbfolge geordnet, obwohl man es nicht als Erbrecht ausgestaltet hatte. Da es das gesetzliche Erbrecht zur Voraussetzung hatte, betrachtete die Kommission die Vereinigung beider Materien in einem Abschnitt als angemessen[87]. Lediglich der Name des 5. Buches wurde geändert. Man lehnte Schmitts Bezeichnung „Recht der Erbfolge" ab und entschied sich für den Namen „Erbrecht". Zwar gab die Kommission

---

[78] Abänderungsvorschläge von 1886, S. 1.
[79] Prot. I, S. 11 317 (679. Sitzg. v. 15. Juni 1887).
[80] Prot. I, 8881 (556. Sitzg. v. 31. Mai 1886).
[81] Prot. I, 8867 (555. Sitzg. v. 28. Mai 1886).
[82] Prot. I, 8894 (556. Sitzg. v. 31. Mai 1886).
[83] Prot. I, S. 11 319—11 476 (680.—690. Sitzg. v. 20. Juni bis 6. Juli 1887).
[84] Prot. I, S. 12 231—12 283 (729.—732. Sitzg. v. 5. bis 12. Dezember 1887); *Schubert*, S. 34.
[85] Prot. I, S. 11 341 (680. Sitzg. v. 20. Juni 1887).
[86] Prot. I, S. 8877 (555. Sitzg. v. 28. Mai 1886), siehe S. 37.
[87] Prot. I, S. 10 062 (616. Sitzg. v. 3. Januar 1887).

zu, daß diese Formulierung unklar sei, da man den Ausdruck „Erbrecht“ im objektiven Sinne und im subjektiven verwende; man glaubte jedoch der kürzeren und üblicheren Bezeichnung den Vorzug vor der klareren geben zu sollen[88].

Daß die Kommission so wenig am sachlichen Gehalt und am Gefüge des Schmitt'schen Erbrechtsentwurfes änderte, liegt daran, daß sie selbst alle wichtigen Grundsätze für die Gestaltung des Erbrechts bereits während ihrer Vorberatungen 1875—1878 festgelegt hatte. *Schmitt* hatte sich genau an die dort beschlossenen Prinzipien gehalten und sogar die Protokolle der vorangegangenen Diskussionen — zum Teil wörtlich — in seinen Motiven verarbeitet[89]. So blieb der Kommission in den Hauptberatungen lediglich die Aufgabe, die folgerichtige Verwirklichung der Grundsätze in allen Einzelheiten und Details zu überprüfen und zu beraten. Dies erklärt auch, weshalb der Erbrechtsteil des BGB von der Kommission relativ schnell, in nur einem Jahr, fertiggestellt wurde.

Die Regelung des Anerbenrechts, der Familienfideikommisse, der Stammgüter und Lehen erfolgte nicht im Rahmen der Beratungen des allgemeinen Erbrechts, sondern während der Beratungen des Einführungsgesetzes, nachdem man sich bereits zuvor im Grundsatz geeinigt hatte, diese Materien nicht in das BGB selbst aufzunehmen. Im März 1888 wurden die Familienfideikommisse, Stammgüter und Lehen behandelt[90]. Im April desselben Jahres folgte die nähere Ausgestaltung des Anerbenrechts[91]. Für dessen Beratung — wie auch für die Beratungen des allgemeinen Erbrechts — hatte *Schmitt* eine neue Vorlage ausgearbeitet, die zum Teil von seinen ursprünglichen Vorschlägen im Teilentwurf zum Erbrecht abwich[92].

Der erste Entwurf des BGB gelangte am 12. Januar 1888 vor den Bundesrat, der in der Sitzung vom 31. Januar 1888 beschloß, ihn zu veröffentlichen. Noch in demselben Jahr erschien der erste Entwurf mit fünfbändigen Motiven, welche die Hilfsarbeiter der einzelnen Redaktoren angefertigt hatten[93]. Unter der Aufsicht und Mitwirkung *Schmitts* hatte *Neubauer* die Motive zum Erbrecht, die einen Umfang von 711 Seiten hatten, verfaßt. Neubauer stützte sich bei dieser Arbeit auf die Motive des Teilentwurfes zum Erbrecht und die Sitzungsprotokolle der ersten Kommission[94]. Auch der Entwurf eines Einführungsgesetzes erschien noch im Laufe des Jahres 1888[95].

---

[88] Prot. I, S. 8875 (555. Sitzg. v. 28. Mai 1886).

[89] So druckte Schmitt z. B. im Falle des Ehegattenerbrechts weite Teile des betreffenden Sitzungsprotokolls wörtlich ab.

[90] Prot. I, S. 12 697—12 706 (754. Sitzung vom 12. März 1888).

[91] Prot. I, S. 12 869—12 973 (765.—769. Sitzung vom 11. bis 20. April 1888).

[92] Anlage zum Protokoll vom 11. April 1888 (Prot. I, S. 12 883—12 912).

[93] *Schubert*, S. 34, 35; *Vierhaus*, S. 74.

[94] *Ennecerus-Nipperdey*, § 12 (Note 5), S. 45.

Die Motive zum Einführungsgesetz waren von *Börner* abgefaßt[96]. Man sah jedoch davon ab, diese Motive „der Prüfung und Genehmigung der Kommission zu unterbreiten". *Pape* hatte sich gegen ein solches Vorgehen ausgesprochen, weil er befürchtete, eine Beratung der Motive werde zu einer „zeitraubenden und überflüssigen zweiten Lesung des ganzen Entwurfes" werden[97].

In der Öffentlichkeit wurde das Erbrecht des ersten Entwurfes unterschiedlich aufgenommen, insgesamt gesehen jedoch günstiger als der übrige Entwurf[98]. *Eck* zählte es zu den „gelungensten Partien des Entwurfes" und lobte die „gründliche Erwägung der einzelnen Fragen, die folgerichtige Durchführung der Prinzipien und die scharfe Fassung" der aufgestellten Sätze[99]. Trotz mancher bedenklicher oder auch unannehmbarer Einzelheiten sei das Erbrecht so gestaltet, daß man hoffen dürfe, aus ihm werde „zum Wohle des Vaterlandes ein einheitliches deutsches Recht" erwachsen[100]. Zwar wurde von einzelnen bemängelt, das Erbrecht entferne sich nur wenig von den Grundprinzipien des geltenden Rechts und habe die seit geraumer Zeit hervorgetretenen Bestrebungen zur Reformierung der gesetzlichen Erbfolge und des Pflichtteilsrechts nicht berücksichtigt[101]. Andere aber lobten, daß man gerade im Erbrecht eine besonders glückliche Hand bei der Ersetzung antiquierter Gebilde durch moderne Regelungen bewiesen habe[102]. Auch *Menger* beurteilte das Erbrecht etwas besser als die übrigen Bücher des ersten Entwurfes. Während der Gesetzgeber die den besitzlosen Klassen nachteiligen Gedanken in den übrigen Büchern noch gesteigert habe, könne man auf dem Gebiete des Erbrechts eher eine Milderung und Abschwächung der Klassengegensätze gegenüber dem bisherigen Rechtszustande wahrnehmen[103].

Sogar ein so scharfer Kritiker des ersten Entwurfes wie *Gierke* hob hervor, daß sich der Erbrechtsteil von den vorangehenden Büchern durch eine einfachere, gemeinverständlichere Sprache unterscheide. Allerdings schränkte er dieses Lob ein, indem er den lehrhaften Ton und eine zu breite Fassung mancher Vorschriften bemängelte[104]. Auch kritisierte er den materiellen

---

[95] *Schubert,* S. 34.

[96] Zeitgenossenlexikon, Spalte 150, 151; vgl. hinten S. 19.

[97] Drucksache BR Nr. 2, Session 1888, S. 3, 4 (Begleitschreiben *Papes* vom 27. Dezember 1887 an den Reichskanzler Fürst *Bismarck* anläßlich der Fertigstellung des ersten Entwurfes).

[98] Zur allgemeinen Kritik am ersten Entwurf des BGB, vgl. *Schubert,* S. 35—45.

[99] Jahresbericht S. 25.

[100] Jahresbericht S. 27.

[101] Schlesische Zeitung vom 24. Oktober 1888.

[102] *Bekker,* S. 81.

[103] *Menger,* S. 219.

[104] *Gierke,* Entwurf S. 505.

Gehalt der getroffenen Regelungen. Es handele sich im wesentlichen um modernisiertes und vereinfachtes Pandektenrecht. Der Entwurf sei romanistisch und deutschrechtliche Gedanken hätten nur so weit Aufnahme gefunden, als sie sich mit dem römischen Begriffssystem vertrügen. Da man die Reste rein deutscher Erbfolge aus dem Erbrecht verbannt habe, verstehe sich dessen individualistischer Charakter von selbst, der nichts vom sozialen Wesen des Erbrechts spüren lasse[105].

Auch *Pfizer* tadelte, daß der Erbrechtsentwurf „römisches Recht in deutschen Worten" biete. Allerdings räumte er ein, das römische Recht sei im Entwurf stark vereinfacht worden und der Klang seiner Sätze sei deutsch. Jedoch wehe „von einem Hauche des lebendigen deutschen Geistes in dem gesamten Erbrecht auch nicht die leiseste Spur"[106].

Der Aufbau des Erbrechtsbuches, das die testamentarische Erbfolge an die Spitze stellte, wurde durchweg abgelehnt. Fast einhellig forderten die Kritiker eine Voranstellung der gesetzlichen Erbfolge[107]. Unterschiedlich wurde hingegen bewertet, daß die Kommission einige allgemeine Vorschriften beschlossen und an die Spitze des Erbrechtsbuchs gestellt hatte. *Gierke* meinte kurz und bündig, dieser einleitende Abschnitt könne gestrichen werden[108]. Andere bezeichneten ihn als lehrhaft und überflüssig[109]. Verteidiger des Entwurfes bemerkten, allgemeine Sätze dieser Art machten ein Gesetzbuch übersichtlicher und leichter verständlich. Sie seien erforderlich, damit auch ein Laie es verstehen könne[110].

Insgesamt gesehen fällt auf, daß das Erbrechtsbuch nicht auf ein so reges Interesse in der Öffentlichkeit stieß wie die übrigen vier Bücher des Entwurfes; es beschäftigten sich nur verhältnismäßig wenige Kritiker mit dem Erbrecht des ersten Entwurfes.

Am 4. Dezember 1890 beschloß der Bundesrat, eine zweite Beratung und Lesung des ersten Entwurfes eines Bürgerlichen Gesetzbuches durchzuführen. Zu diesem Zwecke setzte er eine Kommission von 22 und später 24 Mitgliedern ein[111]. In der vorbereitenden Sitzung dieser zweiten Kommission vom 15. Dezember 1890 wurde *Gottlieb Planck*, der bereits der ersten Kommission als Redaktor des Familienrechts angehört hatte, zum Generalreferent ernannt. In derselben Sitzung wurde der königlich sächsische Geheime Rat Dr. *Wilhelm Rüger* mit dem Erbrecht betraut. Rüger war bereits von 1888

---

105 *Gierke*, Entwurf S. 505. — *Gierke*, Aufgabe S. 39.

106 S. 41.

107 Über diese Frage siehe unten S. 38 ff.

108 *Gierke*, Entwurf S. 508.

109 Zusammenstellung Bd. 5, S. 4.

110 *Petersen*, S. 37.

111 *Schubert*, S. 45 ff. mit näheren Einzelheiten.

bis 1889 Mitglied der ersten Kommission gewesen[112]; er schied jedoch am 31. März 1895 infolge seiner Ernennung zum Generalstaatsanwalt aus der zweiten Kommission aus. An seiner Stelle betreute nunmehr *Heinrich Börner* das Erbrecht, das allerdings zu diesem Zeitpunkt schon fast vollständig fertiggestellt war. Auch Börner hatte bereits der ersten Kommission angehört[113]. Die zweite Kommission ging in derselben Reihenfolge vor wie die erste und behandelte das Erbrecht als fünftes und letztes Buch vom 30. Mai 1894 bis zum 5. März 1895[114]. Sie benötigte also — wie schon die erste Kommission — für dessen Beratung ungefähr ein Jahr. Als letztes der fünf Bücher wurde das Erbrecht noch im Laufe des Jahres 1895 der Öffentlichkeit zugänglich gemacht[115].

Bei der Beratung des Erbrechts ging man in derselben Reihenfolge vor wie die erste Kommission. Man behandelte zunächst die gewillkürte, anschließend die gesetzliche Erbfolge und dann die rechtliche Stellung der Erben. Die Entscheidung über den endgültigen Aufbau des Erbrechtsbuches erfolgte erst im Anschluß an die sachlichen Beratungen der einzelnen Vorschriften. Der Aufbau des Erbrechtsbuches wurde vollständig umgestaltet. Die Redaktionskommission wollte ursprünglich nur die Abschnitte über die gewillkürte und die gesetzliche Erbfolge vertauschen, d. h. die gesetzliche Erbfolge vor-

---

[112] *Schubert,* S. 46 (Fußn. 228), 48; Acta, Bd. II, Aktenstück 212. *Rüger* wurde 1837 in Dresden geboren. Nach Studienjahren in Leipzig wirkte er längere Zeit in Dresden als Rechtsanwalt und trat anschließend in den sächsischen Staatsdienst ein. 1879 wurde er vortragender Rat im Justizministerium. 1880 bis 1884 war Rüger Bürgermeister von Dresden. Anschließend kehrte er wieder in das Justizministerium zurück, wo er 1890 zum Geheimen Rat ernannt wurde. Nach seinem Ausscheiden aus der zweiten Kommission wurde Rüger im Jahre 1895 Generalstaatsanwalt. 1901 erfolgte seine Ernennung zum königlich sächsischen Staats- und Justizminister und 1902 zum Finanzminister (vgl. Zeitgenossenlexikon Spalte 1219, 1220).

Schmitt, der in der ersten Kommission das Erbrecht bearbeitet hatte, lehnte eine Teilnahme an der zweiten Kommission ab (siehe vorn S. 9). Statt seiner delegierte Bayern den Oberregierungsrat im Justizministerium *Karl Jacubetzky* in die zweite Kommission (Acta Bd. II, Aktenstück 203, Schreiben des Justizministers *von Leonrod* an Prinzregent *Luitpold* vom 7. 11. 1890).

[113] *Frensdorff,* S. 351; E I S. V; Acta, Bd. II, Aktenstück 239. *Börner* wurde 1844 zu Wilsdruff in Sachsen geboren. Nach dem Studium der Rechte in Leipzig trat er 1867 in den sächsischen Justizdienst. 1873—1874 war Börner als Hilfsarbeiter am Appellationsgericht in Leipzig tätig, von wo aus er in die erste Kommission zur Abfassung eines bürgerlichen Gesetzbuches berufen wurde. Er schrieb die Motive des allgemeinen Teils und des Einführungsgesetzes. 1889 wurde Börner als vortragender Rat in das sächsische Justizministerium berufen. 1896, nach Abschluß der Beratungen der zweiten Kommission, kehrte er in das sächsische Justizministerium zurück. (Vgl. Zeitgenossenlexikon Spalte 150, 151.)

[114] Prot. II, S. 6571—8161 (322.—400. Sitzung).

[115] *Frensdorff,* S. 358, 363; *Schubert,* S. 51.

anstellen. Die zweite Kommission folgte jedoch diesem Vorschlag nicht. Sie lehnte auch die Gliederung des ersten Entwurfes ab. Statt dessen unternahm sie den Versuch, in einem ersten Abschnitt „Erbfolge" einen allgemeinen Teil des Erbrechts zu schaffen[116]. In diesem Abschnitt faßte sie die Vorschriften über die Gesamtnachfolge und die Erbfähigkeit mit der Regelung der gesetzlichen Erbfolge und den Leitsätzen über letztwillige Verfügungen zusammen. Denn man glaubte, zu Beginn des Erbrechtsbuches die Grundbegriffe klarstellen und deren technische Bezeichnungen anführen zu müssen. Im zweiten Abschnitt regelte die Kommission die rechtliche Stellung des Erben und in den beiden folgenden Abschnitten die Einzelheiten der testamentarischen Verfügungen und Erbverträge. Im anschließenden Abschnitt behandelte sie das Pflichtteilsrecht, das von der gesetzlichen Erbfolge abgetrennt und hinter die letztwilligen Verfügungen gestellt wurde, da es die Grenzen der Dispositionsbefugnis des Erblassers festlege[117]. In den folgenden vier Abschnitten regelte sie, ohne daß für die Reihenfolge ein bestimmtes Prinzip erkennbar wäre, alle jene Fragen, die sich in die bisherige Anordnung nicht hatten einfügen lassen.

Diese Umstellung bedeutete eine Verschlechterung gegenüber dem ersten Entwurf; denn sie führte zu einem wenig übersichtlichen Aufbau und zu einer Zerreißung sachlich zusammengehöriger Vorschriften, so z. B. bei der Regelung letztwilliger Verfügungen, deren Grundsätze im ersten Abschnitt und deren Einzelheiten im dritten und vierten Abschnitt abgehandelt wurden[118]. Außerdem gelang auch der Aufbau eines allgemeinen Teils des Erbrechts nicht vollständig. Denn einerseits wurde in ihm das Pflichtteilsrecht als grundsätzliche Einschränkung der Testierfreiheit mit keinem Wort erwähnt, während er andererseits die Verwandtenerbfolge nicht nur in den Grundzügen, sondern bis in alle Einzelheiten regelte. Diese Erbrechtsgliederung des zweiten Entwurfes wurde von keiner Seite mehr angegriffen und ging unverändert in den endgültigen Gesetzestext über.

Nachdem die zweite Kommission den Entwurf eines bürgerlichen Gesetzbuches in zweiter Lesung fertiggestellt hatte, beriet sie am 17. Oktober 1895, im Rahmen der Abfassung des Einführungsgesetzes, über Familienfideikommisse, Stammgüter und Lehen[119]. Am 13. November behandelte sie die Einzelheiten des Anerbenrechts. Während dieser Beratung nahm Kaiser *Wilhelm II.* auf eigenen Wunsch an einer Sitzung der Kommission teil[120].

---

[116] *Planck*, Bd. 5, Vorbemerkungen V (S. 5); vor § 1922 Anm. 4.
[117] *Planck*, Bd. 5, Vorbemerkungen V (S. 5); vor § 1922 Anm. 4.
[118] *Staudinger-Boehmer*, Einleitung zum Erbrecht § 28, Anm. 3.
[119] Prot. II, S. 8787—8791 (430. Sitzung).
[120] Prot. II, S. 9029—9038 (440. Sitzung).

Ein einleitender Vortrag *Sohms* informierte ihn über die zur Beratung anstehende Materie. Im übrigen verlief diese Sitzung wie alle anderen[121]. Die zweite Kommission hielt am 8. Februar 1896 ihre 457. und letzte Sitzung ab.

Das Erbrecht des zweiten Entwurfes stieß in der Öffentlichkeit nur auf ein geringes Echo. Dies liegt zum Teil daran, daß das Erbrecht als letzter Teil des zweiten Entwurfes veröffentlicht wurde und der Kritik deshalb nur wenig Zeit blieb, sich mit ihm zu beschäftigen. Außerdem herrschte, wie die Beratungen des 23. Deutschen Juristentages von 1895 zeigen, allgemein die Meinung vor, nach den Beschlüssen der zweiten Kommission sei die endgültige Entscheidung über das BGB bereits gefallen und jede weitere Kritik deshalb nutzlos und überflüssig[122].

Sohm betonte in einem vor der Juristischen Gesellschaft zu Berlin gehaltenen Vortrag, der den zweiten Entwurf rechtfertigen sollte, dessen Erbrecht sei zwar von der römischen Universalsukzession beeinflußt, im übrigen jedoch wesentlich deutsches Recht[123]. *Gierke* gab in seiner Entgegnung auf Sohms Ausführungen zu, im zweiten Entwurf sei manches deutscher geworden[124]. Gehe man allerdings in die Einzelheiten, so stoße man überall doch wieder auf ein fein ausgesponnenes und fast spitzfindiges Recht, das seine Herkunft aus romanistischer Denkweise nicht leugnen könne und als deutsches Volksrecht ungeeignet sei[125].

In den Beratungen des Reichstags stieß das Erbrecht nur noch auf wenig Interesse. Lediglich in den Fragen der Begrenzung des Verwandtenerbrechts und der Zulassung des handschriftlichen Testaments kam es zu größeren Debatten, die eine Abänderung des zweiten Entwurfes zur Folge hatten[126]. Der Reichstag beriet das Erbrecht in erster Lesung vom 3. bis 6. Februar 1896 zusammen mit dem gesamten ersten Entwurf, ohne daß die Redner näher auf jenes eingegangen wären. Die Beratung endigte mit einer Überweisung des Entwurfes an eine Kommission von 21 Mitgliedern. Diese Kommission konstituierte sich am 7. Februar 1896 und erstattete dem Reichstag am 12. Juni 1896 Bericht[127]. In zweiter und dritter Lesung wurde das Erbrecht jeweils nur an einem Tage, am 27. Juni 1896 und 1. Juli 1896, beraten[128]. Am 1. Juli 1896 fand die Schlußabstimmung über das BGB statt.

---

[121] *Frensdorff*, S. 363; Prot. II, S. 9038.

[122] *Schubert*, S. 51; Verhandlungen des 23. Dt. Jur. Tg., Bd. 2, S. 113, 433.

[123] *Sohm*, S. 747.

[124] *Gierke*, Reichstag S. 36.

[125] *Gierke*, Reichstag S. 37, 47.

[126] Bericht der Reichstagskommission St. B. R. T. S. 2096.

[127] *Planck*, Bd. 1, Einleitung S. 15.

[128] St. B. R. T., S. 705 ff.; 3005 ff.; 3095 ff.

Der Reichstag nahm das Gesetz mit 222 gegen 48 Stimmen bei 18 Enthaltungen an[129]. Nachdem auch der Bundesrat am 14. Juli dem Entwurf zugestimmt hatte, unterzeichnete Kaiser *Wilhelm II.* am 18. August 1896 das Gesetzeswerk[130].

Am 1. Januar 1900 trat das BGB in Kraft.

---

[129] *Schubert*, S. 55.
[130] *Schubert*, S. 56.

2. Teil

Die allgemeine gesetzliche Erbfolge

1. Kapitel

GRUNDFRAGEN

I. Das Erbrecht als Institution des Privatrechts

Aufgabe des Erbrechts ist es, die Wirkungen zu regeln, die der Tod eines Menschen auf dessen nachgelassenes Vermögen hat. Diese Aufgabenstellung setzt eine Gesellschaft voraus, in der die vorhandenen Güter unter die einzelnen Menschen bleibend als Privateigentum verteilt sind. Das Erbrecht ist also die notwendige Folge und Ergänzung des Eigentums. Wie das Privateigentum so wurde auch das private Erbrecht im Laufe des 19. Jahrhunderts mehrfach angegriffen. Von verschiedenen Seiten wurde die Beseitigung jeder privaten Erbfolge angestrebt[1].

Derartige Forderungen erhoben die Saint-Simonisten in Frankreich[2]. Sie argumentierten: Wenn der Arbeiter ein Sklave seiner Armut und seines Elends sei, so liege dies daran, daß der Erwerb von Besitz und Vermögen zum größten Teil nicht nach dem Grundsatz persönlicher Würdigkeit geregelt werde. An diesem Zustand trage das geltende Erbrecht die Hauptschuld, das deshalb umgestaltet werden müsse[3]. *Bazard* betonte, das Prinzip der Erblichkeit habe früher allgemein bei Ämtern, Gewerben und Ständen gegolten. In diesen Bereichen sei der Grundsatz jedoch längst aufgegeben worden. Er bestehe in der Gegenwart nur noch für die Vermögensbeziehungen der einzelnen aufeinanderfolgenden Familienmitglieder. Bazard wollte an die Stelle eines Erbrechts der Blutsverwandtschaft ein Erbrecht des Verdienstes setzen. Nicht die Familie, sondern der Staat, unter dessen Schutz und Mitwirkung das Eigentum erworben und erhalten werde, solle erbberechtigt sein. Zur Verwirklichung dieser Pläne schlug Bazard ein System von Staatsbanken vor, die die freiwerdenden Nachlässe einziehen und an

[1] Motive TE S. 29; vgl. auch *Wegmann*, S. 12—18.
[2] *Baron*, Angriffe S. 12.
[3] *Miaskowski*, S. 232 (1. Abteilung).

jene Personen verteilen sollten, die am würdigsten seien und das ihnen übertragene Vermögen am besten nutzen würden. Erst so werde das Eigentum wahrer Ausdruck der Fähigkeit und Leistung seines Inhabers sein[4].

Im Gegensatz zu Bazard sprach *Enfantin* sich dagegen aus, daß der Staat die Erbschaften einziehe und neu verteile. Er schlug statt dessen vor, eine progressive Erbschaftssteuer einzuführen, die möglichst den gesamten Nachlaß umfassen solle. Sie sei eine angemessene Abgabe und vermindere einen Erwerb, den man als Glücksfall betrachten müsse und der einen arbeitsamen Menschen oft in einen Müßiggänger verwandele[5].

Die Gedanken der Saint-Simonisten fanden auch in Deutschland Anhänger[6]. So forderte *Samter* die Aufhebung des privaten Erbrechts an Grundeigentum und den obligatorischen Übergang aller Grundstücke beim Erbfall auf den Staat[7]. Ferner wurden Überlegungen angestellt, ob die Gesellschaft nicht den Erwerb von Gütern durch Erbfolge verbieten solle, wie sie den Erwerb von Vermögen durch Raub, Diebstahl oder Lotteriegewinne untersage[8].

1848 verlangten *Marx* und *Engels* im Kommunistischen Manifest u. a. die Abschaffung des gesamten Privaterbrechts[9]. Auf dem vierten Kongreß des Internationalen Arbeiterbundes in Basel 1869 beantragte dessen Kommission für die Erbschaftsfrage, das private Erbrecht gänzlich zu beseitigen. Sie warf dem Erbrecht vor, es befördere eine Verteilung des Bodens, der einzelne Personen begünstige. Das Erbrecht verhindere den Übergang von Grund und Boden in Kollektiveigentum. Selbst bei kleinsten Vermögen konstituiere es ein „Privilegium, dessen Einfluß unter allen Umständen eine Ungerechtigkeit und eine permanente Drohung für die soziale Ordnung" sei. In allen Phasen mache das Erbrecht die „politische und ökonomische Gerechtigkeit unmöglich". Gerade seinem Einfluß sei es zuzuschreiben, daß keine soziale Gleichheit bestehe[10]. Der Kommissionsantrag wurde mit 32 Ja-Stimmen gegen 23 Nein-Stimmen angenommen. Da er nicht die erforderliche Zweidrittelmehrheit erreichte, kam ein positives Mehrheitsvotum des Arbeiterkongresses nicht zustande[11].

Weniger weit gingen die Rechtsphilosophen des 18. und 19. Jahrhunderts. Immerhin wurden unter ihnen Stimmen laut, die leugneten, daß ein privates

---

[4] *Bazard*, Exposition complète de la foi St. Simonienne, Paris 1831, abgedruckt bei *Miaskowski* (1. Abteilung), S. 232 f.

[5] *Baron*, Angriffe S. 16; *Miaskowski* (1. Abteilung), S. 233.

[6] *Baron*, Angriffe S. 28.

[7] *Samter*, S. 201, 203.

[8] *Lange*, Arbeiterfrage S. 278.

[9] Manifest der Kommunistischen Partei, S. 481.

[10] Bericht S. 150.

[11] Bericht S. 152.

Erbrecht von Natur aus vorgegeben sei. So machte man geltend, mit dem Tode eines Menschen hörten alle seine Rechte auf und würden seine Güter demzufolge herrenlos. Von Natur aus gebe es daher gar kein Erbfolgerecht bestimmter Personen, sondern es trete ein allgemeines Okkupationsrecht ein[12]. Wie weit man ein Erbrecht dennoch anerkennen wolle, hänge allein von der Gesetzgebung ab, die nach Gründen politischer Zweckmäßigkeit über diese Frage entscheiden müsse und das Erbrecht — falls erforderlich — auch gänzlich beseitigen könne[13].

Zu diesen Meinungen und Bestrebungen, die zum Teil auf eine Aufhebung der historischen Einrichtungen des Eigentums und Erbrechts hinausliefen, mußte der Gesetzgeber in irgendeiner Weise Stellung beziehen, als er an die Neugestaltung des Erbrechts heranging. *Schmitt* empfand es als einen „ungeheuerlichen Gedanken", daß „an die Stelle individuellen Eigentums eine allgemeine Gütergemeinschaft mit anteilsweiser Benutzungsbefugnis des Einzelnen" treten sollte oder eine „Zuweisung des Eigentums auf Zeit unter dem Gesichtspunkt des Verdienstes und Bedarfs"[14]. Auch die Auflösung aller Rechtsverhältnisse beim Tode eines Menschen widerstrebe der Natur und werde sich in sittlicher, volkswirtschaftlicher und politischer Hinsicht unheilvoll auswirken[15]. Jeder „Wetteifer und jede Mitbewerbung um die höchsten Güter" werde ausgeschlossen und jede Strebsamkeit des Menschen vernichtet, wenn das Erworbene bei dessen Tode wieder zerfalle oder an den Staat gelange. Eine solche Vorstellung widerspreche deshalb der Bestimmung des Menschen, in Wechselbeziehung und Widerstreit mit der Außenwelt die eigene „Stärkung, Verselbständigung und Vervollkommnung" zu suchen[16].

Ferner betrachtete Schmitt das gesamte Privatrecht als ein in sich geschlossenes Gebiet, in das der Gesetzgeber nicht nach Willkür und Belieben eingreifen dürfe. Der Staat sei nicht befugt, für sich oder andere ein Erbrecht zu begründen. In der Normierung der Testierfreiheit bestätige er lediglich die „Unabhängigkeit des menschlichen Willens" und in der Statuierung des Verwandtenerbrechts anerkenne er nur „das durch die Natur der Dinge begründete Recht der Familie". In all diesen Fragen schaffe der Gesetzgeber kein neues Recht[17]; ihm komme allein zu, die Wege zu bestimmen und zu begrenzen, auf denen der Einzelne sich in der Gründung von Rechten und Verbindlichkeiten zu bewegen habe. Der Staat dürfe nur den

---

[12] *Fichte*, § 60 (S. 245); *Humboldt*, Kapitel XI (S. 115—117, 119); *Groß*, § 169 (S. 86); *Montesquieu*, Livre XXVI, Chapitre VI: „La loi naturelle ordonne aux pères de nourrir leurs enfants, mais elle n'oblige pas de les faire héritiers ..."

[13] *Fichte*, § 60 (S. 245).

[14] Motive TE S. 32.

[15] Motive TE S. 31.

[16] Motive TE S. 32; vgl. auch *Wegmann*, S. 19.

[17] Motive TE S. 33.

äußersten Mißbrauch der naturgegebenen menschlichen Freiheit verhindern. Die historische Einrichtung des Privateigentums und die durch das Erbrecht bedingte ewige Weitergabe desselben könne er gar nicht beseitigen[18].

Die Existenzberechtigung eines privaten Erbrechts ist weder in den Beratungen der ersten noch der zweiten Kommission in Frage gestellt worden. Das Erbrecht als eine der Grundlagen der bürgerlichen Rechtsordnung war allen so selbstverständlich, daß niemand an dessen Notwendigkeit zweifelte. Auch keiner der Kritiker des ersten Entwurfes äußerte grundsätzliche Bedenken an der Daseinsberechtigung eines Privaterbrechts.

Alle jene, die vom sozialistischen Standpunkt für eine gänzliche Beseitigung des Privaterbrechts eintraten, meldeten sich wohl deshalb nicht zu Wort, weil sie an juristischen Fachfragen, wie eine Kodifikation sie vor allem aufwirft, wenig interessiert waren. Es fehlte ihnen wahrscheinlich auch das notwendige Fachwissen, das zur Kritik eines so umfassenden Gesetzeswerkes unentbehrlich ist[19]. Lediglich der Wiener Kathedersozialist *Anton Menger* befaßte sich vom Standpunkt der besitzlosen Klassen mit dem Entwurf eines bürgerlichen Gesetzbuches. Zwar bezeichnete er es vom Standpunkt sozialistischer Rechtsideen aus als „freundlichen Gedanken", durch eine Beseitigung des Erbrechts einen allmählicheren und milderen Übergang zu neuen Formen menschlichen Daseins zu schaffen als durch eine unmittelbare Beseitigung des Privateigentums; jedoch verzichtete auch Menger darauf, den Entwurf vom „Standpunkt sozialistischer Rechtsideen" aus zu beurteilen[20]. Die Verfasser des Entwurfes hätten die Absicht und Aufgabe gehabt, ein Gesetzbuch auf rein privatrechtlichen Grundlagen zu liefern, und jede fruchtbare Kritik ihrer Arbeit werde deshalb diese Grundlagen als gegebene Tatsachen hinnehmen müssen, also auch die Existenz eines Privaterbrechts[21]. Menger wollte lediglich nachweisen, wie die besitzlosen Klassen durch den Entwurf benachteiligt würden, sogar wenn man von den überkommenen Prinzipien des Privatrechts ausgehe[22].

Im Grunde waren all jene, die im Laufe des Jahrhunderts dem Erbrecht seine Daseinsberechtigung abgesprochen hatten, Außenseiter, die nur geringen Einfluß auf das allgemeine Bewußtsein hatten. — Im 20. Jahrhundert versuchte die Sowjetunion durch Dekret vom 27. April 1918, das Privaterbrecht gänzlich zu beseitigen. Diese Maßnahme schlug vollkommen fehl; die Fiskalbeamten, welche sich der Nachlässe bemächtigen sollten, fanden beim Tod einer Person regelmäßig keine solchen vor. Schließlich

[18] Motive TE S. 33.
[19] *Menger*, S. 2.
[20] *Menger*, S. 229.
[21] *Menger*, S. 3.
[22] *Menger*, S. 3.

entschloß sich die Sowjetregierung, durch das Zivilgesetzbuch vom 31. Oktober 1922 die gesetzliche wie die testamentarische Erbfolge wieder einzuführen[23]. Gerade dieses mißglückte Experiment zeigt, wie elementar das menschliche Bedürfnis ist, Hab und Gut an die nächsten Angehörigen oder Bekannten weiterzugeben, und daß es unmöglich ist, durch legislative Maßnahmen mit diesem Streben zu brechen.

II. Der Grundsatz der Universalsukzession

Da *Schmitt* von der Voraussetzung ausging, daß das Vermögen eines Menschen bei dessen Tod nicht dem Staat zufalle, daß es aber auch nicht als herrenloses Gut dem allgemeinen Zugriff preisgegeben werden dürfe, so waren zwei mögliche Schicksale des Nachlasses denkbar: Er konnte als eine Art Stiftung weiterbestehen oder auf einen neuen Träger übergehen. Die dauernde Erhaltung des Nachlasses als verselbständigtes Vermögen hätte ihn weitgehend dem allgemeinen Güterverkehr entzogen und widersprach deshalb aufs entschiedenste den wirtschaftlichen Vorstellungen der damaligen Zeit, welche Freiheit des Güterverkehrs verlangte. So blieb nur die Möglichkeit, anzuordnen, daß der Nachlaß auf eine Person übergehe, indem die Gesamtheit aller Rechte und Pflichten des Erblassers ihren Träger wechsele[24].

Diese Gedanken führten *Schmitt* zum Grundsatz der Universalsukzession des Nachlasses auf den oder die Erben, wie er im römischen Recht entwickelt worden war[25]. Schmitt ging als selbstverständlich davon aus, daß alle Nachlässe gleich zu behandeln seien ohne Rücksicht auf ihre Herkunft oder die Art der Gegenstände, aus denen sie bestanden. Er legte seinen Überlegungen den „Begriff des Vermögens als einer alle Rechte und Verbindlichkeiten derselben Person umfassenden, aber vom rechnerischen Aggregat der Bestandteile verschiedenen höheren Einheit“ zu Grunde[26]. Hieraus folgerte er, daß niemand Träger zweier Vermögen sein könne. Daher müßten sich Erblasser- und Erbenvermögen beim Erbfalle zu einem einzigen Vermögen verschmelzen und der „Nachlaß als selbständiger Faktor“ wegfallen[27].

---

[23] *Staudinger-Boehmer*, Einleitung zum Erbrecht § 5, Anm. 11; *Erman-Bartholomeyczik*, Einleitung zu § 1922, Anm. 5.

[24] Motive TE S. 33.

[25] *Windscheid*, § 528.

[26] Motive TE S. 33; vgl. auch *Savigny*, System Bd. 1, § 57 (S. 375, 376, 378, 380). Zum Verhältnis zwischen Vermögen und Vermögensträger vgl. *Kiefner*, S. 13; ausführlich dazu *Wegmann*, S. 26—44.

[27] Motive TE S. 34. Schmitt überlegte lediglich, ob man nicht ausnahmsweise im Interesse der Gläubiger des Erblassers oder des Erben die unaufhaltsame Mischung beider Vermögensmassen einschränken solle.

Im älteren deutschen Recht zerfiel der Nachlaß beim Tode regelmäßig in verschiedene Komplexe, die bereits zu Lebzeiten des Erblassers bestimmten Sonderzwecken gedient hatten und beim Erbfall auf denjenigen übergingen, in dessen Händen sie diesen Zwecken am besten weiterdienten. So ergab sich bei vielen Erbfällen eine Mehrheit von Spezialerbfolgen[28]. Man kannte beispielsweise besondere Sukzessionen der männlichen Erben in das Heergewäte, also die Waffen eines männlichen Erblassers, oder der weiblichen Erben in die Gerade, insbesondere den Schmuck, eines weiblichen Erblassers[29]. Gelegentlich wurde auch nach Herkunft und Ursprung des Nachlasses unterschieden. Nach dem Grundsatz: paterna paternis, materna maternis fiel das von der väterlichen Seite stammende Vermögen an die Verwandten väterlicher Seite und umgekehrt. Dieser Grundsatz fand sich in keinem neueren Gesetz mehr. Zum Teil hatte man ihn sogar ausdrücklich abgelehnt[30].

Schmitt und ihm folgend die erste Kommission lehnten derartige Besonderheiten von vornherein und ohne große Debatte generell ab. Es widerspreche den Anschauungen und Auffassungen der Gegenwart, an die oben bezeichneten Unterschiede allgemeine Rechtsfolgen anzuknüpfen[31]. In den neueren Gesetzgebungen des 18. und 19. Jahrhunderts würden alle Erben überwiegend gleich behandelt, und diese Gleichheit werde manchmal sogar ausdrücklich betont[32]. Auch eine Rücksichtnahme auf die unterschiedliche wirtschaftliche Zweckbestimmung von Kapitalvermögen und Grundstücken wurde von der Kommission nicht erwogen, soweit es um die Ausgestaltung des allgemeinen Erbrechts ging. Man faßte vielmehr jeden Nachlaß rein rechtlich als Zusammenfassung von Rechten und Pflichten in einer Person auf.

Das Prinzip der Universalsukzession der Erben in den Nachlaß hat die erste Kommission mit aller Schärfe und Konsequenz durchgeführt. Auf Vorschlag Schmitts versagte sie dem Vermächtnis und auch dem Pflichtteilsrecht dingliche Wirkung. Im Sinne der Vereinfachung und Rechtsklarheit emp-

---

[28] *Heusler*, Bd. 2, § 177 (S. 555).

[29] *Heusler*, a. a. O.; *Roth*, § 352 (Note 26, 27); bayr. LR III, 1 § 14 Nr. 13; Zürcher GB §§ 1895—1899, 1901—1907, 1918, 1919 mit eigentümlichen Bestimmungen über einen Vorzug der Söhne bei Beerbung des Vaters und einem Voraus der Töchter in den mütterlichen Nachlaß.

[30] *Beseler*, § 138 III (S. 637); bayr. LR III, 12 § 3 Nr. 5; ALR II, 2 § 499; Code civil art. 732; *Zachariä*, § 608; hess. Entw. Art. 10; *Mommsen*, § 30 Satz 1.

[31] Vorlage Nr. 17 v. 1875, § 2 IV; Prot. d. 13. Sitzg. v. 25. Oktober 1875; Motive TE S. 34, 557, 579, 620; Prot. I, S. 10 101 (618. Sitzg. v. 7. Januar 1887).

[32] Vgl. österr. ABGB § 372; Code civil art. 745; *Mommsen*, § 29 Abs. 1.

fehle es sich, das einmal beschlossene Prinzip der Gesamtnachfolge folgerichtig bis in alle Einzelheiten zu verwirklichen[33].

Der Grundsatz der Gesamtnachfolge wurde in den Kritiken des ersten Entwurfes von keiner Seite angegriffen. Viele hielten ihn sogar für derart selbstverständlich, daß sie auf seine ausdrückliche Erwähnung im Gesetzestexte verzichten zu können glaubten[34]. Allerdings stieß die Schärfe, mit der die erste Kommission ihre Prinzipien durchgeführt hatte, auf Widerspruch. So forderte ein Großteil der Kritiker die Beibehaltung des Vindikationslegates, und auch der 19. deutsche Juristentag sprach sich in dieser Frage gegen den ersten Entwurf aus[35]. Trotz aller Kritiken hat aber die zweite Kommission an der Nichtzulassung eines dinglich wirkenden Vindikationslegats festgehalten, wenn auch nur mit der knappen Mehrheit von 10 gegen 8 Stimmen. Doch begründete sie ihre Entscheidung mit Gründen der Praktikabilität und nicht damit, daß sie den Grundsatz der Gesamtnachfolge konsequent verwirklichen wolle[36].

Der Vorstellung, daß das Vermögen im Augenblick des Erbfalles seinen Träger wechsele, entsprach am ehesten die Regelung, es kraft Gesetzes auf den berufenen Erben übergehen zu lassen. Daher schlug *Schmitt* bereits in den Vorberatungen vor, nicht davon auszugehen, daß der Erbe die Erbschaft erst annehmen müsse (Antrittserwerb), sondern zu bestimmen, daß der Nachlaß kraft Gesetzes von selbst auf den Erben übergehe (Vonselbsterwerb)[37]. Es handele sich um eine reine Konstruktionsfrage, die man entscheiden könne, wie man wolle[38]. Der Unterschied von Anfall und Erwerb der Erbschaft bleibe rein begrifflich in jedem Fall bestehen. Nur falle beim Vonselbsterwerb beides zeitlich zusammen[39]. Dem Gefühl des Laien gelte es als selbstverständlich, daß man Erbe sei, sobald man berufen sei. Dieser Auffassung komme man entgegen, indem man nur dann eine ausdrückliche Erklärung verlange, wenn der berufene Erbe die Erbschaft ausschlagen wolle[40]. Auch sprächen praktische Vorzüge für das Prinzip des Vonselbsterwerbs. Das Gesetz werde einfacher; überdies verbessere man die Lage der Erbschaftsgläubiger, die nicht erst den Antritt der Erbschaft abwarten

[33] Prot. I, S. 9335 (579. Sitzg. v. 27. Dezember 1886). Von verschiedenen Kommissionsmitgliedern war allerdings die Aufnahme des Vindikationslegats beantragt worden; Motive TE S. 292 ff.; vgl. hinten S. 121.

[34] Zusammenstellung Bd. 5, S. 5.

[35] Zusammenstellung Bd. 5, S. 31 ff.; Verhandlungen Bd. 2 (S. 35 ff., 68); Bd. 3 (S. 76—105, 307, 308).

[36] Prot. II, Bd. 5, S. 207—210. Es lagen drei Anträge vor, dem Vermächtnis dingliche Wirkung beizulegen.

[37] Vorlage Nr. 5 von 1876, § 2 (S. 8); §§ 302, 318, 353 TE Erbrecht.

[38] Motive TE S. 810.

[39] Motive TE S. 811.

[40] Motive TE S. 812, 813.

müßten, sondern sofort einen Erben hätten, an den sie sich halten könnten. Außerdem sei der Vonselbsterwerb in Deutschland überwiegend geltendes Recht[41].

Diesen Vorschlägen schloß sich die erste Kommission bereits auf ihren Vorberatungen im Jahre 1876 an und bestätigte sie nochmals während ihrer Hauptberatungen im Jahre 1887[42]. Auch die zweite Kommission hielt am Prinzip des Vonselbsterwerbs fest, ohne daß es zu Auseinandersetzungen über diese Frage kam[43].

III. Das Verhältnis der gesetzlichen zur gewillkürten Erbfolge

Hat sich ein Gesetzgeber für die Beibehaltung des privaten Erbrechts entschieden, so muß er bestimmen, wer der Erbe sein soll. Diese Frage läßt verschiedene Antworten zu: Man kann davon ausgehen, daß die Familienbeziehungen des Erblassers für die Berufung zur Erbfolge maßgebend sind; man kann die Bestimmung des Erben aber auch in die freie Wahl und das Belieben des Erblassers stellen.

Schließlich ist es möglich, beide Berufungsgründe nebeneinander zu stellen und miteinander zu kombinieren, indem man entweder das Familienerbrecht oder die freie Wahl des Erblassers als Ausgangspunkte wählt.

Im altgermanischen Recht galt der Grundsatz eines ausschließlichen Familienerbrechts ohne jede Verfügungsfreiheit des Erblassers. Testamente waren unbekannt; es gab nur geborene und keine gekorenen Erben[44]. Die germanische Vorstellung eines ausschließlichen Familienerbrechts wurde im Laufe der Geschichte vielfach abgewandelt. Ihr Ausschließlichkeitscharakter war zum Teil durch die Anerkennung letztwilliger Verfügungen gemildert worden. Jedoch hatte sich die Idee des Familienerbrechts als gesetzliche Regel und als Normalfall bis in das 19. Jahrhundert behauptet. Sie kam

---

[41] Vorlage Nr. 5 von 1876 (S. 10); Motive TE S. 811. Vom Vonselbsterwerb gingen aus: ALR I, 9 §§ 367—369; Code civil art. 724, 1006; *Zachariä,* § 600. — Vom Antrittserwerb gingen aus: bayr. LR III, 1 § 8; österr. ABGB §§ 547, 550, 533, 534; sächs. BGB § 2009, 2010, 2250; *Mommsen,* §§ 10 Abs. 2, 232. — Das gemeine Recht unterschied: Bei Deszendenten, die in der unmittelbaren Gewalt des Erblassers gestanden hatten, galt das Anfallsprinzip, im übrigen das Antrittsprinzip (*Windscheid,* § 530).

[42] Prot. der 19. Sitzung vom 19. Oktober 1876; Prot. I, S. 10 442 (635. Sitzung vom 21. Februar 1887).

[43] Prot. II, Bd. 5, S. 613. Es lag kein Abänderungsantrag vor, der die Einführung des Antrittserwerbs vorgeschlagen hätte.

[44] *Mitteis,* Kap. 54 (S. 143); *Stobbe,* § 298 (S. 171). *Tacitus,* Germania, Kapitel XX: „... heredes tamen successoresque sui cuique liberi et nullum testamentum; si liberi non sunt proximus gradus in possessione fratres, patrui, avunculi ..."

besonders deutlich im französischen Recht zum Ausdruck. Der Code civil läßt den Erblasser, der nahe Verwandte besitzt, nur über einen Teil seines Nachlasses frei verfügen, während das restliche Vermögen der Familie des Erblassers vorbehalten bleibt[45]. Außerdem erkennt das französische Recht nur den ehelichen Blutsverwandten des Erblassers als Erben — héritier — an. Den Testamentserben hingegen behandelt es lediglich als Erbfolger — successeur. Er muß sich die Erbschaft von vorhandenen Deszendenten oder Aszendenten, die als Blutsverwandte trotz eines entgegenstehenden Testamentes kraft Gesetzes zur Erbfolge berufen sind, aushändigen lassen[46].

Das römische Erbrecht war vom Gedanken der Testierfreiheit des Erblassers geprägt. Die gesetzliche Erbfolge wurde bereits durch ihren Namen „Intestaterbfolge" als Ausnahme vom Regelfall der testamentarischen Erbfolge gekennzeichnet[47]. Diese Vorstellungen waren mit der Rezeption zum Teil auch in das deutsche Rechtsdenken eingedrungen[48]. Ganz ähnlich hatte sich in England und Nordamerika seit dem 17. und 18. Jahrhundert die Vorstellung durchgesetzt, die Testierfreiheit bilde die Regel und den Normalfall[49].

Die Frage, ob man das gesamte Erbrecht vom Willen des Erblassers oder von der Familie her auffassen und gestalten solle, hatte die Rechtsphilosophie seit dem 17. Jahrhundert immer wieder beschäftigt. Denn das legislative Problem des Aufbaus und der Gliederung des Erbrechts wird vom Standpunkt der Rechtsphilosophie zu einer Frage nach dem letzten Grunde allen Erbrechts[50]. So leitete die Rechtsphilosophie seit *Hugo Grotius* bis in das erste Viertel des 19. Jahrhunderts alles Erbrecht aus dem Gedanken der individuellen, selbst über den Tod hinaus wirksamen Willensherrschaft des Erblassers ab. Man verwies darauf, daß der Erblasser über sein Vermögen frei verfügen dürfe und daß ihm dieses Recht sowohl zu Lebzeiten als auch

45 Code civil art. 913—915, 901; *Binding*, AcP 58, 133; *Zachariä*, §§ 687, 688, 691.

46 Code civil art. 724, 1004—1006; *Zachariä*, §§ 599, 605, 688; *Binding*, AcP 58, 133.

47 *Kaser*, § 157 (S. 561, 562). Bereits in der Zwölftafelgesetzgebung fand sich der Satz: „uti pater familias legassit ... super pecunia tutelave suae rei, ita ius esto." Vgl. *Dirksen*, Cap. 11, Tab. V, Fr. 3 (S. 320); *Wächter*, § 326 (S. 833); *Windscheid*, § 575 (Note 2); *Bruns*, Röm. Recht S. 514; *Gans*, Bd. 2, S. 37.

48 Vorlage Nr. 17 von 1875.

49 Motive TE S. 47.

50 *Miaskowski* (Abt. 1), S. 264; *Bruns*, S. 73, 74. (Zwar war *Carl Georg Bruns* in erster Linie ein bekannter Romanist, jedoch hatte er sich in seinem Referat vor dem 14. Deutschen Juristentag auch ausführlich mit der Frage befaßt, wie das Erbrecht ideell zu begründen sei.) Vgl. ferner *Wegmann*, S. 8—23 mit weiteren Einzelheiten.

für die Zeit nach seinem Tode zustehe[51]. Die gesetzliche Erbfolge müsse so gestaltet werden, daß sie dem vermuteten Willen des Erblassers entspreche, falls dieser sich nicht ausdrücklich erklärt habe[52]. *Kant* faßte die Beerbung als Übertragung der Habe und des Gutes eines Sterbenden auf einen Überlebenden durch Zusammenstimmung des Willens beider auf[53]. Erst um die Mitte der dreißiger Jahre des vorigen Jahrhunderts betonte *Hegel* den Gedanken des Familienerbrechts als Rechtfertigung und letzten Grund allen Erbrechts. *Hegel* betrachtete die Familie als bleibende rechtliche Person, der allein alles Vermögen gehöre. Nach außen werde die Familie durch das Familienoberhaupt vertreten, nach innen sei das Familienvermögen ein Ganzes mit Anteilsrechten der einzelnen Familienmitglieder. Eine Testierfreiheit könne daher nur bestehen, sofern die Familienmitglieder selbst in die betreffende Disposition einwilligten oder eine Familie im engeren Sinne nicht vorhanden sei; denn das Testament enthalte gewissermaßen eine Art Adoption, eine Hereinnahme fremder Personen in die Familie[54].

Hegels Ansicht fand zwar Anhänger[55], konnte sich jedoch nicht durchsetzen. Ein großer Teil der Rechtsphilosophie bemühte sich vielmehr um einen Kompromiß und erklärte testamentarisches und Familienerbrecht für nebeneinander begründet. Wo sich beide Prinzipien kreuzten und miteinander kollidierten, trete das Pflichtteilsrecht als vermittelnder Regulator ein[56]. So erklärte *Gaertner*, den einen Teil des Vermögens vergebe die Pflicht, den anderen die Liebe, und *Trendelenburg* bemerkte, das Erbrecht werde von den Impulsen zweier Zwecke bestimmt, die sich kreuzten und nach einem gewissen Ausgleich suchten[57].

Einen eigenen Weg ging *Lassalle*. Er bestritt, daß man zur damaligen Zeit überhaupt von einem Erbrecht als solchem sprechen könne. Das Erbrecht eines jeden Volkes sei ein Erzeugnis bestimmter nationaler und geschichtlicher Anschauungen[58]. Die Römer als Schöpfer des testamentarischen Erb-

---

[51] Siehe z. B. *Grotius*, De iure belli ac pacis, Lib. II, caput VI, § 14 (S. 309). Eine besondere Art der Rechtfertigung des Erbrechts findet sich bei *Leibniz*, Nova Methodus Jurisprudentiae, Pars specialis, § 20 (S. 43): „... Testamenta vero mero iure nullius essent momenti, nisi anima esset immortalis. Sed quia mortui revera adhuc vivunt, ideo manent domini rerum, quos vero haeredes relinquunt, concipiendi sunt ut procuratores in rem suam ...". Vgl. ferner *Pufendorf*, De iure naturae, Liber IV, Caput X, § 4 (S. 607).

[52] *Bruns*, S. 73, 74.

[53] *Kant*, Metaphysik der Sitten § 34 (S. 111 f.).

[54] *Hegel*, Rechtsphilosophie §§ 170, 178.

[55] Vgl. z. B. *Stahl*, S. 256, 257; *Gans*, Bd. 3, S. 369.

[56] *Bruns*, S. 83, 84; *Walter*, §§ 190, 191 (S. 174).

[57] *Gaertner*, Noterbenrecht, S. 407; *Trendelenburg*, Naturrecht, S. 264; *Hedemann*, S. 73—77.

[58] S. 570 (Fußnote 1).

rechts hätten den letztwillig ernannten Erben als das Gefäß betrachtet, in das der persönliche Wille des Erblassers übergehe und in dem er juristische Unsterblichkeit erlange[59]. Die Germanen, von denen das Intestaterbrecht herrühre, hätten als Eigentümer des Vermögens nicht den Erblasser, sondern dessen ganze Familie angesehen, so daß der Erbe beim Tode des Erblassers nicht das Eigentum, sondern nur die Verwaltung des Familienvermögens erhalten habe[60]. Da in der Gegenwart sowohl der Glaube an die juristische Unsterblichkeit des Willens als auch die Vorstellung vom Familieneigentum geschwunden sei, schwebe das gegenwärtige testamentarische und Intestaterbrecht gewissermaßen in der Luft; es sei lediglich ein „gelehrtes Mißverständnis" der Auffassungen von Römern und Germanen[61]. So warf *Lassalle Hegel* vor, dieser verwechsele die Idee des germanischen Familienerbrechts mit der Idee des Erbrechts an sich. Ebenso bemängelte *Lassalle* bei *Leibniz*, dieser verwechsele die Idee des römischen Erbrechts von der Willensunsterblichkeit des Erblassers mit der Idee des Erbrechts an sich[62]. Ob es eine solche Idee des Erbrechts überhaupt gebe, sei nicht sicher, auf jeden Fall kenne man sie in der Gegenwart noch gar nicht[63].

Die Redaktoren eines bürgerlichen Gesetzbuches hatten bei der Regelung des Erbrechts zu entscheiden, von welchem ideellen Ansatzpunkt aus sie die gesamte Erbfolge gestalten wollten. Am augenfälligsten mußte diese Entscheidung bei der Gliederung der Erbrechtsnormen in Erscheinung treten. Ging man vom Willen des Erblassers als Grundlage der Erbfolge aus, so kam eine Voranstellung der Vorschriften über die gewillkürte Erbfolge in Betracht. Erblickte man im Familienrecht den ursprünglichen Grund aller Privaterbfolge, so mußte man sich für die Voranstellung des Intestaterbrechts als Regel und Normalfall entscheiden.

Bluntschli hatte sich im privatrechtlichen Gesetzbuch des Kantons Zürich für die Voranstellung der gesetzlichen Erbfolge entschieden, weil er im Familienerbrecht die natürliche Regel erblickte und die Auffassung des römischen Rechts ablehnte, das zunächst nach dem Willen des Erblassers fragte[64]. Auch das von der Pandektistik stark beeinflußte sächsische BGB regelte zunächst die Intestaterbfolge, weil es das gesetzliche Erbrecht als

[59] S. 563, 565, 568.

[60] S. 579.

[61] S. 570 (Fußnote 1, Fortsetzung), 601.

[62] S. 586 (Fußnote 1, Fortsetzung), S. 608, 607.

[63] S. 570 (Fußnote 1, Fortsetzung). — Leider hat *Lassalle* nicht konkret ausgeführt, wie er sich eine Umgestaltung des damaligen Erbrechts dachte. Er spricht zwar an einer Stelle von radikalen Forderungen gegenüber dem modernen Testamentsrecht (S. 587, Fußn. 1, Fortsetzung). Ob er aber eine gänzliche Beseitigung des damaligen Erbrechts im Auge hatte, ist unsicher. Jenes wurde allerdings von *Baron* (Angriffe S. 30) aus den Thesen Lassalles gefolgert.

[64] *Bluntschli,* Zürcher GB (S. 3).

sicheren und festen Ausgangspunkt für die Behandlung letztwilliger Verfügungen betrachtete[65]. Schließlich hatten sich auch der Code civil sowie der hessische und mommsensche Entwurf für eine Voranstellung des Familienerbrechts entschieden. Von den Kodifikationen behandelte lediglich das österreichische ABGB zunächst die gewillkürte und anschließend die gesetzliche Erbfolge; diese Anordnung fand sich ferner in allen Pandektenlehrbüchern des vorigen Jahrhunderts; diese stellten sämtlich die testamentarische Erbfolge als Regelfall der Intestaterbfolge voran.

Schmitt wollte die Gestaltung des Erbrechts so durchführen, daß sie „dem letzten Grunde aller Erbberechtigung" entsprach und „zugleich zweckmäßig" war[66]. Er lehnte es entschieden ab, ein ausschließliches Familienerbrecht zur Grundlage der Erbfolge zu machen. Diese Vorstellung sei seit einem Jahrtausend untergegangen und seither nirgends in der Gesetzgebung wieder aufgegriffen worden. Ein ausschließliches Familienerbrecht sei viel zu starr, als daß es allen individuellen Bedürfnissen des Einzelfalles gerecht werden könnte. Die ewig wiederholte Teilung des Nachlasses unter den Verwandten des Erblassers müsse zu einer unerwünschten Vermögenszersplitterung führen. Einer solchen Zersplitterung hatte man in früheren Jahrhunderten dadurch vorgebeugt, daß man die Gleichheit aller Erben beseitigte und Vorrechte bestimmter Erben, z. B. des männlichen Geschlechts oder der Erstgeburt, einführte. Diesen Ausweg hielt Schmitt für ungangbar, weil er der Gerechtigkeit widerspreche. Außerdem sei zu befürchten, daß ein ausschließliches Familienerbrecht zu Umgehungsgeschäften des Erblassers unter Lebenden führen werde. Derartige Umgehungen würden ein Gesetz aushöhlen[67].

All diese Bedenken richteten sich aber allein gegen ein *ausschließliches* Familienerbrecht. Es blieb die Frage, ob man nicht von einem Familienerbrecht als Regelfall ausgehen solle, dem ein testamentarisches Erbrecht in gewissen Grenzen und bestimmtem Umfang aushelfend und ergänzend zur Seite treten würde, wie es der Code civil bestimmte und wie es im 19. Jahrhundert mehrfach angeregt wurde[68]. Schmitt gab zu, daß dieser Gedanke etwas Natürliches habe und daß er in seiner Einfachheit besteche. Es fiel zudem ins Gewicht, daß die Regelung des Code civil in Teilen Deutschlands bereits geltendes Recht war.

Dennoch wies *Schmitt* die Idee eines Familienerbrechts als Grundlage und Ausgangspunkt für die Gestaltung der Erbfolge zurück[69]. Ausgehend von

---

[65] Spezielle Motive zu dem Entwurfe eines bürgerlichen Gesetzbuches für das Königreich Sachsen, o. J., S. 405.

[66] Motive TE S. 51.

[67] Motive TE S. 52.

[68] *Binding*, AcP 58, 128; *Zachariä*, § 688 (S. 308); *Unger*, § 78, Anm. 2 (S. 334); *Förster*, § 243 (Bd. 4), S. 5; *Gans* (Bd. 3), S. 369.

[69] Motive TE S. 52.

dem zentralen Begriff des subjektiven Rechts betonte er, alles Privatrecht beruhe auf der Willensherrschaft des Individuums. Solle die Ordnung des Erbrechts ihren privatrechtlichen Charakter bewahren, so müsse sie von der Willensmacht des einzelnen Menschen ausgehen. Diese Willensmacht erstrecke sich bereits bei Rechtsgeschäften unter Lebenden der Wirkung nach oft über den Tod einer Partei hinaus. Schmitt wollte nicht einsehen, weshalb gleiches nicht auch für Rechtsgeschäfte von Todes wegen gelten solle. Eine unterschiedliche Behandlung beider Fälle sei inkonsequent und werde den Erblasser auf Umgehungsgeschäfte unter Lebenden verweisen[70]. Kern eines jeden individuellen Rechts sei die Freiheit; im Bereiche des Erbrechts äußere sie sich in der Verfügungsfreiheit des Erblassers und in der Freiheit der Erben, die Erbschaft auszuschlagen. Beide Freiheiten seien notwendige Korrelate; die Wahlfreiheit des Erben bedinge die Testierfreiheit des Erblassers; die eine Freiheit sei ohne die andere nicht zu rechtfertigen[71].

Gegenüber dieser isolierenden Betrachtung des Menschen traten dessen familiäre und soziale Bindungen bei den Überlegungen Schmitts in den Hintergrund. Allerdings ging *Schmitt* nicht so weit, das gesetzliche Erbrecht der Verwandten allein auf den vermuteten Willen des Erblassers zurückzuführen, der keine Erben ausdrücklich ernannt hatte. Jedoch war nicht die Familie, sondern die Person des Erblassers Ausgangspunkt der Überlegungen Schmitts zur gesetzlichen Erbfolge[72]. Wie das Vermögen einer Person bei deren Tod nicht ausgelöscht werde, so würden auch deren persönliche Beziehungen durch den Tod nicht völlig beseitigt. Vielmehr seien die Verwandten das, was von dem Sterbenden persönlich noch übrig bleibe, und deshalb seien sie die Nächsten am Nachlaß. Die Eltern lebten in ihren Kindern fort, auf die sie ihre geistigen und physischen Vorzüge ebenso vererbten wie ihr Vermögen. In den Kindern lebe als Fortsetzung der Persönlichkeit des Erblassers auch dessen Stellung als Vermögensträger fort. Sie bildeten mit dem Erblasser eine „durch Abstammung vermittelte sukzessive Einheit von Personen". Der Gesetzgeber könne gar nicht anders, als diesem „natürlichen Verhältnisse" seine „formale Anerkennung" zu erteilen. Es sei aber „für sich klar", daß man „dabei nicht an ein Familieneigentum zu denken" brauche[73].

---

[70] Motive TE S. 52.

[71] Motive TE S. 53; vgl. *Gmür*, Savigny (S. 26), über die Verbindungen von *Kant* zur historischen Schule *Savignys*, deren Vorstellungen auch bei Schmitt noch lebendig sind; vgl. ferner *Wieacker*, § 20 I 3 (S. 352).

[72] Diese Gedanken lagen auch der Konzeption Schmitts vom Pflichtteilsrecht zugrunde. Vgl. S. 84.

[73] Motive TE S. 53; vgl. *Baron*, Angriffe S. 3, 4, 7; *Stahl*, S. 257; *Bluntschli*, Zürcher GB S. 4.

Schließlich betonte *Schmitt*, die historische Entwicklung spreche für die Willensfreiheit als Ausgangspunkt des Erbrechts. Zwar räumte er ein, daß die geschichtliche Idee eines Familienerbrechts die ursprüngliche gewesen sein möge. Das sei jedoch nur der Anfang einer Entwicklung gewesen, der für die Gegenwart nicht mehr maßgebend sei. Denn der geschichtliche Entwicklungsprozeß zeige am Ende einen „Umschlag in den entgegengesetzten Gedanken" der Testierfreiheit als Grundlage des Erbrechts. Die Idee eines Familienerbrechts sei nur in der Kindheit des deutschen Volkes der echte, wahre Erbgedanke gewesen, also zu einer Zeit, die Jahrhunderte zurückliege und nicht mehr zum Leben erweckt werden könne[74].

Ferner glaubte *Schmitt*, den Familienzusammenhalt mit einer Stärkung der Testierfreiheit mehr zu fördern als durch die Betonung des Familienerbrechts nach dem Vorbild des Code civil. Nicht die absolute Gleichberechtigung aller Familienmitglieder und die Beschränkung der Verteilungsfreiheit des Familienoberhauptes, sondern die „in der Testierfreiheit enthaltene Stärkung seiner Autorität" verbürge mehr als alles andere eine „gedeihliche Entwicklung der gegenwärtigen wie der künftigen Generation"[75].

Diese Gründe bewogen *Schmitt*, sich eindeutig für die Willensfreiheit des Erblassers als Ausgangspunkt des gesamten Erbrechts zu entscheiden und von ihr bei der Gestaltung dieses Rechtsgebietes auszugehen[76]. Schmitt stellte die Testierfreiheit des Erblassers als Regel und Normalfall an die Spitze seines Erbrechtsentwurfes und bestimmte in § 1 TE: „Jedem steht das Recht zu, über sein Vermögen von Todes wegen durch einseitige Erklärung zu verfügen." Diesen Vorrang der gewillkürten vor der gesetzlichen Erbfolge betonte Schmitt nochmals in § 46 TE, der anordnete: „Der eingesetzte Erbe ist, soweit die Einsetzung reicht, vor den Gesetzeserben zur Nachfolge berufen." Ferner bestimmte § 222 Abs. 1 TE: „Wenn und soweit eine Erbeinsetzung nicht besteht, tritt die Erbfolge aus dem Gesetze ein."

Diese eindeutige Entscheidung Schmitts für den Erblasserwillen als ideellen Ausgangspunkt des gesamten Erbrechts blieb in den Hauptberatungen der ersten Kommission nicht ohne Widerspruch. Bereits zu Beginn der Erbrechtsberatungen Ende Mai 1886 wurde beantragt, den Aufbau des Erbrechtsbuches zu ändern und die gesetzliche vor der gewillkürten Erbfolge zu regeln[77]. Der Antragsteller wollte mit dieser Umgruppierung der Vorschriften den grundsätzlichen Vorrang der Familienerbfolge vor der testamenta-

---

[74] Motive TE S. 54.

[75] Motive TE S. 55. Derartige Gedanken wurden im Laufe des 19. Jahrhunderts immer wieder auch zugunsten einer unbeschränkten Testierfreiheit angeführt. Vgl. S. 82 ff.

[76] Vorlage Nr. 17 von 1875, § 1.

[77] Prot. I, S. 8877 (555. Sitzung vom 28. Mai 1886).

rischen anerkannt wissen[78]. Dieser Antrag führte innerhalb der Kommission zu einer lebhaften Debatte über den ideellen Ansatzpunkt, von dem aus das Erbrecht zu gestalten sei, ohne daß man sich indes auf einen einheitlichen Standpunkt einigen konnte. So kam ein Kompromiß zustande. Man beschloß, das Erbrecht entsprechend der Anordnung des Teilentwurfes zu beraten[79]. Eine prinzipielle Entscheidung über die ideellen Grundlagen des Erbrechts liege in diesem Vorgehen nicht und solle auch nicht gefällt werden; die Frage könne offen bleiben. In den bisherigen Gesetzgebungen habe man immer von einer besonderen Stellungnahme zu diesem Problem abgesehen. Die äußere Stellung der Erbrechtsvorschriften müsse sich in erster Linie nach Zweckmäßigkeitsgründen richten[80].

Bei Beratung derjenigen Vorschriften des Teilentwurfes, die ausdrücklich eine Subsidiarität der gesetzlichen gegenüber der gewillkürten Erbfolge anordneten[81], flammte die Diskussion über das Verhältnis beider Berufungsgründe zueinander nochmals auf. Auch hier einigte sich die Kommission schließlich, „offen bleibe selbstverständlich die Frage nach dem Grunde des gesetzlichen Erbrechts"; diese Frage brauche ein Gesetzgeber nicht zu entscheiden. Man betonte besonders, die Subsidiarität des Verwandtenerbrechts könne nicht zu dem Schluß verwendet werden, der Gesetzgeber führe die gesetzliche Erbfolge auf den vermuteten Willen des Erblassers zurück[82].

Im Ergebnis übernahm die erste Kommission jedoch fast unverändert den Schmittschen Teilentwurf, der bei der Gestaltung der Erbfolge von der Verfügungsfreiheit des Erblassers ausging. Sie hielt an der Stoffanordnung Schmitts fest und regelte die gewillkürte vor der gesetzlichen Erbfolge. Die §§ 46 und 222 TE gingen in den § 1751 E I über. Diese Vorschrift normierte das Prinzip der Testierfreiheit und ordnete die Subsidiarität der gesetzlichen Erbfolge an. Die Kommission verzichtete aber im Gegensatz zum Schmittschen Teilentwurf auf eine besondere ideelle Begründung ihrer Entscheidung[83]. Vielmehr betonte sie in den Motiven ausdrücklich, die Stoffanordnung bedeute keine Stellungnahme zur Frage nach dem ideellen An-

[78] Die Bedeutung des Familiengedankens wurde auch in den Kritiken des ersten Entwurfes immer wieder zugunsten der Voranstellung des Familienerbrechts angeführt. Vgl. unten S. 38, 39.

[79] Prot. I, S. 8876 (555. Sitzung).

[80] Prot. I, S. 8876 (555. Sitzung).

[81] Vgl. § 222 Abs. 1 TE.

[82] Prot. I, S. 10 065 (616. Sitzung vom 3. Januar 1887). Auf den vermuteten Willen des Erblassers hatte auch *Schmitt* die Intestaterbfolge nicht zurückgeführt.

[83] Motive Bd. V, S. 2. Jedoch mußte die von der 1. Kommission beschlossene Gliederung des Erbrechtsbuches zu dem Schluß verleiten, der erste Entwurf führe alles Erbrecht letztlich auf den Erblasserwillen zurück und habe also auch über die Frage der ideellen Rechtfertigung des Erbrechts eine Entscheidung getroffen.

satzpunkt der Erbfolge; man wolle mit der Gliederung des Erbrechts nicht den Vorrang des einen oder anderen Delationsgrundes bestimmen[84].

Die Voranstellung der testamentarischen Erbfolge wurde von fast allen Kritikern des ersten Entwurfes abgelehnt[85]. *Gierke* hielt die Gliederung des Erbrechts für äußerst wichtig und betonte, sogar wenn sie gleichgültig sei, so bleibe doch immer noch unerfindlich, warum man die dem römischen und nicht die dem deutschen Bewußtsein entsprechende Reihenfolge gewählt und die testamentarische Erbfolge vorangestellt habe. Offenbar habe die erste Kommission es als selbstverständlich angesehen, daß „angebliche Adiaphora im Sinne der Pandektenlehrbücher zu erledigen" seien[86]. Außerdem entnahm Gierke dem § 1751 Abs. 2 E I, daß der Entwurf die testamentarische Erbfolge als Regel und Normalfall betrachte. Diese Bestimmung gebe zu erkennen, daß der Entwurf alles Erbrecht auf den Willen des Erblassers zurückführen wolle, gleichviel ob dieser ausdrücklich erklärt oder nur vermutet werde[87].

Grundlage allen Erbrechts sei jedoch die organische Aufeinanderfolge der Geschlechter im Rahmen der Familie, nach deren festen Ordnung der Erbe an die Stelle des Erblassers trete. In der Verwirklichung dieser im natürlichen Bau der Familie angelegten Geschlechterfolge liege die soziale Aufgabe des Erbrechts und seine innere Berechtigung[88]. Wolle man nicht dessen ganze Zukunft in Frage stellen, so dürfe man das Erbrecht auf keinen Fall vom Willen des Erblassers her aufbauen. Die Testierfreiheit bilde nur ein Mittel, um die starre Regel des Familienerbrechts in bestimmten besonders gelagerten Einzelfällen, in denen sie nicht passe, abzuändern. Diese im Volksbewußtsein noch ungebrochenen nationalen Grundgedanken müßten auch im Aufbau und in der Gliederung des Gesetzes ihren Ausdruck finden[89].

Auch die meisten übrigen Kritiker beriefen sich auf die von *Gierke* vorgetragenen Argumente[90]. Man betonte, die gesetzliche Erbfolge sei im allgemeinen Interesse geboten und ihr gebühre deshalb der Vorrang[91]. Es wurde beklagt, daß der Erbrechtsentwurf der Auffassung Vorschub leiste, der

---

[84] Motive Bd. V, S. 2 (die diesen Passus wörtlich aus dem Protokoll der 555. Sitzung vom 28. Mai 1886 übernommen hatten; Protokolle I, S. 8876).

[85] Vgl. Zusammenstellung S. 2—4; *Bähr,* §§ 1575 ff. GE.

[86] Bericht vor dem LÖK S. 869; *Gierke,* Entwurf S. 506.

[87] *Gierke,* Entwurf S. 506.

[88] *Gierke,* Stellung S. 421; Aufgabe S. 39. Dieser Gesichtspunkt war bereits in der ersten Kommission zugunsten einer Voranstellung der gesetzlichen Erbfolge angeführt worden. Vgl. S. 36.

[89] *Gierke,* Entwurf S. 507; Aufgabe S. 39.

[90] *Petersen,* S. 32; Einstimmiger Beschluß des LÖK auf Vorschlag seines Referenten *Gierke,* Verhandlungen S. 868, 869; *Eck,* S. 25; *Vollert,* S. 311.

[91] *Petersen,* S. 31; Kommissionsbericht an LÖK S. 350.

Erblasser könne und dürfe willkürlich nach eigenem Belieben über seinen Nachlaß verfügen. Schließlich habe das deutsche Rechtsbewußtsein von jeher daran festgehalten, daß die Erbschaft in der Regel den rechten — gesetzlichen — Erben zufließen müsse[92].

Planck versuchte demgegenüber, den Entwurf mit der Bemerkung zu verteidigen, daß die Gliederung auf den sachlichen Inhalt der Erbrechtsvorschriften ohne Einfluß geblieben sei. Er betonte, das Familienband bilde im Entwurf die Grundlage der gesetzlichen Erbfolge, die immer dann eintrete, wenn und soweit der Erblasser nichts anderes verfügt habe[93]. Nur ganz vereinzelt waren die Stimmen, die den Aufbau des Erbrechtsbuches deshalb billigten, weil sie im Willen des Erblassers den ideellen Ansatzpunkt des Erbrechts sahen und die Auffassung vom Familienerbrecht als Ausgangspunkt der Erbfolge für überholt hielten[94].

Der zweiten Kommission lag bereits zu Beginn der Erbrechtsberatungen ein Antrag vor, die Stoffanordnung des ersten Entwurfes zu ändern und die gesetzliche Erbfolge vor der gewillkürten zu regeln[95]. Die Mehrheit schloß sich diesem Antrag sofort an und beschloß, die Familienerbfolge voranzustellen. Man verwies darauf, daß diese Frage bereits in den Beratungen der ersten Kommission zur Debatte gestanden hatte[96]. Die Kommission stimmte ferner für eine Streichung des § 1751 Abs. 2 E I, der die Subsidiarität der gesetzlichen Erbfolge festgelegt hatte und von mehreren Kritikern des ersten Entwurfes abgelehnt worden war. Man hielt diese Vorschrift für überflüssig und glaubte, den darin zum Ausdruck kommenden Gedanken nicht besonders aussprechen zu müssen[97]. Materiell hat die zweite Kommission allerdings die von der ersten getroffene Entscheidung, nach der die gesetzliche Erbfolge nur eintritt, soweit der Erblasser nichts anderes verfügt hat, nicht abgeändert. Sie wollte lediglich eine gesetzliche Regelung vermeiden, die den Eindruck erwecken konnte, der Gesetzgeber habe auch über die Frage des ideellen Ansatzpunktes des gesamten Erbrechts eine Entscheidung gefällt.

Dieses Bestreben zeigt sich auch in der endgültigen Gliederung des Erbrechts, wie sie später Gesetz wurde. Die von der zweiten Kommission gebildete Redaktionskommission wollte zunächst die Abschnitte über die gewillkürte und gesetzliche Erbfolge vertauschen und dem Intestaterbrecht

---

92 *Petersen*, S. 32, 31; Beschluß des LÜK S. 868, 869 (auf Vorschlag *Gierkes*).

93 *Planck*, AcP 75, 401.

94 Badische Kommission, S. 3 der Denkschrift des Referenten zum 5. Buche des Entwurfes.

95 Prot. II, Bd. 5, S. 1.

96 Prot. II, Bd. 5, S. 1; siehe S. 37.

97 Prot. II, Bd. 5, S. 3.

den Vorrang einräumen[98]. Die Kommission folgte diesem Vorschlag jedoch nicht. Sie behandelte in einem Abschnitt „Erbfolge" gleichzeitig die gesetzliche und — in Grundzügen — die gewillkürte Erbfolge[99]. So schwächte sie den durch die Voranstellung betonten Vorrang des Familienerbrechts wieder ab. Daher läßt sich die Voranstellung der gesetzlichen Erbfolge nicht als eindeutige Entscheidung zugunsten des Familienerbrechts als ideellen Ausgangspunktes der Erbfolge werten.

Es läßt sich feststellen, daß im Verlauf der Abfassung des BGB die Neigung immer geringer wurde, rechtsphilosophische Grundsatzfragen zu erörtern und zu entscheiden. *Schmitt* behandelte zunächst ausführlich die Frage des ideellen Ansatzpunktes der Erbfolge und entschied sich ausdrücklich für den Erblasserwillen als Ausgangspunkt aller Überlegungen zum Erbrecht. Die erste Kommission befaßte sich mit diesem Problem eingehend, konnte sich aber bereits nicht mehr auf eine einheitliche Linie einigen und ließ die Entscheidung schließlich offen; jedoch übernahm sie im Ergebnis unverändert das Konzept und den Aufbau des Teilentwurfes zum Erbrecht. Die zweite Kommission stellte zum ideellen Ausgangspunkt des Erbrechts gar keine Überlegungen mehr an; sie beschäftigte sich nur noch damit, das Erbrecht so zu gliedern und zu gestalten, daß es keine Anhaltspunkte für eine Entscheidung zugunsten des Erblasserwillens oder des Familienerbrechts bot[100]. Aber auch der veränderte Aufbau des zweiten Entwurfes, der in das BGB überging, kann nicht darüber hinwegtäuschen, daß in diesem der Wille des Erblassers den Mittelpunkt des gesamten Erbrechts bildet. Denn seine Konzeption des Erbrechts entspricht weitgehend dem Teilentwurf *Schmitts*, für den zugestandenermaßen der Erblasserwille Ausgangspunkt aller Überlegungen zur Erbfolge war[101].

Daß man die Verfügungsfreiheit des Erblassers im Grundsatz nicht antasten dürfe, war trotz allen Streites über ihr Verhältnis zum Familienerbrecht bei der Abfassung des BGB fast unbestritten[102]. Allerdings kann ein modernes Erbrecht in einer Wirtschaftsgesellschaft, die auf dem Privateigentum aufbaut, nur so vernünftig gestaltet werden, daß man dem Eigen-

---

[98] Zusammenstellung der Beschlüsse der Redaktionskommission S. 1003—1011 (im Anschluß an Prot. II, S. 7539).

[99] *Planck*, Bd. 5, Vorbemerkungen V (S. 5).

[100] Dieser Verzicht der zweiten Kommission auf die Durchführung eines einheitlichen Konzepts bei der Gestaltung des Erbrechts wirkte sich allerdings ungünstig auf den Gesetzesaufbau aus, der sehr unübersichtlich gestaltet wurde. Vgl. vorn S. 20.

[101] Entsprechendes läßt sich auch bei der Ausgestaltung des Pflichtteilsrechts feststellen, bei der beide Kommissionen an der Konzeption *Schmitts* nichts Grundsätzliches änderten. Vgl. z. B. S. 104.

[102] § 46 TE; Motive TE S. 156; Prot. I, S. 10 194 (622. Sitzung vom 21. Januar 1887); vgl. ferner S. 59, 122, 127.

tümer weitgehende Freiheit läßt, die Verhältnisse nach seinem Tode selbst zu regeln. Denn die Aufgaben und Funktionen der Nachlässe gestalten sich in einer solchen Gesellschaftsordnung so unterschiedlich, daß eine gesetzliche Erbfolgeregelung nicht in der Lage ist, alle denkbaren Möglichkeiten zu berücksichtigen[103]. Lediglich dort wo man die Funktionen des Privateigentums in Wirtschaft und Gesellschaft beschränkt und auf diese Weise die Bedeutung des Erbrechts auf den familiären Bereich reduziert, könnte eine weitgehende Beseitigung der Testierfreiheit durch ein zwingendes Familienerbrecht heute noch gerechtfertigt sein.

2. Kapitel

DAS ERBRECHT DER VERWANDTEN

I. Die Ordnung des Verwandtenerbrechts

Für die erste Kommission war es selbstverständlich, daß gleich nahe Erben gleichberechtigt waren. Eine Berücksichtigung von Vorrechten des Geschlechts und der Erst- oder Jüngstgeburt schied für sie von vornherein aus. Im allgemeinen Erbrecht sollte allein die Verwandtschaftsnähe über die Reihenfolge der Berufung zur Erbfolge entscheiden, und gleich nahe Verwandte sollten gleiches Erbrecht besitzen[1]. Begründet die Verwandtschaft ein gesetzliches Erbrecht und entscheidet allein die Nähe der Verwandtschaft über die Berufung zur Erbfolge, so taucht die Frage auf, wie man die Verwandtschaftsnähe bestimmen, welches Prinzip man der Ordnung des Verwandtenerbrechts zugrundelegen soll. Dieses Problem gestaltete sich deshalb besonders schwierig, weil das überkommene Recht die Erbfolge der Verwandten höchst unterschiedlich regelte und sich nur wenig gemeinsame Grundsätze finden ließen, an die eine einheitliche Regelung anknüpfen konnte.

Die Verwandtschaftsnähe bestimmte sich in den bis 1900 geltenden Rechtsordnungen grundsätzlich nach der Zahl der Zeugungen zwischen dem Erblasser und seinen Verwandten, also nach Verwandtschaftsgraden. In einem solchen reinen Gradualsystem schließt der nähere Verwandtschaftsgrad den entfernteren schlechthin von der Erbfolge aus. Jedoch hatte keine Rechtsordnung allein die Verwandtschaftsgrade zur Grundlage der gesetz-

[103] *Bartholomeyczik*, § 8 (S. 41); *Lange*, § 5 (S. 39); § 9 (S. 97, 98); *Wagner*, S. 91.

[1] Protokoll der 11. Sitzung v. 22. Oktober 1875; Motive TE S. 557, 579.

lichen Erbfolge gemacht[2]. Man berücksichtigte neben dem Grade stets auch die Art der Verwandtschaft. Hier ließen sich verschiedene Verwandtschaftslinien unterscheiden: die gerade absteigende Linie, also die Kinder und Kindeskinder, die gerade aufsteigende Linie, also alle Eltern und Voreltern, sowie die Seitenlinie, insbesondere die Geschwister und Geschwisterkinder. Im Verhältnis zwischen Art und Grad der Verwandtschaft legten alle geltenden Rechte das Schwergewicht auf die Art der Verwandtschaft und teilten danach die erbberechtigten Verwandten in verschiedene Klassen ein[3].

In allen bestehenden Rechten ging die gerade absteigende Linie, umfassend die Kinder und Kindeskinder des Erblassers, den übrigen Verwandten ohne Rücksicht auf die Gradesnähe in der Erbfolge vor. Der zwei Grade entfernte Enkel ging also dem nur einen Grad entfernten Vater des Erblassers vor[4]. Man betonte, Kinder seien die Geschöpfe ihrer Eltern, von denen sie Leben und Dasein erhielten. Sie setzten die Persönlichkeit ihrer Eltern fort, deren physische und geistige Gaben sie erbten. Es sei nur recht und billig, wenn die Kinder auch das Vermögen ihrer Eltern erhielten[5]. In der Brust eines jeden Menschen lebe die Vorstellung, daß Eltern für ihre Kinder arbeiteten und sammelten. Deshalb sei das Erbrecht der Abkömmlinge keine nur positive Gesetzesschöpfung. Mit diesem Recht werde vielmehr der allgemeine Gedanke der Vererbung von den Eltern auf die Kinder auch im Bereiche des Privatrechts anerkannt[6]. Die erste Kommission schloß sich den überkommenen Rechten an und entschied bereits in ihren Vorberatungen — entsprechend dem Vorschlage *Schmitts* — einstimmig, die Deszendenten des Erblassers als erste Erbfolgeklasse mit absolutem Vorrang vor den übrigen Verwandten zur Erbfolge zu berufen[7].

Größte Schwierigkeiten tauchten bei der Frage auf, wie man das Verhältnis der geraden aufsteigenden Linie, der Eltern und Voreltern, zur Seitenlinie, vor allem den Geschwistern und Geschwisterkindern, regeln solle. Hier gab es die verschiedensten Versuche, einen gerechten Ausgleich zwischen den widerstreitenden Interessen der Aszendenten und Seitenverwandten des Erblassers zu finden.

Die Rechtsordnungen des Dreiliniensystems bestimmten die Nähe der Verwandtschaft nach der Aufeinanderfolge der absteigenden, aufsteigenden und der Seitenlinie. Dieses Prinzip war rein durchgeführt im sächsischen BGB, nach dessen Regelung die verschiedenen Verwandtschaftslinien ein-

---

[2] Vorlage Nr. 16 von 1875; § 1; Motive TE S. 557; *Förster*, § 259 (S. 219); *Bruns*, Röm. Recht S. 513.

[3] Motive TE S. 557.

[4] Motive TE S. 558.

[5] Motive TE S. 53; *Baron*, Angriffe S. 3; *Stahl*, S. 257.

[6] *Baron*, Angriffe S. 4; *Lange*, Arbeiterfrage S. 281.

[7] Vorlage Nr. 16 von 1875, § 1; Protokoll der 11. Sitzung vom 22. Oktober 1875.

ander jeweils ausschlossen und die aufsteigende der Seiten-Linie in jedem Falle vorging[8]. Das römische Recht teilte die Nachkommen eines Erblassers in folgende vier Klassen ein, die nacheinander zu Erbfolge berufen waren: 1. die Deszendenten des Erblassers, 2. die Aszendenten des Erblassers zusammen mit dessen vollbürtigen Geschwistern und Geschwisterkindern, 3. die halbbürtigen Geschwister und 4. die übrigen Seitenverwandten nach Gradesnähe[9].

Wenngleich mit der Rezeption des römischen Rechts auch dessen Erbfolgeordnung in Deutschland eingedrungen war, wurde sie hier doch vielfach abgewandelt. Schon in den meisten nach der Rezeption entstandenen Statuten fanden sich über die Verwandtenerbfolge besondere Bestimmungen, die mehr oder weniger vom römischen Vorbild abwichen[10]. Das preußische ALR räumte zwar einerseits den Eltern einen Vorrang vor den Geschwistern des Erblassers ein, betonte aber andererseits, daß die ferneren Aszendenten durch die Geschwister ausgeschlossen werden[11]. Diesem Vorbild folgte das lübische Erbgesetz von 1862[12]. In den anderen Rechtsordnungen zeigte das Verhältnis von Aszendenten und Geschwistern des Erblassers die verschiedensten Spielarten, ohne daß sich bei den einzelnen Ordnungen ein folgerichtig durchgeführtes Gestaltungsprinzip finden ließ[13].

Der Code civil stellte vier Erbfolgeklassen auf: In der ersten befanden sich die Nachkommen des Erblassers, in der zweiten die Geschwister und deren Abkömmlinge, gleichviel ob es sich um vollbürtige oder halbbürtige Geschwister handelte, dann die überlebenden Eltern, die je ein Viertel des Nachlasses als fixe Portion erhielten. In der dritten Klasse waren die ferneren Aszendenten des Erblassers und in der vierten die übrigen Seitenverwandten bis zum zwölften Verwandtschaftsgrade einschließlich[14].

---

[8] Sächs. BGB § 2026: „Die Verwandten gelangen in folgenden vier Classen zur Erbfolge: 1. die Abkömmlinge, 2. die Eltern und Voreltern, 3. die Geschwister und deren Abkömmlinge, 4. die übrigen Seitenverwandten."

[9] Vgl. *Windscheid*, § 572; *Roth*, § 352, 1; Novelle 118, Caput I—III.

[10] Vgl. *Roth*, § 352. Dem römischen Recht folgte z. B. das bayr. LR III, 12 §§ 3, 4.

[11] Das ALR stellte folgende Klassen auf (vgl. *Gruchot*, Bd. 3, S. 268—269):

1. des Erblassers Deszendenten (ALR II, 2 §§ 300 ff.),
2. des Erblassers Eltern (ALR II, 2 §§ 489—491),
3. die vollbürtigen Geschwister des Erblassers und deren Abkömmlinge (ALR II, 2 § 492),
4. die weiteren Aszendenten des Erblassers, je zur Hälfte konkurrierend mit dessen Halbgeschwistern und deren Abkömmlingen (ALR II, 2 §§ 493 ff.),
5. die übrigen Seitenverwandten (ALR II, 3 §§ 46, 49).

[12] Art. 17, 18.

[13] Die Motive zum Teilentwurf des Erbrechts führen mehr als 30 verschiedene in- und ausländische Gesetze und Verordnungen an (vgl. Mot. TE S. 563 ff.).

[14] *Zachariä*, § 606 (S. 23, 24); *Stobbe*, § 292 (S. 126); *Mommsen*, S. 160; *Code civil* art. 731 ff.

Nach den Rechtsordnungen des Parentelsystems schlossen jene, die mit dem Erblasser den nächsten gemeinsamen Stammvater hatten, alle anderen, die mit dem Erblasser durch einen entfernteren Stammvater verbunden waren, von der Erbfolge aus. Die Voreltern des Erblassers und deren Abkömmlinge wurden jeweils als Parentelen oder Ordnungen bezeichnet. Die erste Parentel bildeten die Abkömmlinge des Erblassers, die zweite Parentel die Eltern des Erblassers und deren Abkömmlinge, die dritte Parentel die Großeltern des Erblassers und deren Deszendenten und so fort. Die weiter entfernte Linie wurde immer erst zur Erbfolge berufen, wenn in keiner der näheren Parentelen erbberechtigte Verwandte mehr vorhanden waren. Innerhalb dieser Verwandtschaftsordnungen wurden die Abkömmlinge durch noch lebende Eltern und Großeltern von der Erbfolge ausgeschlossen. Es bestand jedoch ein unbeschränktes Repräsentationsrecht. An die Stelle eines weggefallenen Erbberechtigten traten dessen Abkömmlinge, an die Stelle der Eltern also deren Kinder und so fort[15].

Bereits 1751 hatte der Naturrechtler *Darjes* dieses System empfohlen, ohne es allerdings als Parentelsystem zu bezeichnen. 1786 wurde es in das österreichische Erbfolgepatent aufgenommen und gelangte von dort 1811 in das österreichische ABGB[16]. Auch das Zürcher GB sowie der bayrische Entwurf von 1856 und *Mommsen* hatten sich dem Parentelsystem angeschlossen[17]. In Deutschland galt die Parentelordnung lediglich in einigen Teilen Schleswig-Holsteins, wo sie durch eine dänische Verordnung von 1845 eingeführt worden war[18]. Der preußische Entwurf von 1835 folgte in der ersten und zweiten Erbfolgeklasse dem Parentelsystem, ließ aber die entfernteren Verwandten allein nach Gradesnähe erben[19]. — Der hessische Entwurf von 1845 teilte die erbberechtigten Verwandten des Erblassers zwar in Parentelen ein, führte jedoch innerhalb dieser Ordnungen das Repräsentationsprinzip nicht folgerichtig durch[20].

---

[15] *Unger*, § 31 (S. 133 ff.); *Beseler*, § 138 (S. 635); *Förster*, § 259; *Gruchot*, Bd. 3, S. 272.

[16] *Daries*, Institutiones §§ 645—648 (S. 365—369); *Roth*, § 351 (S. 608); *Unger*, § 31 (S. 134, Anm. 1) ABGB §§ 735, 738, 740, 741, 748.

[17] Zürcher GB §§ 1893—1938; *Mommsen*, § 31 (Motive S. 161 ff.); bayr. Entw. Art. 878—902 (Motive TE S. 566).

[18] Motive TE S. 565.

[19] Preuß. Entwurf 1835 II, 2 §§ 177—186.

[20] So wurden die Geschwister des Erblassers neben dessen Eltern zur Erbfolge berufen und nicht erst an Stelle eines weggefallenen Elternteils. Die Eltern wurden nur dann Alleinerben, wenn keine Geschwister oder Geschwisterkinder vorhanden waren. Lebte ein Bruder oder eine Schwester des Erblassers, so wurde die Erbschaft in drei gleiche Teile geteilt, von denen jeder Elternteil und der Bruder (bzw. die Schwester) je einen erhielten. Waren mehrere Geschwister vorhanden, fiel die eine Hälfte des Nachlasses an die Eltern und die andere an die Geschwister. In den entfernteren Parentelen teilten die Aszendenten mit ihren Abkömmlingen jeweils nach Köpfen (vgl. Art. 16—26).

Da die erste Kommission größten Wert auf eine klare und übersichtliche Regelung der Verwandtenerbfolge legte, kamen für sie nur zwei Möglichkeiten ernsthaft in Betracht: Ein — möglicherweise etwas abgewandeltes — Dreiliniensystem oder das Parentelsystem. Beide Regelungen beruhten auf der „Entwicklung eines einheitlichen grundlegenden Prinzips durch alle Verzweigungen der Verwandtschaft".

Für die sächsische, d. h. für die erste Lösung sprach, daß sie rein auf den drei angenommenen Verwandtschaftslinien aufbaute und die allgemeinen Bestimmungen über die Verwandtschaftsnähe für die besonderen Zwecke der Erbfolgeordnung nicht abzuwandeln brauchte; denn innerhalb der einzelnen Linien galt das reine Gradualprinzip[21]. Aber auch das Parentelsystem bot innerhalb der einzelnen Ordnungen eine „mathematisch genaue und erschöpfende Formel", mittels deren die Reihenfolge der Berufung zur Erbschaft festgestellt werden konnte[22]. Waren beide Ordnungen von ihrem konstruktiven Aufbau her als gleichwertig anzusehen, so mußte für die Wahl der Kommission entscheidend sein, welches Modell die besseren sachlichen Ergebnisse, namentlich im Verhältnis der Voreltern und Eltern zu den Geschwistern, liefern würde[23].

Als Lösung der widerstreitenden Interessen bot sich ein völliger Ausschluß der Geschwister durch alle Aszendenten des Erblassers an. Die Kommission empfand es jedoch als einen naturwidrigen Vorgang, daß Groß- und Urgroßeltern ihre Abkömmlinge vor deren Geschwistern beerben sollten. Dem für eine solche Lösung sprechenden Autoritätsgedanken stehe die natürliche Auffassung einer absteigenden Richtung des Vermögensanfalls gegenüber. Hätten die Großeltern weitere Enkel neben dem Erblasser und dessen Geschwistern, so würde bei jener Regelung der Nachlaß nach dem Tode der Aszendenten in entferntere Verwandtschaftskreise gelangen. Seien andere Enkel jedoch nicht vorhanden, müsse man den Nachlaß in der Hand der Großeltern ohnehin nur als einen „durchlaufenden Posten" von kurzer Dauer betrachten[24].

Die Kommission lehnte es auch ab, den Nachlaß zwischen sämtlichen Aszendenten und Geschwistern des Erblassers zu teilen. Man gab zu bedenken, daß sich die Erbteile der Geschwister bei Kopfteilung um so mehr verringern würden, je entfernter die Aszendenten seien, mit denen die Geschwister zusammenträfen[25]. Einen anderen Teilungsmodus hielt die Mehr-

---

[21] Sächs. BGB § 2030.

[22] Motive TE S. 573; *Förster*, § 259 (S. 219).

[23] Motive TE S. 574.

[24] Motive TE S. 582; sogenannter „reiner Schoßfall"; vgl. auch *Mommsen*, Motive S. 161, 162.

[25] Die Geschwister des Erblassers müssen mit 2 Eltern, 4 Großeltern, 8 Urgroßeltern usw. teilen.

heit aber für unübersichtlich und verwickelt. Man beschloß deshalb, den Geschwistern des Erblassers vor dessen entfernteren Voreltern den absoluten Vorrang einzuräumen[26].

Fraglich blieb, wie man das Verhältnis zwischen den Eltern und den Geschwistern des Erblassers regeln sollte. Der Kommission widerstrebte eine Konkurrenz zwischen Eltern und deren Kindern. Sie hielt es für unmöglich, einen gerechten Teilungsmaßstab festzusetzen. Eine Teilung nach Köpfen lehnte man ab, denn sie überlasse die Größe der Erbteile dem Zufall und wirke womöglich der „Kinderfreudigkeit" entgegen. Die Festsetzung eines festen Teils je für Eltern und Geschwister nach dem Vorbild des Code civil betrachtete man als rein willkürlich[27]. Der Erblasser habe sein Vermögen meist von den Eltern erhalten. Es sei nur recht und billig, wenn es diesen auch wieder zurückfließe als Lohn für die unzähligen Leistungen der Eltern an ihre Kinder. Was die nach Blut und Dankesschuld näheren Eltern erhielten, falle nach gewisser Zeit doch an die Geschwister des Erblassers. Man hielt es deshalb für gerecht, wenn die Eltern den Geschwistern in der Erbfolge vorgingen[28].

Es blieb zu prüfen, ob die Geschwister auch dann von der Erbfolge ausgeschlossen sein sollten, wenn nur noch ein Elternteil lebte. In diesem Falle wollte man den Geschwistern des Erblassers den Erbteil zukommen lassen, der auf den verstorbenen Elternteil gefallen wäre, wenn er noch lebte. Man glaubte, durch diese Regelung werde dem natürlichen Gefühle Rechnung getragen, daß der vorverstorbene Elternteil in seinen Kindern fortlebe. Auch werde dem überlebenden Elternteil nichts entzogen, denn er empfange genau so viel, wie er erhalten hätte, wenn sein Gatte noch lebte. Wenn jemand aus dem Tode eines Elternteils Vorteile ziehen solle, so seien die Kinder eher dazu berufen als der Gatte[29].

Die Kommission betrachtete es als insgesamt gerechte Lösung, daß die Geschwister des Erblassers dessen Großeltern und entferntere Aszendenten von der Erbfolge ausschlossen, ihrerseits jedoch durch die Eltern des Erblassers ausgeschlossen wurden. Bei Wegfall eines Elternteils sollten in dessen Platz die Geschwister des Erblassers einrücken. Dieses Ergebnis ließ sich nicht mit dem Dreiliniensystem, sondern nur durch die Parentelordnung erreichen. Denn letztere behandelte die Seitenverwandten als Anhang der aufsteigenden Linie, durch welche die Seitenverwandten mit dem Erblasser verbunden waren, und ließ sie jeweils in die Stelle des weggefallenen Aszendenten rücken, also die Geschwister an den Platz ihrer Eltern[30].

---

[26] Motive TE S. 582.
[27] Motive TE S. 582; vgl. auch *Mommsen*, Motive S. 161.
[28] Sogenannter „verkürzter Schoßfall"; Motive a. a. O.; *Baron*, Angriffe S. 4.
[29] Motive TE S. 582.
[30] Motive TE S. 584.

Allerdings wies auch das Parentelsystem in den Augen der Kommission einen sachlichen Mangel auf. Wie die Geschwister des Erblassers an die Stelle ihres weggefallenen Elternteils traten, so rückten an die Stelle der weggefallenen Geschwister wiederum deren Abkömmlinge und so fort in unbegrenzter Reihenfolge. Dieses uneingeschränkte Repräsentationsrecht in der Seitenlinie konnte dazu führen, daß dem Grade nach nahe Aszendenten des Erblassers durch dem Grade nach weiter entfernte Seitenverwandte ausgeschlossen wurden, z. B. Großeltern durch Geschwisterenkel[31].

Dennoch entschied sich die erste Kommission entsprechend dem Vorschlage *Schmitts* bereits auf einer ihrer ersten Sitzungen im Jahre 1875 mit 8 gegen 3 Stimmen dafür, das Parentelsystem mit unbeschränktem Eintrittsrecht einzuführen. Diese Regelung bedeutete für fast alle Reichsteile eine Neuerung[32].

Das überlieferte Recht wies jedoch eine derartige Verschiedenheit und Zersplitterung der Sukzessionsordnungen auf, daß auch die Einführung einer in weiteren Gebieten Deutschlands bereits bestehenden Rechtsordnung für den größten Teil des Reiches eine Neuerung bedeutet hätte[33]. Außerdem bedeutete das Parentelsystem einen gewissen Kompromiß zwischen den Grundgedanken der wichtigeren Sukzessionsordnungen. Die unbegrenzte Ausdehnung des Repräsentationsrechtes in absteigender Linie entsprach dem Ziel des gemeinen und französischen Rechts, nach Möglichkeit die jüngere Generation zu berücksichtigen. Der Vorrang beider Eltern vor den Geschwistern des Erblassers kam dem sächsischen Recht entgegen, das alle Aszendenten vor den Geschwistern zur Erbfolge berief. So bot das Parentelsystem einen guten Ausgleich der bestehenden Rechtsverschiedenheiten und eine folgerichtige, übersichtliche, sachgerechte Ordnung der Verwandtenerbfolge[34].

Die Kommission mußte entscheiden, ob sie das Parentelsystem konsequent und ohne Abweichungen bis in die entferntesten Klassen durchführen wollte. Dem System war vorgeworfen worden, es verzögere in den weiteren Ordnungen eine rasche Abwicklung der Erbschaften; denn es setze voraus, daß der gesamte Verwandtschaftszusammenhang mit allen Zwischengliedern nachgewiesen werde. Außerdem zersplittere das fortlaufende Repräsentationsrecht den Nachlaß unter entfernteren Seitenverwandten in allzu viele kleine Portionen[35]. Um diesen Schwierigkeiten aus dem Wege zu gehen, hatte der preußische Entwurf von 1835 schon für die dritte Erbfolgeklasse

---

[31] Motive TE S. 585; vgl. *Unger*, § 34 (S. 140, Anm. 1).
[32] Protokoll der 11. Sitzung vom 22. Oktober 1875, S. 1.
[33] Motive TE S. 574.
[34] Motive TE S. 575.
[35] Vgl. *Unger*, § 32 (S. 135, Fußn. 2); *Förster*, § 259 (S. 219).

statt des Parentelsystems das reine Gradualsystem vorgesehen[36]. Der bayrische Entwurf von 1856 und das Zürcher Gesetzbuch hielten zwar am Grundsatz des Parentelsystems fest, ließen jedoch innerhalb der einzelnen Ordnungen allein die Gradesnähe über die Berufung zur Erbfolge entscheiden[37].

Schmitt schlug im Anschluß an *Mommsen* und das österreichische Recht vor, das Parentelsystem auch in den höheren Erbfolgeklassen rein durchzuführen[38]. Eine allzu nachteilige Zersplitterung des Nachlasses werde bei dieser Lösung nicht eintreten, zumal bei großen Nachlässen auch geringe Nachlaßquoten für die einzelnen Erben beträchtliche Werte darstellten. Auch eine rasche Abwicklung der Nachlässe werde nicht übermäßig behindert. Denn die Feststellung der Verwandtschaftsnähe sei bei keinem der vorhandenen Systeme in den höheren Klassen ohne Verwandtenschemata und genaue Berechnungen möglich[39].

Schmitt konnte sich jedoch in der Kommission nicht durchsetzen. Die Mehrheit lehnte seinen Vorschlag mit 6 gegen 5 Stimmen ab[40]. Sie hielt es für einen „schlechten Trost, die erkannten Schwächen eines an sich guten Systems allein deshalb hinzunehmen, weil auch andere Modelle mangelhaft" seien. Allerdings wollte sie das Parentelsystem nicht völlig aufgeben. Sie beschloß, dem bayrischen Entwurf von 1856 zu folgen, dessen Modifikationen aber bereits für die dritte Parentel Platz greifen sollten[41]: Solange noch Aszendenten vorhanden waren, sollten diese allein erben. Ein einzig übriggebliebener Aszendent sollte die gesamte Erbschaft unter Ausschluß der Abkömmlinge aller weggefallenen Voreltern erhalten. Lebte keines der Voreltern mehr, so sollte der in dieser Parentel lebende gradnächste Verwandte den Nachlaß bekommen; gleich nahe Verwandte sollten nach Köpfen teilen[42].

Die Kommission verkannte nicht, daß mit dieser Regelung der gesamte Nachlaß in weit entfernte Familienkreise gelangen konnte, zu denen der Erblasser keine persönlichen Beziehungen mehr hatte. Man sah jedoch keine Möglichkeit, diese Folgen zu vermeiden[43]. Eine Erbschaft, die auf so entfernte Verwandte gelange, sei ohnehin als ein „Glücksfall" anzusehen, der „mit dem Familieneigentum in keinem Zusammenhang" mehr stehe. Hier könne allein eine Begrenzung der Verwandtenerbfolge durch ein staatliches

---

[36] Preuß. Entw. 1835, II, 2 § 135.
[37] Zürcher GB §§ 1934, 1937; bayr. Entw. Art. 546 (Motive TE S. 592).
[38] *Mommsen,* § 40; ABGB §§ 731, 738, 741, 744, 748.
[39] Prot. der 11. Sitzg. v. 22. Oktober 1875.
[40] Protokoll a. a. O.
[41] Motive TE S. 592; Protokoll a. a. O.
[42] Protokoll der 11. Sitzg. v. 22. Oktober 1875.
[43] Motive TE S. 593.

Erbrecht Abhilfe schaffen. Es werde noch zu überlegen sein, ob man sich zu einer derartigen Maßnahme entschließen solle[44].

Während der Hauptberatungen des Erbrechts im Jahre 1887 wurde die Entscheidung zugunsten des Parentelsystems bestätigt, ohne daß sich von irgendeiner Seite Widerspruch gegen diese Wahl erhob[45]. Es lagen jedoch zwei Anträge vor, das Parentelsystem auch in der dritten Ordnung ohne Abweichungen durchzuführen[46]. Die Anträge führten nochmals zu einer eingehenden Erörterung dieser Frage. Doch ließ sich die Kommission nicht zu einer Abänderung ihrer Vorbeschlüsse bewegen[47]. Sie beschloß aber, entgegen dem Vorschlage *Schmitts,* der die einzelnen Erbfolgeklassen als „Parentelen" bezeichnet hatte, die Bezeichnung „Linien" zu wählen; denn sie glaubte, dieser Ausdruck sei besonders volkstümlich und werde sich am besten einbürgern, während der Ausdruck Parentel nur den Juristen geläufig sei[48].

Die Ordnung des Verwandtenerbrechts sollte also nach den Vorstellungen der Kommission vor allem klar und übersichtlich sein und ein einheitliches Prinzip folgerichtig verwirklichen. Über diesen konstruktiven Erwägungen vergaß man jedoch keineswegs, das gewählte Modell auf seine sachlichen Ergebnisse hin zu überprüfen. Vielmehr nahmen derartige Überlegungen während der Beratungen einen breiten Raum ein. Allerdings waren die Kommissionsmitglieder nicht der Ansicht, mit solchen Abwägungen aller Interessen der beteiligten Verwandten ein „methodisches Haupterfordernis" der Rechtsgestaltung zu erfüllen[49]. Konstruktion und Interessenabwägung standen für sie vielmehr gleichwertig nebeneinander.

Auch war dem Gesetzgeber von vornherein klar, daß er nicht für jeden denkbaren Fall eine gerechte Lösung finden werde, sondern daß er nur Entscheidungen treffen könne, die an typische Interessenlagen anknüpften und in Normalfällen zu billigen Ergebnissen führten. Einzelne Unbilligkeiten, wie sie das Repräsentationsprinzip mit sich brachte, nahm er um einer konsequenten Durchführung des Parentelsystems willen bewußt in Kauf, um die Klarheit des Gesetzes nicht zu beeinträchtigen[50].

Es fällt auf, daß der Gegensatz von deutschem und römischem Recht in den Beratungen der Kommission gar keine Rolle spielte. Der mögliche deutschrechtliche Ursprung des Parentelsystems fiel zu dessen Gunsten gar nicht ins Gewicht. *Schmitt* betonte sogar ausdrücklich, die deutschrechtliche

[44] Motive TE S. 593.
[45] Prot. I, S. 10 063 (616. Sitzg. v. 3. Januar 1887).
[46] Prot. I, S. 10 086—10 088 (617. Sitzg. v. 5. Januar 1887).
[47] Prot. I, S. 10 089 (617. Sitzung).
[48] Prot. I, S. 10 074, 10 075 (616. Sitzg.).
[49] Vgl. auch *Gmür,* Savigny, S. 41.
[50] Motive TE S. 586.

Herkunft sei für die Entscheidung zugunsten der Parentelordnung ohne Belang gewesen[51]. Jener Streit scheint sich hauptsächlich auf den Kathedern der Hochschulen unter den Professoren abgespielt zu haben, während alle übrigen Juristen nur wenig Verständnis für ihn aufbrachten[52].

Die Ordnung der gesetzlichen Erbfolge stieß in der Kritik auf einhelliges Lob und allgemeine Anerkennung. Man rühmte sie als einen der Glanzpunkte des Entwurfes. Ihre Fassung sei in bezug auf Bündigkeit und Klarheit mustergültig. Die Vorschriften über die gesetzliche Erbfolge enthielten eine wesentliche Vereinfachung des Rechtsstoffes[53]. Die von der ersten Kommission getroffene Wahl des Parentelsystems wurde fast überall gelobt. Man hielt diese Lösung für die einfachste und natürlichste und glaubte, sie sei am besten geeignet, die bestehenden Rechtsverschiedenheiten auszugleichen[54]. *Gierke* betonte besonders, daß es sich beim Parentelsystem um eine alte deutsche Rechtsbildung handele, die der Sippengliederung entspreche. Gleichzeitig bemängelte er, daß die gedruckten Motive ausdrücklich erklärten, dieser Gesichtspunkt habe für die Wahl des Parentelsystems keine Rolle gespielt. Er meinte ironisch, man hätte dem Entwurf auch ohne besondere Versicherung geglaubt, daß dieser Vorzug in seinen Augen höchstens ein Nachteil gewesen sei. Jedoch war er zufrieden, daß die sonstigen Vorzüge der Parentelordnung den „Makel ihrer deutschen Geburt" überwunden hätten[55]. *Wilke* und *Eck* hoben lobend hervor, das Parentelsystem berücksichtige weitgehend die Interessen der jüngeren Generation. Der Erbstrom werde soweit als möglich abwärts geleitet. Nur wenn keine Abkömmlinge vorhanden seien, werde er eine Stufe aufwärts geführt, um dann sofort wieder abwärts zu fließen[56].

Überwiegend kritisiert wurde hingegen, daß der erste Entwurf bereits in der dritten Ordnung das reine Parentelsystem wieder verließ, um einer über-

---

[51] Motive TE S. 574; Motive, Bd. 5, S. 356.

[52] Seit *J. Chr. Majer* 1798 in seinem Buche über „Germaniens Urverfassung" die These vertreten hatte, es handele sich bei der Parentelordnung um ein altes germanisches Erbfolgeprinzip, herrschte ein lebhafter Streit um den deutschrechtlichen Charakter des Parentelsystems. Vgl. dazu *Beseler*, § 138 Note 2; *Stobbe*, § 288 (insbes. S. 82).

[53] *Kühnast*, S. 20; *Petersen*, S. 82; *Wilke*, S. 1014; *Vollert*, S. 310; *Klöppel*, S. 363.

[54] *Gierke*, Entwurf S. 530; *Eck*, S. 26; *Petersen*, S. 81; *Ubbelohde*, S. 50; *Klöppel*, S. 363; *Wilke*, S. 984; *Bähr*, Krit. Viert. S. 553; Bad. Komm. S. 13. Nur ganz vereinzelte Stimmen sprachen sich gegen das Parentelsystem aus. So forderte die Rostocker Zeitung vom 5. 4. 1889 ein dem gemeinen Recht entsprechendes Erbfolgesystem. *Baron* (S. 194, 195) schlug vor, die erbberechtigten Verwandten in die Klassen von Deszendenten, Eltern, Geschwistern und sonstigen Verwandten einzuteilen.

[55] *Gierke*, Entwurf S. 529.

[56] *Wilke*, S. 984; *Eck*, S. 26.

großen Zersplitterung der Erbschaft vorzubeugen[57]. Man betonte, die Gefahr dieser Zersplitterung bestehe in gewissem Umfang auch in der ersten und zweiten Ordnung. Es bestehe kein wirtschaftliches Bedürfnis, einen in der dritten Parentel sich vererbenden Nachlaß in größeren Teilen als einen sich in der ersten oder zweiten Parentel vererbenden zusammenzuhalten. Bei den gegenwärtigen Verhältnissen der Geldwirtschaft bereite die Teilung einer Erbschaft in kleine Portionen keine Schwierigkeiten. Im Notfalle könne der Erblasser durch Testament Abhilfe schaffen[58]. Die sachlich nicht zu rechtfertigende Bevorzugung der Aszendenten in der dritten Ordnung erscheine nur deshalb annehmbar, weil man durch die bestehenden Rechtsordnungen an derartige Unbilligkeiten gewöhnt sei; besser werde die Regelung des Entwurfes aber deshalb nicht[59]. Eine für alle Fälle befriedigende Lösung dieser Frage lasse sich zwar überhaupt nicht finden, man müsse schon zufrieden sein, für die typischen Normalfälle gerechte Lösungen zu bieten. Für solche Normalfälle sei aber das in der dritten Ordnung rein durchgeführte Parentelsystem gerechter als das im Entwurf vorgeschlagene[60]. Hingegen wurde ein Abweichen vom reinen Parentelsystem für die vierte und folgenden Ordnungen bejaht. Hier bestehe kein großes Bedürfnis nach dem Eintritt der Abkömmlinge an die Stelle ihrer weggefallenen Eltern mehr[61].

Auch alle Bundesregierungen sprachen sich für die Annahme des Parentelsystems aus. Allerdings wurde auch von ihnen zum Teil bemängelt, daß der Entwurf bereits in der dritten Ordnung das Parentelsystem wieder verließ. So sprachen sich Hessen und Elsaß-Lothringen für eine konsequente Durchführung des Parentelsystems bis in die dritte Ordnung aus[62].

Dies allgemein günstige Echo auf die Wahl des Parentelsystems macht deutlich, wie glücklich die Entscheidung der ersten Kommission war. Gleichzeitig zeugt es von deren Geschick, wenn es um die Lösung rein konstruktiver Vereinheitlichungsprobleme ging.

Die Einführung des Parentelsystems wurde durch die zweite Kommission einmütig gebilligt. Diese entschloß sich lediglich, die einzelnen Parentelen nicht als Linien, sondern als Ordnungen zu bezeichnen. Von dieser sprach-

---

[57] *Bähr*, Krit. Viert. S. 553; *Petersen*, S. 89; *Ubbelohde*, S. 52; *Gierke*, Entwurf S. 531; *Wilke*, S. 984; *Bingner*, S. 182.

[58] *Petersen*, S. 89; *Ubbelohde*, S. 52; *Bähr*, Krit. Viert. S. 553; § 1578 GE. *Gierke*, Entwurf S. 531. Allerdings forderte er für den ländlichen Grundbesitz eine Ausnahmeregelung und befürwortete nur für bewegliche Kapitalien die Teilbarkeit.

[59] *Ubbelohde*, S. 54; *Wilke*, S. 984; *Petersen*, S. 89, 91, 92.

[60] *Ubbelohde*, S. 54.

[61] *Petersen*, S. 92; *Gierke*, Entwurf S. 531; *Klöppel*, S. 531; *Ubbelohde*, S. 54; *Bähr*, Arch. für bürg. R. 3, 194.

[62] Zusammenstellung B Reg., Bd. 2, S. 159.

lichen Änderung versprach sie sich eine größere Klarheit des Gesetzes. Dieses spreche auch von Verwandten väterlicher und mütterlicher *Linie*. Falls man diesen Ausdruck außerdem für „Parentel" verwende, gebrauche man ihn in einem doppelten Sinn, was zu Unklarheiten führen müsse. Man gab zu, daß die Bezeichnung „Linie" möglicherweise volkstümlicher sei als „Ordnung", glaubte jedoch der Genauigkeit des Gesetzes den Vorzug vor seiner Popularität geben zu müssen[63].

Der Kommission lagen ferner zwei Anträge vor, der Witwe eines kinderlosen Sohnes, der vor dem Erblasser gestorben war, ein Erbrecht am Nachlaß ihrer Schwiegereltern insoweit einzuräumen, als sie ihren Mann beerbt haben würde, wenn dieser zuvor seine Eltern beerbt hätte. Die Antragsteller wollten der Schwiegertochter mit diesem Erbrecht die Fortsetzung ihrer bisherigen äußeren Lebenshaltung und -stellung sichern[64]. Die Mehrheit lehnte die Anträge jedoch ab, da diese eine Durchbrechung des Prinzips der Verwandtenerbfolge und eine Ungleichbehandlung von Mann und Frau bedeutet hätten. Sie verwies darauf, daß man einen Unterhaltsanspruch der Schwiegertochter gegen ihre Schwiegereltern abgelehnt habe und deshalb konsequenterweise auch ein Erbrecht ablehnen müsse. Der Gesetzgeber müsse davon ausgehen, daß ein solider und vorsichtiger Ehemann für den Lebensunterhalt seiner Witwe vorsorge. Wenn eine Frau heirate, müßten sie oder ihre Verwandten sorgfältig prüfen, ob eine standesgemäße Versorgung gewährleistet sei. Die nachteiligen Folgen einer solchen Unterlassung habe die Frau eben zu tragen[65].

Die Gestaltung des Parentelsystems in der zweiten Ordnung wurde nicht beanstandet. Hingegen lagen drei Anträge vor, das Parentelsystem entgegen dem ersten Entwurf auch in der dritten Ordnung ohne Abweichungen durchzuführen[66]. Die Mehrheit schloß sich diesen Anträgen ohne große Debatte an. Man hielt die wirtschaftlichen Gefahren einer Zersplitterung der Erbschaft nicht für so groß, daß sie bereits in der dritten Ordnung eine Modifizierung des Parentelsystems rechtfertigten[67]. Jedoch lehnte die Kommission ab, das Parentelsystem auch in der vierten Ordnung vollständig durchzuführen, wie es von einer Seite beantragt worden war[68]. Man war der Ansicht, die unveränderte Anwendung des Parentelsystems auch auf die vierte Ordnung werde eine zu große Zersplitterung des Erblasservermögens

[63] Prot. II, Bd. 5, S. 464.
[64] Prot. II, Bd. 5, S. 463 (Antrag 3), 464 (Antrag 4).
[65] Prot. II, Bd. 5, S. 466.
[66] Prot. II, Bd. 5, S. 467 (Antrag 1), 468 (Anträge 2, 3).
[67] Prot. II, Bd. 5, S. 467, 469; zu diesen Gefahren vgl. S. 51.
[68] Prot. II, Bd. 5, S. 469 (Antrag 3).

bewirken. Es sei daher besser, insoweit an den Modifikationen des ersten Entwurfes festzuhalten[69].

Wie die Beratungen der zweiten Kommission zeigen, ging man einerseits auf die Kritiken des ersten Entwurfes ein und berücksichtigte sie ohne Zögern, sofern sich aus ihnen eine einheitliche Meinung entnehmen ließ. Andererseits war man jedoch nicht bereit, den Grundsatz, daß allein Verwandtschaft ein gesetzliches Erbrecht begründe, zugunsten der Schwiegertochter des Erblassers zu durchbrechen. Ein solches Abgehen von dem Prinzip, daß allein dem Blutsverwandten ein gesetzliches Erbrecht zustehe, erschien auch der zweiten Kommission nicht tragbar.

Die gesetzliche Erbfolge wurde vom Gesetzgeber des BGB in erster Linie als Verteilung des Nachlasses an die Personen verstanden, die dem Erblasser persönlich am nächsten standen, ohne daß man diese Angehörigen jedoch als übergeordnete Einheit im Sinne eines Familienverbandes verstanden hätte[70]. Nicht die Familie, sondern die einzelnen Familienmitglieder standen letztlich im Mittelpunkt aller Überlegungen. Daß die Verwandten bei gleicher Verwandtschaftsnähe gleichberechtigt waren, erschien dem Gesetzgeber so selbstverständlich, daß er auf eine ausdrückliche Betonung dieses Grundsatzes im Gesetzestext verzichtete[71].

II. Die Grenzen des Verwandtenerbrechts und die Beteiligung des Staates am Nachlaß

Ist bei einem Erbfall der engere Familienkreis des Erblassers fortgefallen und leben nur noch entferntere Verwandte, so taucht die Frage auf, ob man das gesetzliche Erbrecht der Verwandten bis in die entferntesten noch feststellbaren Grade ausdehnen soll oder ob es nicht besser ist, die Erbfolge der Angehörigen bei einem bestimmten Verwandtschaftsgrade abzuschneiden und die Gesamtheit, repräsentiert durch Staat oder Gemeinde, zum Erben zu bestimmen. Das gegen Ende des vorigen Jahrhunderts geltende Recht bot in der Beantwortung dieser Frage ein buntes Bild verschiedener Lösungen. So wurde der Kreis der erbberechtigten Verwandten teils mit der 4., 5. oder

---

[69] Prot. II, Bd. 5, S. 471.

[70] Vgl. *Boehmer*, Einführung in das bürgerl. Recht, S. 198; *Larenz*, § 9 III (S. 118).

[71] Der Code civil (art. 745) und das österr. ABGB (§ 732) hatten es zu Beginn des 19. Jahrh. noch für nötig erachtet, diese Gleichheit ausdrücklich im Gesetzeswortlaut zu betonen.

[1] Vgl. die Zusammenstellung Motive TE S. 589. So endete z. B. das Verwandtenerbrecht im Zürcher GB mit der vierten Parentel; im bayrischen Entwurf von 1856 (Art. 903) mit der 5. Parentel; im österr. ABGB und bei *Mommsen* mit der 6. Parentel. Im Code civil wurde das gesetzliche Erbrecht mit dem 12. Grade der Verwandtschaft abgeschlossen, ebenso bad. LR (Satz 755).

6. Parentel abgeschlossen, teils mit dem 6., 7., 8., 10. oder 12. Grade der Verwandtschaft[1]. Eine große Anzahl von Rechtsordnungen kannte gar keinen Abschluß des gesetzlichen Verwandtenerbrechts[2].

In der juristischen und sozialwissenschaftlichen Literatur war seit Ende des 18. Jahrhunderts immer wieder lebhaft der Gedanke einer Beschränkung des gesetzlichen Erbrechts auf den engeren Familienkreis erörtert worden. Man war sich weitgehend einig, daß das Intestaterbrecht der entfernteren Seitenverwandten seinen Sinn und seine Existenzberechtigung verloren habe. An die Stelle eines Erbrechts der Verwandten müsse ein Erbrecht der Allgemeinheit treten[3]. Allerdings gingen die Meinungen stark auseinander bei der Frage, wie die Allgemeinheit an den Nachlässen beteiligt werden sollte. Bald dachte man an eine völlige Beseitigung des Erbrechts der entfernteren Seitenverwandten, bald an hohe Erbschaftssteuern oder sonstige Auflagen und Abgaben. Teils wurde vorgeschlagen, Staat oder Gemeinde als Erben zu berufen, teils wollte man den Nachlaß besonderen Wohltätigkeitsanstalten für gemeinnützige Zwecke, wie z. B. den neugegründeten Sozialversicherungen oder Schulen zufließen lassen[4]. Während die radikalsten Reformer das gesetzliche Erbrecht auf die Kinder des Erblassers beschränken wollten, ließen andere Stimmen noch ein Erbrecht der Eltern, Geschwister und des Ehegatten des Erblassers gelten. Die liberalsten Schriftsteller billigten auch den entfernteren Aszendenten und deren Nachkommen ein Intestaterbrecht zu[5].

Zur Begründung dieser Reformvorschläge wurde geltend gemacht, ein gesetzliches Erbrecht entfernter Seitenverwandter widerspreche dem vermuteten Erblasserwillen, der die Grundlage des gesamten gesetzlichen Erbrechts bilde. Man dürfe als Regel voraussetzen, daß zwischen sehr entfernten und einander vielleicht völlig unbekannten Verwandten keine besondere Zuneigung bestehe, die ein Erbrecht rechtfertige. Hingegen seien die Bindungen des Erblassers an seine Heimatgemeinde gewöhnlich viel enger und sprächen für deren Erbberechtigung[6].

Andere Schriftsteller erblickten demgegenüber in der Blutsverwandtschaft die Grundlage des gesetzlichen Erbrechts, lehnten jedoch ein unbegrenztes

---

[2] ALR II, 3 §§ 46—49; sächs. BGB § 2030; lüb. Gesetz v. 1862 Art. 26; gemeines Recht (*Windscheid*, § 571).

[3] *Miaskowski*, S. 235 (1. Abteilung); *Baron*, Angriffe S. 7; *Umpfenbach*, S. 44; *Brater*, S. 10.

[4] Zusammenstellung bei *Miaskowski* (1. Abteilung) S. 235—241; *Baron*, Angriffe S. 27 ff.; Motive TE S. 590; *Umpfenbach*, S. 50 f.; *Hilgard*, S. 21, 46; *Munzinger*, S. 40—42.

[5] *Baron*, Angriffe S. 4, 21, 28; *Miaskowski*, a. a. O.; *Brater*, S. 16, 19; *v. Scheel*, Erbschaftssteuern S. 39; *Umpfenbach*, S. 47.

[6] Motive TE S. 591; *Hilgard*, S. 24, 25.

Familienerbrecht mit dem Argument ab, zwischen entfernteren Seitenverwandten fehle das alles Erbrecht begründende Gegenseitigkeitsverhältnis; denn zwischen solchen Verwandten bestünden keinerlei gegenseitige Pflichten wie Unterhalts- oder Alimentationsverbindlichkeiten. Der Volksmund charakterisiere dieses Erbrecht ohne gleichzeitige Pflichten treffend, wenn er von den „lachenden Erben" spreche.

Viele Autoren sahen die Grundlage des Verwandtenerbrechts nicht in der Blutsverwandtschaft, sondern im Zusammengehörigkeitsgefühl der Verwandten, im Familienbewußtsein. Dieser gemeinsame Familiensinn sei bei solchen Verwandten nicht mehr vorhanden, denen nur noch ein entfernter Dritter als Stammvater und ein „sehr verdünnter Tropfen Bluts" gemeinsam sei[7]. Die gesetzliche Erbfolge entfernter Verwandter bedeute deshalb weder eine wirtschaftliche noch eine sittliche Notwendigkeit, sondern nur einen Ausweg aus der Verlegenheit, keine andere Verwendung für die Nachlässe finden zu können[8]. Während die Familienbeziehungen immer loser und lockerer würden, vervielfältigten sich die persönlichen Bindungen des Bürgers an Staat und Gemeinde, die ein Erbrecht dieser Institutionen rechtfertigten[9]. In den Ausnahmefällen, in denen engere persönliche Bindungen zu entfernteren Verwandten bestünden, könne der Erblasser diese ja testamentarisch bedenken[10].

Vielfach wurde eine Einschränkung des gesetzlichen Erbrechts als Mittel empfohlen, um die „erschreckende Ungleichheit der allgemeinen Güterverteilung", die Ansammlung großer Vermögen in den Händen Weniger und in bestimmten Gesellschaftsklassen zu mildern[11]. Der Staat schütze die Ansammlung dieser Vermögen und besitze deshalb auch ein Recht, an ihrer Vererbung beteiligt zu werden[12]. Ein durch Beteiligung des Staates eingeschränktes und reformiertes Erbrecht könne dazu beitragen, die vorhandenen Vermögensungleichheiten abzubauen oder doch wenigstens ein weiteres Anwachsen dieser Ungleichheiten zu verhindern[13]. So könne ein sozialer Übelstand abgebaut werden, den das bisherige Erbrecht nicht zum geringsten Teil mitverschuldet habe. Ein durch ein Erbrecht des Staates ersetztes Erb-

[7] *Baron*, S. 7; *Lange*, S. 286; *Umpfenbach*, S. 44; *Brater*, S. 16; *Munzinger*, S. 28, 29. Gerade dieses Argument wurde in allen Kommissionsberatungen und in der Kritik des ersten Entwurfes immer wieder als Hauptgesichtspunkt für eine Begrenzung des Verwandtenerbrechts ins Feld geführt. Vgl. S. 56, 58, 60.

[8] *v. Scheel*, Erbschaftssteuern S. 38.

[9] *Baron*, Angriffe S. 8; *v. Scheel*, Volkswirtschaftliche Bemerkungen S. 108.

[10] *Bluntschli*, Anm. z. § 1938; *v. Scheel*, Erbschaftsst. S. 37, 38.

[11] *Hilgard*, S. 54. Derartige Vorschläge wurden von beiden Kommissionen ohne nähere Erörterung sofort abgelehnt. Vgl. S. 57, 62.

[12] *v. Scheel*, Erbschaftssteuern S. 44, 48; *Baron*, S. 27; *Hilgard*, S. 26.

[13] *Miaskowski*, S. 234 (1. Abtlg.); *Baron*, Angriffe S. 11, 28; *Brater*, S. 30.

recht der Seitenverwandten lasse sich in eine segensreiche Institution zur Unterstützung der wirtschaftlich Schwachen umwandeln[14].

Über die Frage einer Beschränkung des gesetzlichen Erbrechts der entfernteren Verwandten hatte die erste Kommission während ihrer Vorberatungen im Jahre 1875 noch keine Entscheidung gefällt[15]. *Schmitt* schlug in seinem Teilentwurf vor, das gesetzliche Erbrecht nicht durch ein Erbrecht des Staates einzuschränken, sondern unbegrenzt bis in die entferntesten Verwandtschaftsgrade durchzuführen[16]. Das gesetzliche Erbrecht beruhe auf dem „Naturgesetz der unmittelbaren und mittelbaren Blutsverwandtschaft". Wie die „entferntesten Zweige eines Baumes immer noch Baumzweige" seien, so gehörten auch die entferntesten Verwandten immer noch zur Familie und seien deshalb erbberechtigt[17]. Soziale Mißstände habe es zu allen Zeiten gegeben, und das vorgeschlagene Mittel zu ihrer Abhilfe, die Begrenzung des Verwandtenerbrechts, sei dazu ungeeignet. Schmitt wies darauf hin, daß eine solche Begrenzung von der größeren Zahl aller geltenden Gesetze verworfen und von der Minderzahl nur in „stärkster Verdünnung", die zu sozialen Reformen keineswegs ausreiche, angewendet werde[18]. Auch würde die Begrenzung des Verwandtenerbrechts zu einer bedenklichen Begrenzung der Testierfreiheit nötigen, wenn man mit sozialen Reformen Ernst machen wolle. Überdies könne, wie ein Blick auf die Unterschiede des geltenden Rechts zeige, der Entscheid darüber, ob man das gesetzliche Erbrecht mit der 4., 5. oder 6. Parentel abschließen wolle, nur willkürlich getroffen werden. Deshalb empfehle es sich, auf eine Begrenzung ganz zu verzichten[19]. Auch hielt Schmitt es für angebracht, den sozialistischen Bestrebungen, die sich in Deutschland ausbreiteten und das Erbrecht angriffen, mit aller Entschiedenheit entgegenzutreten. Man müsse schon den Schein einer Konzession an derartiges Ideengut vermeiden[20].

Diese Vorschläge und Ausführungen *Schmitts* blieben in den Hauptberatungen der Kommission nicht ohne Widerspruch. So lag ein Antrag vor, von allen Verwandten, die außerhalb der ersten vier Parentelen standen, nur noch die Voreltern, nicht aber deren Abkömmlinge kraft Gesetzes zur Erbschaft zu berufen[21]. Der Antragsteller betonte, allein das Bewußtsein der

---

[14] *Baron*, Angriffe S. 29.

[15] Vorl. Nr. 16 v. 1875 § 4 II, Prot. d. 11. Sitzg. v. 22. 10. 1875.

[16] § 237 TE.

[17] Motive TE S. 591.

[18] Motive TE S. 592.

[19] a. a. O.

[20] a. a. O. Dies war in den Beratungen der Reichstagskommission eines der entscheidenden Argumente gegen jede Begrenzung des Verwandtenerbrechts. Vgl. S. 62.

[21] Prot. I, S. 10 092 (617. Sitzg. vom 5. Januar 1887). Der Antrag wurde als § 237 a vorgeschlagen.

Familienzusammengehörigkeit könne ein gesetzliches Erbrecht begründen[22]. Die Mehrheit lehnte diesen Antrag jedoch ab und entschied sich gegen jede Begrenzung des Verwandtenerbrechts[23]. Auch ihr erschien, wie Schmitt, die Blutsverbindung als eigentlicher Grund allen Verwandtenerbrechts.

Auf die Frage, ob das gesetzliche Erbrecht aus sozialpolitischen Gründen eingeschränkt werden solle, ging die Kommission nicht ein. Derartige Reformen müßten wohl überlegt werden und seien jetzt noch nicht spruchreif. Statt eine in ihren Folgen nicht zu überblickende Entscheidung zu treffen, sei es besser, sich eng an das bestehende Recht anzuschließen, das sich überwiegend für ein unbegrenztes Verwandtenerbrecht ausgesprochen habe[24].

Da man eine Einschränkung des Verwandtenerbrechts durch ein Erbrecht des Staates ablehnte, blieb für diesen nur die Rolle eines „Lückenbüßers", der immer dann Erbe wurde, wenn sich kein erbberechtigter Verwandter finden ließ. *Schmitt* wies die erblosen Nachlässe ohne Ausnahme dem Landesfiskus des Ortes zu, wo der Erblasser zuletzt gewohnt hatte. Gleichzeitig sollten die Landesgesetzgeber befugt sein, dieses Recht des Fiskus auf andere Stellen und Personen, z. B. die Heimatgemeinden des Erblassers, zu übertragen[25].

Für *Schmitt* war es selbstverständlich, daß der Fiskus wie ein privater Erbe zu behandeln sei[26]. Immerhin sah er sich genötigt, von den allgemeinen Grundsätzen einige Ausnahmen zu machen. Einerseits sollte der Fiskus die ihm angefallene Erbschaft nicht ausschlagen dürfen, andererseits mußte er aus diesem Grund davor geschützt werden, bei überschuldeten Nachlässen voll zu haften[27]. Diese Vorschläge fanden im großen und ganzen die Billigung der ersten Kommission. Die Position des Fiskus als Erben wurde so ausgestaltet, daß man ihn allen Privatpersonen bis auf wenige Ausnahmen gleichstellte, die sich zwingend aus der unterschiedlichen Interessenlage ergaben[28].

Gerade die Frage einer Begrenzung des Verwandtenerbrechts wurde in den Kritiken des ersten Entwurfes besonders lebhaft erörtert; denn hier ging es nicht nur um juristische, sondern auch um sozialpolitische Fragen, die in

[22] Prot. I, S. 10 093 (617. Sitzg.) Auf diesen Gesichtspunkt wiesen die Kritiker des ersten Entwurfes immer wieder hin, wenn sie eine Begrenzung des Verwandtenerbrechts verlangten. Auch in den Beratungen der zweiten Kommission wurde dieses Argument für eine Begrenzung der Verwandtenerbfolge herangezogen. Vgl. S. 58, 60.

[23] Prot. I, S. 10 092 (617. Sitzung vom 5. Januar 1887).

[24] Prot. I, S. 10 094 (617. Sitzung). Vgl. dazu auch hinten S. 61.

[25] § 245 TE; § 11 TE EG BGB; auch *Mommsen* (§ 530); Motive TE S. 629.

[26] Motive TE S. 629.

[27] Motive TE S. 632; § 245 Abs. 2 TE.

[28] Prot. I, S. 10 119, 10 120, 10 122 (617. Sitzung v. 5. 1. 1887); vgl. § 245 TE.

weiteren Kreisen auf Interesse stießen. Fast alle Kritiker lehnten übereinstimmend die uneingeschränkte Berufung auch der entferntesten Verwandten zur Erbfolge ab[29]. Nur ganz vereinzelt fand sich eine Stimme, die den Gründen der ersten Kommission beipflichtete und jede Begrenzung des Verwandtenerbrechts als willkürlich und unzulässig verwarf[30]. Die meisten Kritiker erblickten in dem Gefühl und Bewußtsein der Familienzusammengehörigkeit den eigentlichen, wahren Grund des Verwandtenerbrechts. Deshalb betonten sie, man dürfe das Familienerbrecht nur so weit ausdehnen, als die Familienzusammengehörigkeit eine „reale Wahrheit" sei. Durch die „Erstreckung des Erbrechts in das Unbegrenzte" habe der Entwurf den Gedanken des Familienerbrechts bedenklich überspannt[31].

Menger warf dem Entwurf vor, dieser habe sich den Anschauungen der oberen Zehntausend angeschlossen, bei denen infolge ihrer hervorragenden Stellung selbst die Erinnerung an entfernteste Familienbeziehungen festgehalten werde. Er hielt es für „keine Überspannung der Konsequenzen des Entwurfs, wenn ein gläubiger Christ, die Bibel in der Hand, auf Grund seiner gemeinsamen Abstammung vom Vater der Menschheit, die Auslieferung einer erblosen Verlassenschaft begehren" würde[32].

Andere Stimmen betonten, die schrankenlose Berücksichtigung aller Blutsverwandten bilde eine Quelle häßlicher, nutzloser und verwickelter Prozesse. Es werde dem gesamten Rechtsleben förderlich sein, wenn man entfernte Erbberechtigungen abschneide und umständliche, kostspielige Maßnahmen zur Ermittlung etwaiger Erben vermeide[33].

Die Behauptung der Motive, es sei noch nicht spruchreif, ob man das Verwandtenerbrecht einschränken und mit Hilfe der dadurch erzielten Einkünfte soziale Reformen durchführen solle, stieß auf Widerspruch[34]. Wenn eine solche Frage bereits seit einem Menschenalter diskutiert und überwiegend bejaht werde, so müsse eine Gesetzgebung doch wohl in der Lage sein, zu ihr Stellung zu nehmen. Wann es denn geschehen solle, wenn nicht jetzt? Das deutsche Volk schaffe sich kein BGB, um es in kurzer Zeit wieder zu ändern. In diesem Gesetz werde vielmehr das Recht der Nation auf

---

[29] *Bähr*, Arch. f. bürg. R. 3, 194, 195; *Gierke*, Entw. S. 531, 532; *Klöppel*, S. 364; *Wilke*, S. 985; *Menger*, S. 230; *Vollert*, S. 201; *Petersen*, S. 84; *Zoll*, S. 551; *Stolterfoth*, S. 90; *Bingner*, S. 182; *Baron*, S. 187; *Pfizer*, S. 45.

[30] *Fleischmann* in Dt. Gemeindezeitung v. 24. 9. und 1. 10. 1887 (Zusammenstellung S. 64).

[31] *Baron*, S. 187; *Gierke*, Entw. S. 532; *Wilke*, S. 985; *Zoll*, S. 554; *Gierke*, Aufgabe S. 39. Dieses Argument für eine Begrenzung der Verwandtenerbfolge wurde auch in beiden Kommissionen vorgebracht. Vgl. S. 57, 60.

[32] *Menger*, S. 230.

[33] *Wilke*, S. 985; *Bingner*, S. 182; *Stolterfoth*, S. 90.

[34] Motive Bd. 5, S. 367; *Baron*, S. 188 f.; *Pfizer*, S. 42.

Generationen hinaus verkörpert sein[35]. Die Gesellschaft der Gegenwart beruhe auf dem Prinzip der Arbeit. Sie stehe jedem mühelos ohne eigenes Verdienst gemachten Gewinn und deshalb auch dem von fernher ererbten Gute feindselig gegenüber. Man solle sich hüten, durch eine Überspannung des Erbrechts den Gegnern dieser Institutionen Waffen in die Hand zu liefern[36].

Wenn auch alle Kritiker lebhaft eine Begrenzung des Verwandtenerbrechts forderten, so wollte doch kaum jemand gleichzeitig die Verfügungsfreiheit des Erblassers antasten. *Gierke* empfand es als zu starken Eingriff in das Recht des Individuums, wenn dessen Testierfreiheit lediglich deshalb geschmälert werden solle, weil es ohne nähere Verwandte allein auf der Welt stehe[37].

Obwohl sich die Kritiker des ersten Entwurfes in der Ablehnung eines unbeschränkten Verwandtenerbrechts einig waren, so machten sie doch die unterschiedlichsten Vorschläge darüber, wo man die Grenze ziehen, wem die Nachlässe zufallen und für welche Zwecke sie verwendet werden sollten. Am radikalsten war der Vorschlag *Barons*, der ein gesetzliches Verwandtenerbrecht nur bis zum 4. Verwandtschaftsgrade zulassen wollte[38]. Die übrigen Kritiker lehnten sich an das Parentelsystem an und wollten die Verwandtenerbfolge mit der zweiten[39], dritten[40], vierten[41] oder fünften[42] Ordnung abschließen.

Die dem Staate zufließenden Nachlässe sollten nach den Vorschlägen sämtlicher Autoren nicht in die Steuerkasse fließen, sondern gemeinnützigen Zwecken dienstbar gemacht werden. Es seien bestimmte Fonds einzurichten, deren Einkünfte im Interesse der armen und notleidenden Klassen verwendet werden könnten[43]. *Menger* schlug vor, diese Nachlässe solle man den Anstalten zur Kranken-, Unfall-, Alters- und Invalidenversicherung der Arbeiter zuweisen[44]. Andere Kritiker regten an, die Nachlässe an die Heimatgemeinden des Erblassers fallen zu lassen. Der Fiskus sei eine abstrakte, unfaßbare Größe und begegne wenig Sympathien. Hingegen seien die Be-

---

[35] Schlesische Zeitung vom 20. November 1888.

[36] *Gierke*, Entwurf S. 532; *Baron*, S. 191.

[37] *Gierke*, Entwurf S. 532. Einzig *Baron* (S. 192) führte aus, wer das Erbrecht der entfernteren Seitenverwandten zu sozialpolitischen Zwecken beseitigen wolle, der brauche vor einem Eingriff in die Testierfreiheit nicht zurückzuschrecken.

[38] *Baron*, S. 192.

[39] *Menger*, S. 232.

[40] *Bähr*, § 1584 GE; Krit. Viert. S. 553.

[41] *Bingner*, S. 182; Die Post v. 13. 9. 1888; *Gierke*, S. 531; *Wilke*, S. 985; *Petersen*, S. 84.

[42] *Ubbelohde*, S. 54.

[43] *Petersen*, S. 84; Schles. Ztg. v. 30. Oktober 1889; Die Post v. 13. 9. 1888.

[44] *Menger*, S. 232, 233.

ziehungen des Erblassers zu seiner Heimatgemeinde viel enger. Die Gemeinde unterstütze bedürftige Bürger und knüpfe so zu ihren Einwohnern familienähnliche Bande. Wie der Mensch den ersten und hauptsächlichen Stützpunkt für seine Existenz in der Familie finde, so werde dem ohne nähere Familie Lebenden die Gemeinde zu einer Art erweiterter Familie, die manchmal die eigentliche, engere Familie vollkommen vertrete[45].

Die Bundesstaaten hatten über eine Begrenzung des Verwandtenerbrechts geteilte Ansichten; mehrheitlich traten sie jedoch für eine Begrenzung ein, die auch von Preußen, Bayern, Württemberg, Baden und Elsaß-Lothringen bejaht wurde. Von den größeren Bundesstaaten befürwortete hingegen Sachsen eine unbeschränkte Verwandtenerbfolge[46]. — Die Ausgestaltung des Erbrechts des Fiskus durch den ersten Entwurf fand durchweg die Zustimmung der Bundesstaaten[47].

Wie die Kritiken zeigten, stieß der extrem liberale Standpunkt des ersten Entwurfes auf fast einhellige Ablehnung. Allgemein herrschte die Überzeugung vor, das gesetzliche Verwandtenerbrecht müsse begrenzt werden und man dürfe den Gedanken des Verwandtenerbrechts nicht übertreiben.

In der zweiten Kommission wurde von mehreren Seiten beantragt, die Verwandtenerbfolge mit der dritten Parentel abzuschließen. Die Antragsteller betonten, bereits in der vierten Parentel fehle in aller Regel das für ein gesetzliches Erbrecht erforderliche Familienbewußtsein[48]. Auf Grund der überwiegend negativen Kritiken des ersten Entwurfes war die zweite Kommission prinzipiell bereit, das gesetzliche Verwandtenerbrecht zu begrenzen[49].

Jedoch konnte sich die Mehrheit nicht entschließen, bereits den Verwandten der vierten Parentel ein gesetzliches Erbrecht zu versagen. Man sprach sich für ein behutsames Vorgehen aus und wollte sich nicht dem Vorwurf aussetzen, man verkenne die sittliche und soziale Bedeutung der Blutsverwandtschaft, die als solche ein gesetzliches Erbrecht begründe. Auch betonte man, keine der Bundesregierungen habe vorgeschlagen, die gesetzliche Erbfolge bereits mit der dritten Parentel abzuschließen. Schließlich entschied

---

[45] *Klöppel*, S. 363; *Petersen*, S. 83; *Ubbelohde*, S. 48; *Wilke*, S. 985, 987; *Zoll*, S. 55. *Bähr* (Krit. Viert. S. 553) empfahl eine Teilung des erblosen Nachlasses in je eine Hälfte für den Staat und für die Heimatgemeinde des Erblassers. Denn an der Fürsorge für die gemeinnützigen Anstalten seien Gemeinden und Staat gleichermaßen beteiligt.

[46] Zusammenstellung B. Reg., Bd. 1, S. 182—185.

[47] Zusammenstellung B. Reg., a. a. .O

[48] Prot. II, Bd. 5, S. 469 (Anträge 2 b, 3, 4). Dieser Gesichtspunkt war bereits in den Beratungen der ersten Kommission und in der Kritik des ersten Entwurfes wiederholt für eine Begrenzung des Verwandtenerbrechts hervorgehoben worden. Vgl. S. 57, 58.

[49] Prot. II, Bd. 5, S. 470.

sich die Kommission für den Antrag 2 und beschloß, allen Verwandten ein gesetzliches Erbrecht zu versagen, die nicht den ersten vier Parentelen angehörten[50]. Eine Ausnahme sollte nur für Aszendenten dienen, denen man auch in den entfernteren Ordnungen ein gesetzliches Erbrecht gewährte[51].

Der zweiten Kommission lagen ferner zwei Anträge vor, die Heimatgemeinde des Erblassers an Stelle des Fiskus zum Erben zu berufen. Der Fiskus solle nur dann als Erbe eintreten, wenn die Gemeinde die Erbschaft ausschlage oder der Erblasser keiner Gemeinde angehört habe[52]. Die Antragsteller hoben hervor, die richtige Reihenfolge der Erbberechtigten sei jene, daß nach der Familie die Gemeinde und nach der Gemeinde der Staat als Erbe einzutreten hätte[53]. Die Mehrheit der zweiten Kommission hielt jedoch am Erbrecht des Fiskus fest. Dieses sei eine uralte Einrichtung, die der Gesetzgeber nicht ohne weiteres beseitigen könne und deren Abschaffung in die Rechte der einzelnen Bundesstaaten eingreife[54]. Falls die Bundesstaaten die Gemeinden an Stelle des Fiskus zu Erben berufen wollten, so sollte ihnen dies weiterhin gestattet bleiben[55]. Die Verwendung von Erbschaften zu gemeinnützigen Zwecken, wie die Antragsteller sie im Auge hätten, wäre zwar löblich; es sei jedoch nicht Aufgabe des BGB, solche Fragen wirtschaftlicher und sozialpolitischer Natur zu lösen[56].

Die Beratungen der zweiten Kommission lassen eine vorsichtige und pragmatische Einstellung zur Frage erkennen, worin man den letzten Grund des Verwandtenerbrechts zu erblicken habe. Man vermied ganz bewußt eine Stellungnahme zu der Frage, ob die Blutsverwandtschaft oder das Familienbewußtsein die innere Rechtfertigung des gesetzlichen Erbrechts der Verwandten des Erblassers bilde. Um alle jene Kritiker zu beruhigen, die die Grundlage des Intestaterbrechts im Bewußtsein der Familienzusammengehörigkeit der Angehörigen sahen und eine Begrenzung der Verwandtenerbfolge forderten, zog man dem gesetzlichen Erbrecht eine Schranke. Um andererseits die Befürworter einer unbeschränkten Verwandtenerbfolge, die sich zur Rechtfertigung ihrer Forderungen auf die Blutsverwandtschaft beriefen, nicht allzusehr herauszufordern, zog man die Grenze des Verwandtenerbrechts sehr weit, so daß sie kaum praktische Bedeutung haben konnte. So wurde jede überflüssige Stellungnahme zu grundsätzlichen Fragen

---

[50] Prot. II, Bd. 5, S. 470, 471.

[51] Prot. II, Bd. 5, S. 471.

[52] Prot. II, Bd. 5, S. 484 (Anträge 1 und 4). Derartige Vorschläge fand man in den Kritiken des ersten Entwurfes. Vgl. S. 59.

[53] Prot. II, Bd. 5, S. 485, 486.

[54] Prot. II, Bd. 5, S. 486.

[55] Art. 82 E I EGBGB; Prot. II, a. a. O.

[56] Prot. II, Bd. 5, S. 487. Diesen Standpunkt hatte bereits die erste Kommission eingenommen. Vgl. S. 57.

vermieden und die fast einhellige Meinung der Kritiker des ersten Entwurfes, die sich für eine Begrenzung ausgesprochen hatte, dennoch berücksichtigt. An soziale Reformen mit Hilfe einer Nachlaßbeteiligung des Staates hat auch die zweite Kommission niemals ernsthaft gedacht. Hier deckte sich ihr Standpunkt völlig mit dem der ersten Kommission.

Gierke begrüßte es in seiner Kritik des zweiten Entwurfes, daß sich dieser zu einer Begrenzung des Verwandtenerbrechts entschlossen habe. Er hätte es allerdings lieber gesehen, wenn man den Kreis der erbberechtigten Verwandten noch enger gezogen und auf die ersten drei Parentelen beschränkt hätte[57].

In den Beratungen der Reichstagskommission wurde beantragt, von jeder Begrenzung des Verwandtenerbrechts abzusehen und auch die entferntesten Verwandten noch zur Erbfolge zu berufen[58]. Allein die Blutsverwandtschaft bilde den wahren Grund des Intestaterbrechts, und in jedem Vermögen, das sich in einer Familie ansammle, stecke auch ein Stück Arbeit der Voreltern. Deshalb habe die gesamte Familie bis in ihre entferntesten Zweige ein Anrecht auf dieses Vermögen[59]. In der Begrenzung des Intestaterbrechts liege eine Verletzung der Prinzipien des Privaterbrechts. Man gerate auf eine schiefe Ebene, wenn man dem Staate mehr Eingang in das private Erbrecht verschaffe, als unbedingt notwendig sei. Hier gelte es, bereits den Anfängen zu wehren, sonst werde auf dieser schiefen Ebene kein Halten mehr sein und eines Tages das gesamte Erbrecht in Frage gestellt werden[60].

Der Vertreter der Reichsregierung verteidigte den Entwurf zweiter Lesung und erklärte, dieser habe gerade die rechte Mitte eingehalten zwischen jenen Vorschlägen, die das gesetzliche Erbrecht entweder beschränken oder erweitern wollten[61]. Die Befürworter eines unbeschränkten Verwandtenerbrechts ließen sich jedoch nicht überzeugen. Sie betonten, der Gesetzgeber könne den „auflösenden Tendenzen“ der Zeit, die Ehe und Familie bedrohten, gar nicht entschieden genug entgegentreten. Er müsse den Familienverband auch in seinen entferntesten Gliedern noch berücksichtigen und befestigen. Diesem Ziele werde ein unbegrenztes Intestaterbrecht nur förderlich sein[62]. Schließlich entschied sich die Reichstagskommission mit 11

---

[57] *Gierke*, Reichstag S. 36.

[58] R. T. Drucksache Nr. 440 (Session 1895—97), S. 2096.

[59] a. a. O. S. 2096.

[60] R. T. Drucksache Nr. 440 (Session 1895—97), S. 2096. Auf diese Argumente hatte sich auch *Schmitt* in der ersten Kommission vornehmlich berufen, als er sich gegen jede Begrenzung des Verwandtenerbrechts aussprach (vgl. S. 56). Es fällt auf, daß die Vorstellungen Schmitts und der Antragsteller weitgehend übereinstimmen.

[61] a. a. O. S. 2096.

[62] a. a. O. S. 2096.

gegen 8 Stimmen für ein unbegrenztes Verwandtenerbrecht und kehrte mit dieser Entscheidung zur Regelung des ersten Entwurfes zurück[63].

In den Kommissionsberatungen regte man ferner an, statt des Fiskus die Heimatgemeinde des Erblassers als gesetzlichen Erben einzusetzen, falls ein erbloser Nachlaß vorliege[64]. Die Mehrheit lehnte den Antrag jedoch ab und beließ es bei der Regelung des zweiten Entwurfes[65].

Mit dieser Entscheidung für ein unbeschränktes Verwandtenerbrecht hatte sich die extrem liberale Strömung, die den Staat nach Möglichkeit ganz aus dem privaten Erbrecht ausschalten wollte, am Ende doch durchgesetzt. Weniger die Frage, ob die Blutsverwandtschaft oder das Familienbewußtsein ein Erbrecht der Verwandten begründe, als die Furcht, dem Staat mehr Eingang in das Privatrecht zu schaffen als unbedingt notwendig, hat schließlich den Gesetzgeber zur Normierung eines unbegrenzten Verwandtenerbrechts bewogen. Aus Sorge vor extremen sozialistischen Bestrebungen, die dem Staat nach Möglichkeit das gesamte Erbrecht einräumen wollten, nahmen die Mitglieder der Reichstagskommission in ihrer Mehrzahl die äußerste Gegenposition ein und glaubten, so den sozialistischen Ideen am besten begegnen zu können. Es wurde gar nicht ernstlich erwogen, auf diese näher einzugehen und zu versuchen, sie in die Rechtsordnung zu integrieren. So ist die Entscheidung des Gesetzgebers gleichzeitig Ausdruck einer äußerst liberalen Staatsauffassung und der Furcht vor den Ideen der Arbeiterbewegung.

Daß man trotz aller Vorschläge und Anregungen nicht die Heimatgemeinde des Erblassers zum staatlichen Erben bestimmte, beweist, wie sehr sich gegenüber der ländlich geprägten Auffassung von der Heimatgemeinde als erweitertem Familienverband die Vorstellung durchgesetzt hatte, der Bürger fühle sich nur lose an seinen Wohnort gebunden. Hier wirkte sich die stärker gewordene Mobilität der Menschen aus, die durch die beginnende Industrialisierung und die Entstehung großer Städte veranlaßt worden war und die alte ländliche Seßhaftigkeit und Gebundenheit der Bevölkerung weithin abgelöst hatte. In den aufgekommenen großen Städten war eine enge Bindung zwischen Einwohner und Gemeinwesen kaum mehr möglich. Hier mußte die Gemeinde genau so abstrakt erscheinen wie der Fiskus auch. Daher bestand kein Anlaß, der Gemeinde vor dem Fiskus ein Erbrecht zu gewähren.

---

[63] a. a. O. S. 2097.

[64] R. T. Drucksache Nr. 440 (Session 1895—97), S. 2098. Diese Möglichkeit war mehrfach in der Kritik des ersten Entwurfes angeregt und auch in der zweiten Kommission erörtert worden. Vgl. S. 59, 61.

[65] a. a. O. S. 2099.

Auf die Frage, ob der Staat in Form einer Erbschafts- oder Nachlaßsteuer am Nachlaß zu beteiligen sei, wie es im Laufe des 19. Jahrhunderts immer wieder angeregt worden war[66], ging *Schmitt* in seinem Teilentwurf nicht näher ein. Er betonte, die Besteuerung von Erbschaften und Nachlässen sei eine Sache des öffentlichen Rechts, nicht aber einer Privatrechtskodifikation[67]. Auch in den Beratungen beider Kommissionen wurde jene Frage nicht aufgeworfen. In ihnen herrschte ebenfalls die Auffassung vor, die Besteuerung der Erbschaften sei eine öffentlich-rechtliche Frage, die im Rahmen einer Privatrechtskodifikation nicht behandelt zu werden brauche. Diese strenge Trennung zwischen Privat- und öffentlichem Recht wurde in der Kritik des ersten Entwurfes nicht bemängelt. Es war allen Kritikern selbstverständlich, daß sich der Entwurf eines BGB nicht mit den Fragen der Erbschaftssteuern zu befassen hatte, da diese nicht dem Bereich des Privatrechts angehörten[68].

3. Kapitel

DAS ERBRECHT DES EHEGATTEN

Eines der schwierigsten erbrechtlichen Probleme ist es, die Stellung des überlebenden Ehegatten zu regeln. Hier überschneiden sich verschiedene Interessen und Gesichtspunkte, deren gerechter Ausgleich nicht leicht gelingt. Man muß berücksichtigen, daß der Ehegatte dem Erblasser in aller Regel am nächsten gestanden hat und deshalb eine bevorzugte Behandlung verdient. Andererseits dürfen aber auch die Interessen der Kinder und weiteren Verwandten daran, daß der Nachlaß in der Familie erhalten bleibt, nicht übergangen werden. Als Kompromiß bietet sich die Einräumung eines Nießbrauchs an, der sich nicht ohne Grund als erbrechtliches Institut entwickelt hat. Jedoch blockiert ein Nießbrauch für lange Zeit das Vermögen und bereitet Schwierigkeiten bei Abwicklung der Nachlaßverbindlichkeiten[1].

Der unterschiedlichen Wertung all dieser Gesichtspunkte entsprach eine Vielfalt gesetzgeberischer Lösungen in den überkommenen Rechtsordnungen. Diese Rechte stimmten nur in dem einen Punkt überein, daß sie den überlebenden Ehegatten auf jeden Fall vor dem Fiskus zur Erbfolge beriefen.

---

[66] Vgl. z. B. *Miaskowski*, S. 234 (Abteilung 1); *v. Scheel*, Volkswirtschaftliche Bemerkungen S. 108.

[67] Motive TE S. 33.

[68] Vgl. z. B. *v. Scheel*, Volkswirtschaftliche Bemerkungen S. 108.

[1] *Kipp-Coing* (§ 5), S. 25; *Brox*, S. 116 (Rdn. 255).

Hingegen wiesen sie hinsichtlich Voraussetzungen, Form und Umfang der Berücksichtigung des Gatten sehr erhebliche Unterschiede auf[2].

Nach dem französischrechtlichen System der Mobiliargemeinschaft wurde der überlebende Ehegatte erst dann zur Erbfolge berufen, wenn keine erbberechtigten Verwandten mehr lebten, also niemand, der bis zum zwölften Grade mit dem Erblasser verwandt war[3].

Die neueren deutschen Zivilgesetzbücher und Entwürfe neigten dazu, dem überlebenden Ehegatten — außer im Falle der allgemeinen Gütergemeinschaft — einen Bruchteil des Nachlasses als Erbteil zu gewähren. Sie wichen nur in der Größe dieser Erbportion voneinander ab[4]. Hingegen räumten das Zürcher Gesetzbuch und das österreichische ABGB dem überlebenden Ehegatten den Nießbrauch an einem bestimmten Bruchteil der Erbschaft ein[5]. Nur ganz vereinzelte Regelungen billigten dem überlebenden Ehegatten neben einem Erbteil einen zusätzlichen Nießbrauch an Teilen der Erbschaft zu[6].

Bei ihren Vorberatungen im Jahre 1875 hatte sich die erste Kommission für die Verwaltungsgemeinschaft als gesetzlichen Güterstand ausgesprochen[7]. Sie ging also von dem Grundsatz aus, daß die Eigentumsverhältnisse der Ehegatten durch die Heirat unberührt bleiben. Es sollte keine Rechts-, sondern nur eine Verwaltungseinheit der beiderseitigen Vermögen bestehen und dem Ehemann ein ausgedehntes Verwaltungs- und Nutznießungsrecht am Vermögen seiner Frau zukommen[8]. Die Kommission mußte nun entscheiden, welche Rechte am Nachlaß des Vorverstorbenen dem überlebenden Ehegatten eingeräumt werden sollten, wenn er mit jenem im Güterstand der Verwaltungsgemeinschaft gelebt hatte[9].

---

[2] *Stobbe*, § 294; *Roth*, § 355.

[3] Code civil art. 767; *Zachariä*, § 617; ebenso bad. LR, Satz 767. Die Regelung des Code civil wurde später durch das Gesetz vom 9. März 1891 geändert, das dem überlebenden Ehegatten neben den Verwandten des Erblassers ein Erbrecht in Form des Nießbrauchs an einer Nachlaßquote einräumte (vgl. *Rüger*, S. 411).

[4] ALR II, 1 §§ 621—629, 639, 664; *Förster*, § 262 (S. 234); sächs. BGB §§ 2049 bis 2053; *Förster*, § 262 (S. 238); lübisches Gesetz von 1862 Art. 1, 13, 15; hessischer Entwurf Art. 34; *Mommsen*, §§ 41, 42 (Motive S. 165—169); bayr. LR I, 6 §§ 36, 37.

[5] Zürcher GB § 1947; österreichisches ABGB § 757 (neben Kindern des Erblassers); *Unger*, § 35 (S. 142).

[6] Lübisches Gesetz von 1862, Art. 13.

[7] Vorlage Nr. 7 von 1877, S. 18; Vorlage Nr. 10 von 1875, S. 5.

[8] Motive TE FamR S. 504; § 78 TE FamR; Vorlage Nr. 7 von 1877, S. 18.

[9] Vorlage Nr. 8 von 1877, S. 45; Protokoll der 8. Sitzung vom 29. September 1877. — Es war von vornherein klar, daß man für den Fall der Gütergemeinschaft eine Sonderregelung treffen mußte.

Da diese Frage sowohl das Erbrecht als auch das Familienrecht betraf, machten die beiden zuständigen Redaktoren, *Planck* und *Schmitt*, Vorschläge, die sie ausführlich begründeten.

Für *Planck*, den Redaktor des Familienrechts, waren in erster Linie ehe- und familienrechtliche Überlegungen maßgebend. Der besondere sittliche Inhalt einer Ehe sollte auch den besonderen Inhalt und Umfang der Rechte des überlebenden Ehegatten bestimmen. Planck ging davon aus, daß die durch eine Ehe begründete „innige und vollständige Lebensgemeinschaft zweier Menschen ihrem innersten Wesen nach den Tod eines Gatten überdauern" müsse[10]. Dieser Lebensgemeinschaft entsprechend werde das äußere Leben der Eheleute eingerichtet; deren wirtschaftliche Existenz gründe sich auf ihr beiderseitiges Vermögen und ihre gemeinschaftliche Tätigkeit. — Mit einer solchen Eheauffassung war es nach Planck unvereinbar, daß der zufällige Tod eines Gatten die auf die Ehe gegründete wirtschaftliche Existenz des überlebenden Gatten zerstören könne[11]. Entscheidend war daher für alle seine Überlegungen die Frage, wie man dem überlebenden Ehegatten die Stellung, die er während der Ehe zu Lebzeiten seines verstorbenen Partners innegehabt hatte, am besten und sichersten erhalten könne[12].

Diese Überlegungen veranlaßten *Planck*, dem überlebenden Ehegatten sehr weitgehende Anrechte auf das Vermögen des vorverstorbenen einzuräumen. Diese Rechte sollten in erster Linie aus einer möglichst großen Erbquote für den überlebenden Gatten bestehen. Soweit das aber zur Fortsetzung des bisherigen Lebensstils nur bei völliger Übergehung der berechtigten Interessen aller übrigen Erben ausreichte, wollte Planck dem überlebenden Gatten notfalls neben dessen Erbteil ein zusätzliches Nießbrauchsrecht zugestehen[13]. Planck verkannte die Nachteile eines solchen Nießbrauchs nicht, der den Nachlaß für lange Zeit festlegte und leicht zu Reibungen oder Verwicklungen unter den Beteiligten führen konnte; jedoch wollte er sie im Interesse einer Erhaltung der Hausgemeinschaft und der Lebensstellung des überlebenden Gatten in Kauf nehmen. Wo es um die Erreichung sittlicher Ziele gehe, hätten rechtstechnische und wirtschaftliche Überlegungen zurückzutreten[14].

Anders als Planck ging *Schmitt*, der Redaktor des Erbrechts, von rein erbrechtlichen Überlegungen aus. Die Ehe setze beide Gatten in ein dauerndes persönliches Verhältnis zueinander. Dieses Verhältnis begründe für den überlebenden ein „selbständiges Anrecht auf den Nachlaß des verstorbenen

---

[10] Vorlage Nr. 7 von 1877, S. 16.

[11] Vorlage Nr. 7 von 1877, S. 17—19.

[12] Vorlage Nr. 7 von 1877, S. 20.

[13] Vorlage Nr. 7 von 1877, S. 20.

[14] Vorlage Nr. 7 von 1877, S. 20. Diese Auffassung stimmt mit den später von *Gierke* vorgebrachten Vorschlägen überein. Vgl. unten S. 75 f.

Gatten"[15]. Schmitt betrachtete die Ehe „nur als Voraussetzung für eine Nachlaßbeteiligung des überlebenden Ehegatten". Die Form der Beteiligung solle „allein durch erbrechtliche Mittel", durch eine je nach Nähe der konkurrierenden Verwandten verschieden hohe Erbquote und nicht durch einen Nießbrauch erfolgen[16].

Schmitt hielt es für sehr zweifelhaft, ob eine so starke Stellung des überlebenden Ehegatten, wie Planck sie vorschlug, und eine dementsprechende beschränkte Stellung der Kinder dem Wesen der Ehe und dem vermuteten Willen der Ehegatten wirklich entspreche[17]. Denn auch die Erzeugung, Erziehung und Versorgung von Kindern bilde einen Hauptzweck der Ehe[18]. Ferner spreche der beschlossene gesetzliche Güterstand der Verwaltungsgemeinschaft gegen Plancks Vorstellungen. Denn die Rechte der Gütertrennung, zu denen auch die Verwaltungsgemeinschaft gehöre, ordneten die Vermögensverhältnisse nur für eine bestehende Ehe. Der Planck vorschwebende Gedanke einer weiteren Aufrechterhaltung der Hausgemeinschaft nach dem Tode eines Gatten sei zwar sehr schön, lasse sich jedoch mit dem System der Verwaltungsgemeinschaft nicht vereinbaren[19].

Trotz ihrer unterschiedlichen Ausgangspunkte schlugen beide Redaktoren für den Fall der unbeerbten, kinderlosen Ehe gemeinsam vor, dem überlebenden Ehegatten einen bestimmten Bruchteil des Nachlasses als Erbteil zu gewähren. Planck war der Überzeugung, in diesen Fällen könne dem überlebenden Ehegatten eine so große Erbportion zugewiesen werden, daß man zur Aufrechterhaltung seiner äußeren Lebensstellung nicht auf einen Nießbrauch zurückgreifen müsse[20]. Beide Redaktoren waren sich im Prinzip einig, daß der überlebende Ehegatte entferntere Verwandte des Erblassers gänzlich von der Erbfolge ausschließen sollte[21]. Eine solche Regelung entsprach den meisten in Deutschland geltenden Rechten sowie dem Zuge der neueren Gesetze und Gesetzesvorschläge[22].

Schwieriger war die Frage, wo man mit dem Ausschluß der Verwandten durch den überlebenden Ehegatten beginnen solle.

Planck schlug vor, der Ehegatte solle allen Verwandten der großelterlichen und der entfernteren Parentelen als Alleinerbe vorgehen. *Schmitt* war

[15] Vorlage Nr. 8 von 1877, S. 42, 55.
[16] Vorlage Nr. 8 von 1877, S. 42, 55.
[17] Vorlage Nr. 8 von 1877, S. 44.
[18] Vorlage Nr. 8 von 1877, S. 47, 48.
[19] Vorlage Nr. 8 von 1877, S. 45; vgl. ALR II, 1 § 623, 624; sächs. BGB § 2049 ff.; *Mommsen*, § 41, 42.
[20] Vorlage Nr. 7 von 1877, S. 22; Vorlage Nr. 8 von 1877, S. 53.
[21] Vorlage Nr. 7 von 1877, S. 22; Vorlage Nr. 8 von 1877, S. 53.
[22] Code civil art. 767; vgl. Vorlage Nr. 7 von 1877, S. 22; Vorlage Nr. 7 von 1877, S. 22.

grundsätzlich mit dieser Regelung einverstanden, wollte jedoch für die Großeltern selbst eine Ausnahme machen und diese neben dem überlebenden Gatten zur Erbfolge berufen[23].

Die erste Kommission schloß sich dem Vorschlag Schmitts an. Nach ihrer Ansicht hätte ein Ausschluß auch der Großeltern den meisten geltenden Rechten und dem Rechtsgefühl widersprochen. Es wurde darauf verwiesen, daß nach den Beschlüssen der Kommission ohnehin in der dritten Parentel zwischen den Großeltern und deren Deszendenten ein Unterschied gemacht werde; denn jedes der Großeltern sollte alle Deszendenten der übrigen Großeltern von der Erbfolge ausschließen[24]. Außerdem seien die Großeltern gegenüber dem Erblasser alimentationsverpflichtet. Deshalb sei es unbillig, daß die Großeltern durch den überlebenden Ehegatten gänzlich vom Nachlaß ausgeschlossen würden[25].

Beide Redaktoren schlugen übereinstimmend vor, dem überlebenden Ehegatten die Hälfte des Nachlasses als Erbteil zu gewähren, gleich ob er mit Verwandten der elterlichen Parentel oder mit Großeltern konkurriere[26]. Dies entsprach allerdings nur einer Minderzahl der geltenden Rechte[27], da die meisten Gesetze und Entwürfe dem Ehegatten lediglich ein Drittel des Nachlasses einräumten[28]. *Planck* betrachtete die Hälfte des Nachlasses als unerläßliches Mindestmaß, um dem überlebenden Gatten die Fortsetzung seiner bisherigen äußeren Lebensstellung zu ermöglichen[29]. *Schmitt* betonte, die Ehefrau sei durch die Verwaltungsgemeinschaft gegenüber ihrem Manne ohnehin benachteiligt und müsse als Ausgleich hierfür im Erbrecht gegenüber dem bisher geltenden Recht begünstigt werden[30]. Die Kommission schloß sich diesem gemeinsamen Antrag ohne größere Debatte an[31].

Für die beerbte Ehe konnten *Schmitt* und *Planck* sich nicht auf einen gemeinsamen Vorschlag einigen. Obwohl alle neueren von der Verwaltungsgemeinschaft ausgehenden Gesetze dem überlebenden Ehegatten nur eine Quote des Nachlasses als Erbteil gewährten[32], schlug *Planck* eine andere Lösung vor. Ohne allzustarke Beeinträchtigung des Erbfolgerechts der Kinder sei es nicht möglich, den Erbteil des überlebenden Gatten so hoch zu

---

[23] Motive TE S. 620; Vorlage Nr. 7 von 1877, S. 22.

[24] Vorlage Nr. 7 von 1877, S. 22; vgl. vorn S. 48.

[25] Motive TE S. 620.

[26] Prot. der 8. Sitzung v. 29. 9. 1877.

[27] Motive TE S. 620; vgl. sächs. BGB § 2052 und einige thüringer Rechte.

[28] ALR II, 1 § 625; Entw. Preußen 1835, Theil II, Titel 1, Abschn. 7 § 156; *Mommsen,* § 42 Abs. 1; bayr. Entw. v. 1856 (vgl. Mot. TE S. 620).

[29] Vorlage Nr. 7 von 1877, S. 22.

[30] Motive TE S. 620.

[31] Protokoll der 8. Sitzung v. 29. 9. 1877.

[32] Vorlage Nr. 7 von 1877, S. 23; Vorlage Nr. 8 von 1877, S. 44; vgl. z. B. ALR II, 1 §§ 623, 624; sächs. BGB § 2049; *Mommsen,* § 41.

bemessen, daß dieser seine bisherige Lebensstellung aufrechterhalten könne[33]. Planck hielt es deshalb für unvermeidlich, dem überlebenden Gatten im Interesse einer Aufrechterhaltung des Hausstandes ein Nießbrauchsrecht an den Erbteilen der gemeinschaftlichen Kinder zu gewähren[34].

Planck räumte ein, daß diese Lösung leicht zu Reibungen und Verwicklungen unter den beteiligten Personen führen könne, glaubte aber, das Kindesverhältnis und die „auf diesem gegründete Liebe" würden ein gegenseitiges Vertrauensverhältnis schaffen, welches die Nachteile des Nießbrauchs mildere. Soweit gemeinschaftliches Handeln erforderlich sei, werde eine den beiderseitigen Interessen entsprechende Verständigung in den meisten Fällen leicht erreicht werden können. Man dürfe die volkswirtschaftlichen Nachteile einer Gebundenheit des Nachlasses nicht überschätzen[35].

Planck schlug überdies vor, dem überlebenden Gatten neben dem Nießbrauch ein Erbrecht am Nachlaß des vorverstorbenen einzuräumen. Der Nießbrauch diene lediglich dem Zweck, das Ehegattenerbrecht ohne Gefährdung einer Fortführung des bisherigen Hausstandes möglichst gering halten zu können; er mache jedoch ein Erbrecht nicht überflüssig[36]. Nach dem Gang der Rechtsentwicklung seit dem Mittelalter und bei den gegenwärtigen wirtschaftlichen Verhältnissen könne man auf gar keinen Fall auf ein Ehegattenerbrecht verzichten[37]. Eine solche Betrachtungsweise entspreche auch am ehesten der deutschen Auffassung von der Ehe als der innigsten Lebensgemeinschaft zweier Personen[38]. Planck schlug vor, den Erbteil des Ehegatten auf ein Kindesteil, höchstens aber auf ein Viertel des Nachlasses zu bemessen[39].

Hinsichtlich der Erbquote des überlebenden Ehegatten stimmte *Schmitt* den Vorschlägen Plancks zu. Zwar werde es nach diesen möglich sein, daß das Vermögen des Erblassers über seinen Ehegatten, insbesondere nach dessen Wiederverheiratung, in fremde Familien übergehe, was nicht gerade gerecht erscheine. Indessen setzte Schmitt das Eheband in erbrechtlicher Beziehung der Verwandtschaft völlig gleich; es gebe ein ebenso starkes Anrecht auf die Erbschaft wie das Kindesverhältnis[40].

---

[33] Vorlage Nr. 7 von 1877, S. 23.

[34] Vorlage Nr. 7 von 1877, S. 23. Ähnliche Vorschläge finden sich später bei *Gierke* in der Kritik des ersten Entwurfes. Vgl. hinten S. 75, 76.

[35] Vorlage Nr. 7 von 1877, S. 24, 25.

[36] Vorlage Nr. 7 von 1877, S. 32. Ähnliche Vorschläge wurden auch in der zweiten Kommission gemacht. Vgl. hinten S. 76, 77.

[37] Vorlage Nr. 7 von 1877, S. 33, 34.

[38] Vorlage Nr. 7 von 1877, S. 32.

[39] Vorlage Nr. 7 von 1877, S. 33.

[40] Vorlage Nr. 8 von 1877, S. 53; Motive TE S. 614.

Jedoch hatte *Schmitt* gegen einen zusätzlichen Nießbrauch erhebliche Bedenken. Er betonte vor allem die wirtschaftlichen Gefahren und Schwierigkeiten einer solchen Regelung. Er war nicht davon überzeugt, daß wegen der gegenseitigen Liebe von Eltern und Kindern all diese Reibereien und Nachteile gemindert werden könnten, zumal wenn die Kinder volljährig würden und heirateten; denn dann stünden die Schwiegerkinder im Hintergrunde und brächten vielfach Streitigkeiten in die Familie[41]. Eine Erbquote schaffe demgegenüber die „sofortige definitive Ordnung der Dinge für alle Beteiligten", vermeide „schwebende Zustände, die der freien Bewegung jedes Erben und den betroffenen Vermögensverhältnissen, vor allem aber den Bedürfnissen der Erbschaftsgläubiger nachteilig sein könnten"[42].

Auch schien es *Schmitt,* daß die Kombination von lebenslänglichem Nießbrauch und Erbquote den überlebenden Ehegatten zu stark bevorzuge. Wenn dieser neben Verwandten der zweiten Parentel auf die Hälfte des Nachlasses beschränkt werde, so dürfe er nicht gegenüber den Kindern des Erblassers durch Gewährung eines Viertels des Nachlasses zu Eigentum und des Rests zum Nießbrauche in einem Umfang berechtigt werden, der ihn diesen gegenüber effektiv besser stelle als gegenüber Geschwistern oder Großeltern[43].

Beide Redaktoren legten ihre unterschiedlichen Vorschläge der Gesamtkommission vor, die in der Sitzung vom 1. Oktober 1877 eingehend über sie beriet[44]. Man war sich von vornherein einig, dem überlebenden Ehegatten ein Erbrecht einzuräumen. Umstritten war hingegen, ob man ihm zusätzlich ein Nießbrauchsrecht an den Erbteilen der gemeinschaftlichen Kinder zugestehen solle. Die Debatte bewegte sich vor allem um drei Themenkreise: das Verhältnis Ehegatte—Kinder, die rechtlich-wirtschaftlichen Nachteile des Nießbrauches und die Stellung der Kommission zum überkommenen Recht.

Die Befürworter eines zusätzlichen Nießbrauches betonten entschieden den Vorrang des ehelichen Bandes gegenüber dem verwandtschaftlichen Bande mit den Kindern. Die Ehe bilde die Grundlage aller Blutsverwandtschaft, und deshalb sei das Recht der Kinder etwas Zweitrangiges gegenüber dem des Ehegatten. Der Respekt, den die Kinder ihren Eltern schuldeten, verlange, daß dem überlebenden Gatten auf jeden Fall die Fortsetzung seiner bisherigen Lebensstellung gesichert werde. Dadurch stärke man den Familiensinn, erleichtere das Zusammenbleiben der Familie und schütze sie

---

[41] Vorlage Nr. 8 von 1877, S. 47, 48.

[42] Motive TE S. 614.

[43] Vorlage Nr. 8 von 1877, S. 57.

[44] Protokoll der 9. Sitzung vom 1. 10. 1877. (*Schmitt* hat umfangreiche Auszüge aus diesem Protokoll in die Motive seines Teilentwurfes zum Erbrecht aufgenommen und dort wörtlich abgedruckt.)

gegen Zerfall. Dieses Ziel sei in einer Zeit der Sittenverderbnis und des Verfalls — wie der Gegenwart — besonders wichtig. Ehe und Familie ständen unter dem besonderen Schutze des Staates, und ihre Erhaltung sei eine der vornehmsten Aufgaben des Gesetzgebers[45].

Die Gegner eines zusätzlichen Nießbrauches hielten dem entgegen, die Blutsverwandtschaft bilde den wahren und eigentlichen Grund allen Erbrechts; sie sei auf jeden Fall höher einzuschätzen als das persönliche Verhältnis der Ehegatten zueinander. Man dürfe nicht fragen, was nach Befriedigung des Ehegatten für die Kinder übrig bleibe, sondern die Frage sei umgekehrt zu stellen[46]. Das Gesamtvermögen der Ehegatten diene dem ganzen Hausstande, also auch zur Unterhaltung der Kinder und zur Sicherstellung ihrer Existenz. Die Einführung eines Nießbrauches an den Erbteilen der Kinder stehe überdies im Widerspruch mit der Tendenz der Gegenwart, den Kindern mit Hilfe ihres Erbteils frühzeitig die Entfaltung einer eigenen wirtschaftlichen Existenz zu ermöglichen[47].

Ein weiterer Streitpunkt war die Tatsache, daß der *Planck*'sche Vorschlag eines Nießbrauches an den Erbteilen der Kinder im Widerspruch zu allen Rechten der Verwaltungsgemeinschaft stand, die dem überlebenden Ehegatten nur eine Erbquote gewährten. Die Befürworter eines Nießbrauches entgegneten, der Gedanke einer Aufrechterhaltung der Hausgemeinschaft in der Person des überlebenden Ehegatten sei auch in einem System der Gütertrennung, wie es die Verwaltungsgemeinschaft darstelle, berechtigt. Wenn dieser Gedanke bisher nur im System der Gütergemeinschaft Ausdruck gefunden habe, so gelte es für den Gesetzgeber, diese Lücke für die Verwaltungsgemeinschaft nunmehr zu schließen. Aufgabe eines Gesetzgebers sei, aus den verschiedenen Rechtssystemen die besten Elemente und Gedanken auszuwählen und zu einem neuen möglichst vollkommenen Modell zusammenzufügen, das dem Wesen der Ehe am meisten entspreche. Das Wesen der Ehe aber sei aus der „sittlichen Natur des ehelichen Verhältnisses" und nicht aus dem „juristischen Charakter des einen oder anderen Güterrechts" zu erschließen[48].

Die Gegner Plancks beriefen sich solchen Argumente gegenüber auf die neuere Rechtsentwicklung, die zwei verschiedene Strömungen erkennen lasse: Die Rechte der Gütergemeinschaft ordneten die Vermögensverhältnisse der Gatten auch für die Zeit nach Auflösung der Ehe. Die Rechte der Gütertrennung hingegen stellten das Verhältnis nach Auflösung der Ehe auf rein

[45] Prot. v. 1. Oktober 1877 (Motive TE S. 602).

[46] Prot. v. 1. 10. 1877 (Motive TE S. 603).

[47] Prot. v. 1. 10. 1877 (Motive TE S. 603). Dieser Gedanke wurde von der zweiten Kommission mit Nachdruck weiterverfolgt. Vgl. unten S. 77.

[48] Prot. v. 1. 10. 1877 (Motive TE S. 601).

erbrechtliche Grundlagen. Man warf Planck vor, er wolle ein Drittes, eine Kombination der Ergebnisse beider Strömungen. Für ein solches Vorgehen finde sich in der Gesetzgebung kein Vorbild. Man habe jedoch allen Grund, sich im Ehegattenerbrecht eng an das bereits geltende Recht anzuschließen. Denn es sei Aufgabe der Kommission, „das bestehende Recht zu kodifizieren", nicht aber, neues Recht zu schaffen. Überdies bestehe kein Bedürfnis nach derartigen Neuerungen[49].

Als dritter Punkt wurden schließlich die wirtschaftlichen und rechtlichen Nachteile des Nießbrauches unterschiedlich bewertet. Die Anhänger Plancks verwiesen darauf, daß der Familiensinn der Beteiligten alle Schwierigkeiten und Reibereien überwinden werde[50]. Dem hielten die Anhänger Schmitts entgegen, Planck unterschätze die Nachteile des Nießbrauches ganz erheblich. Eine Erbquote sei immer die klarste und einfachste Lösung, die — auch im Verhältnis zu den Erbschaftsgläubigern — die wenigsten rechtlichen Schwierigkeiten bereite[51].

Im Ergebnis lehnte die Mehrheit den Vorschlag Plancks ab und entschied sich dagegen, einen zusätzlichen Nießbrauch des überlebenden Gatten an den Erbteilen der gemeinschaftlichen Kinder einzuführen. Der Ehegatte sollte allein durch eine Erbquote am Vermögen des Erblassers beteiligt sein[52].

Es galt nun, die Höhe dieser Erbquote zu bestimmen. Obwohl *Planck* und *Schmitt* sich ursprünglich geeinigt hatten, dem überlebenden Ehegatten einen Kindesteil, aber nicht mehr als ein Viertel der Erbschaft zu gewähren, schlug Planck nunmehr vor, die Erbquote in jedem Fall auf ein Viertel der Erbschaft festzusetzen. Die Kommission schloß sich diesem Antrag an[53]. Sie befürchtete, die Beschränkung des Gatten auf ein Kindesteil könne die „Produktivität einer Ehe" hemmen; denn bei jener Lösung mußte sich der Erbteil des Gatten mit wachsender Kinderzahl verringern[54]. Die Erbquote des Gatten sollte nach den Vorstellungen der Kommission dem Kindesteil einer mittleren Familie entsprechen. Als solche sah man eine Familie mit drei bis vier Kindern an und kam so zur Festlegung der Erbquote auf ein Viertel des Nachlasses[55]. Man hielt die Normierung eines von der Kinderzahl unabhängigen Bruchteils für um so besser gerechtfertigt, als man in Ehe und

---

[49] Protokoll a. a. O. (Motive TE S. 602). Diesen Standpunkt nahm auch die zweite Kommission ein. Vgl. hinten S. 77.

[50] Protokoll vom 1. 10. 1877 (Motive TE S. 602).

[51] Protokoll a. a. O. (Motive TE S. 604).

[52] Protokoll der 9. Sitzung v. 1. 10. 1877. Leider fehlt eine Angabe über die Mehrheit, mit der diese Entscheidung gefällt wurde.

[53] Protokoll der 9. Sitzung v. 1. 10. 1877.

[54] Motive TE S. 623.

[55] Protokoll der 9. Sitzg. v. 1. 10. 1877.

Blutsverwandtschaft „qualitativ verschiedene Verhältnisse bezüglich einer Erbberechtigung" erblickte und einen Einfluß der Kinderzahl auf das Erbrecht des Gatten deshalb nicht für zulässig erachtete[56].

Entsprechend dem gemeinsamen Vorschlag der Redaktoren *Planck* und *Schmitt* entschied sich die Kommission, dem überlebenden Gatten einen Voraus zu gewähren. Der überlebende Gatte sollte neben Großeltern und Verwandten der zweiten Parentel außer seinem Erbteil das zum Nachlaß gehörende Hausinventar zusätzlich als gesetzliches Vermächtnis erhalten[57]. Kein Teil des beiderseitigen Vermögens sei mit der ehelichen Gemeinschaft so verbunden wie das Hausinventar. Reiße man dieses auseinander, so werde der überlebende Gatte diesen Verlust als besonders hart und die durch den Tod des Ehepartners gerissene Lücke noch schmerzlicher empfinden[58]. Die Mehrheit sah zwar, daß ein solcher Voraus zu einer erheblichen Schmälerung des Verwandtenerbrechts führen konnte, nahm jedoch an, es werde dem Willen der Eheleute eher entsprechen, wenn das Hausinventar dem überlebenden Partner zufalle, als wenn Seitenverwandte es erhielten[59]. Die Kommission konnte sich dagegen nicht entschließen, einem weitergehenden Vorschlage entsprechend das Haushaltsinventar dem überlebenden Gatten auch für den Fall der beerbten Ehe als Voraus zu gewähren[60].

An diesen Entscheidungen hat die erste Kommission bei ihren Hauptberatungen im Jahre 1887 festgehalten. Die grundsätzlichen Beschlüsse wurden hier nochmals ausdrücklich bestätigt[61]. Sie wurden von keiner Seite angegriffen. Lediglich in einigen Einzelfragen wurden Abänderungen beantragt. So wurde vorgeschlagen, man solle dem überlebenden Ehegatten statt eines Viertels die Hälfte der Erbschaft gewähren, wenn er nur mit Kindern teilen müsse, die seine Frau im Ehebruche empfangen habe[62]. Die Mehrheit sah jedoch keinen Anlaß, für diesen Fall eine Ausnahme zu machen; die Kinder dürften nicht unter den Verfehlungen ihrer Mutter leiden[63]. Auch Anträge, den Voraus näher zu bestimmen, wurden abgelehnt[64].

---

[56] Motive TE S. 624.

[57] Protokoll der 9. Sitzg. v. 1. 10. 1877.

[58] Vorlage Nr. 7 von 1877, S. 35.

[59] Vorlage Nr. 7, S. 36; Vorlage Nr. 8, S. 58.

[60] Protokoll der 9. Sitzung vom 1. Oktober 1877; Vorlage Nr. 8 von 1877, S. 58; Motive TE S. 620.

[61] Prot. I, S. 10 105 (618. Sitzung).

[62] Prot. I, S. 10 113 (618. Sitzung vom 7. Januar 1887); so normierten auch *Mommsen* (§ 41) und das sächsische BGB (§ 2051).

[63] Prot. I, S. 10 114 (618. Sitzung vom 7. Januar 1887).

[64] Prot. I, S. 10 108, 10 109 (618. Sitzung).

Die Entscheidung der ersten Kommission läßt erkennen, daß man dem Planck'schen Gedanken einer Fortsetzung des Hausstandes in der Person des überlebenden Ehegatten skeptisch gegenüberstand. Vor den sittlich ansprechenden, aber in ihrer Durchführung wenig praktikablen Vorstellungen *Plancks* gab man der nüchternen, wenig ansprechenden, dafür aber praktischeren Ansicht *Schmitts* den Vorzug. Das Bestreben nach einer klaren, schnellen Abwicklung der Erbvorgänge war so stark, daß es über den Gedanken einer Fortsetzung der Hausgemeinschaft siegte. Und dies wohl mit Recht, denn fortlaufende Ansprüche der Beteiligten, wie im Falle des Nießbrauchs, belasten das Zusammenleben erfahrungsgemäß stärker als eine einmalige Erbauseinandersetzung[65].

Gleichzeitig macht die Entscheidung gegen einen zusätzlichen Nießbrauch die ablehnende Einstellung der Kommissionsmehrheit gegen Rechtsneuerungen, die nicht unbedingt erforderlich waren, deutlich. Man wollte nach Möglichkeit nur Vorbilder und Konstruktionen übernehmen, die weithin bereits galten, aber man wollte keine neuen Rechtsformen schaffen und sei es auch nur durch die Kombination von Elementen bereits bestehender Regelungen. Soweit es eben ging, versuchte man, sich erkennbaren Entwicklungstendenzen anzupassen, um einen reibungslosen Rechtsübergang zu gewährleisten.

Im Rahmen dieser Anpassung versuchte der Gesetzgeber allerdings, die Stellung des überlebenden Gatten zu stärken. So erschien es ihm fast selbstverständlich, diesem ein — besonders gegenüber den Verwandten der elterlichen Parentel — verstärktes Erbrecht einzuräumen. Die Gefahr, daß durch ein solches Erbrecht der Nachlaß in fremde Familien gelangen konnte, wog in den Augen der Kommission nicht schwer und wurde lediglich am Rande erwähnt. Die Vorstellung vom Vermögen des Erblassers als Familieneigentum, das der Familie des Erblassers nach Möglichkeit erhalten werden mußte, fand sich in den Beratungen kaum. Hier zeigte sich besonders, daß den Kommissionsmitgliedern die Kleinfamilie aus Eltern und Kindern vor Augen schwebte. In einer solchen Familie haben die persönlichen Bindungen des Erblassers zu seinem Gatten als der Person, die ihm Zeit seines Lebens am nächsten gestanden hat, ein viel größeres Gewicht als in einer Großfamilie, in der man den Ehegatten eher als aufgenommenen Fremden betrachtet. So entsprach der Entwurf der Entwicklung des 19. Jahrhunderts von der patriarchalisch gebundenen Großfamilie zur Kleinfamilie.

Die Diskussionen um das Ehegattenerbrecht lassen auch die unterschiedlichen Persönlichkeiten der Redaktoren *Planck* und *Schmitt* deutlich werden. Während Planck seine Vorschläge mit sittlichem Pathos vortrug, kam bei Schmitt ein mehr kühler und nüchterner Charakter zum Vorschein, der von

---

[65] *Lange* (§ 9), S. 99.

den Menschen weniger optimistisch dachte und wegen der möglichen Streitigkeiten eine klare, schnelle Lösung anstrebte, mochte sie auch auf Kosten der menschlichen Wärme des Gesetzes gehen. Da Schmitt sich fast mit allen Vorschlägen gegenüber Planck durchsetzen konnte, dürfte seine Vorstellungsweise der Mehrheit aller Kommissionsmitglieder entsprochen haben. Insoweit kann er als typisch für die erste Kommission gelten.

Die Entscheidung des ersten Entwurfes, dem überlebenden Ehegatten ein je nach Nähe der Verwandten quantitativ abgestuftes Erbrecht zu gewähren, fand überwiegend ein günstiges Echo[66]. Die meisten Kritiker hoben lobend hervor, der Ehegatte werde in erfreulichem Umfange berücksichtigt. Die Regelung sei sehr glücklich gewählt, weil sie die mit der Verwaltungsgemeinschaft verbundenen Schwierigkeiten und Härten ausgleiche[67]. Die Schlesische Zeitung betonte, der Entwurf löse mit der Bevorzugung des Ehegatten vor den entfernteren Verwandten eine alte Schuld ein[68]. Einige Kritiker befürworteten sogar eine noch stärkere Position des überlebenden Ehegatten gegenüber den entfernteren Verwandten und verlangten, dieser solle bei kinderloser Ehe den gesamten Nachlaß erhalten[69]. *Bähr* und *Petersen* kritisierten hingegen, daß der Ehegatte im Entwurf ein Erbrecht und keinen Nießbrauch erhalten habe[70]. Beide legten Wert darauf, den Stamm des Nachlasses auf jeden Fall der Familie des Erblassers zu erhalten. Man heirate eine Frau, liebe sie und wünsche, daß es ihr zeitlebens gutgehe. Man habe aber kein Interesse daran, die Familie der Frau auf Kosten der eigenen Familie zu bereichern. Dem Wesen der Ehe entspreche es, daß der überlebende Gatte annähernd so weiterleben könne wie bisher. Dieses Ziel wollten Bähr und Petersen durch Gewährung eines Nießbrauches an den Gatten erreichen[71].

Gierke warf dem Entwurf vor, er treffe zwar eine mechanische und glatte Ordnung, werde aber den wirklichen Lebensverhältnissen wenig gerecht. Gierke wollte die Hausgemeinschaft beim Tode eines Gatten in der Person des überlebenden Gatten fortsetzen. Er schlug vor, dem überlebenden Ehegatten ein Kindesteil als Erbquote und ein lebenslängliches Besitz- und Nutzungsrecht an den Erbteilen der gemeinschaftlichen Kinder zu ge-

---

[66] *Baron*, S. 197; *Wilke*, S. 986; *Vollert*, S. 202; *Schilling*, S. 17.

[67] *Schröder*, S. 28; *Mitteis*, S. 616.

[68] Schles. Zeitung v. 20. 11. 1888.

[69] *Baron*, S. 197; *v. Bahr*, in „Die Nation" vom 5. 4. 1890.

[70] *Petersen*, S. 93 f.; *Bähr*, in Krit. Viert. S. 554 ff.; § 1585 GE.

[71] *Petersen*, S. 93; *Bähr*, S. 555. Ob man den überlebenden Gatten allein auf einen Nießbrauch verweisen solle, war in den Beratungen der ersten Kommission nicht erörtert worden. In den Beratungen der zweiten Kommission ist man auf die Frage etwas näher eingegangen. Vgl. hinten S. 76.

währen[72]. Auch bei unbeerbter Ehe solle das gesamte Vermögen der Eheleute im Genuß des überlebenden Gatten erhalten bleiben. Ein lebenslänglicher Nießbrauch des überlebenden Ehegatten erscheine nicht als unangemessen. Als Ersatz könne man in diesem Falle das Erbrecht des Gatten an der Substanz des Nachlasses stärker einschränken[73]. *Planck* äußerte sich in ähnlichem Sinne und meinte, es sei zu überlegen, ob man dem überlebenden Ehegatten bei Vorhandensein gemeinschaftlicher Kinder den Nießbrauch an deren Erbteilen einräumen sollte[74].

Allgemein wurde gebilligt, daß der Entwurf dem überlebenden Ehegatten neben Erben zweiter Ordnung das Haushaltsinventar als Voraus gewährte[75]. Einige Kritiker wollten überdies dem überlebenden Ehegatten auch neben Abkömmlingen einen solchen Voraus zugestehen[76].

Die Gestaltung des Ehegattenerbrechts fand überwiegend die Zustimmung der Bundesstaaten. So sprachen sich Preußen, Bayern, Sachsen, Baden und Elsaß-Lothringen für den Entwurf aus[77]. Lediglich Württemberg befürwortete die Einführung eines lebenslänglichen Nutznießungsrechts des überlebenden Elternteils an den Erbteilen der gemeinschaftlichen Kinder. Von den kleineren Bundesstaaten schlug Schaumburg-Lippe vor, die Rechte der überlebenden Witwe noch mehr zu erweitern[78].

Zur Regelung des ersten Entwurfes, der dem überlebenden Ehegatten in § 1971 ein je nach Nähe der konkurrierenden Verwandten quantitativ abgestuftes Erbrecht gewährte, lagen der zweiten Kommission insgesamt neun Änderungsanträge vor[79]. Zwei dieser Anträge — Nr. 3 und Nr. 4 — verlangten die Einführung eines Nießbrauches, also eine prinzipielle Änderung des ersten Entwurfes[80]. Antrag Nr. 3 wollte dem überlebenden Ehegatten lediglich ein Nießbrauchsrecht einzuräumen. Dieses sollte ein Drittel der Erbschaft umfassen, wenn der Ehegatte mit Kindern konkurrierte. Traf er hingegen mit Verwandten der elterlichen Parentel oder Großeltern zusammen, so sollte ihm ein Nießbrauch in Höhe von zwei Dritteln der Erbschaft zustehen[81]. Der Antragsteller wollte mit diesem Vorschlag dem überlebenden Ehegatten die Fortsetzung seiner bisherigen Lebensweise ermöglichen und

---

[72] *Gierke*, Entwurf S. 533. Dieser Gedanke hatte auch den gleichlautenden Vorschlägen *Plancks* in der ersten Kommission zugrundegelegen. Vgl. S. 69.

[73] *Gierke*, Entwurf S. 534.

[74] *Planck*, AcP 75, 403. Vgl. oben S. 66, 69.

[75] *Wilke*, S. 986; *Vollert*, S. 202; *Schröder*, S. 28.

[76] *Gierke*, Entwurf S. 533; *Bähr*, § 1585 Abs. 4 GE; Hannoverscher Courier v. 1. 9. 1889 (Zusammenstellung Bd. V, S. 81).

[77] Zusammenstellung BReg. Bd. 1, S. 183—185.

[78] Zusammenstellung BReg. Bd. 1, S. 184—185.

[79] Prot. II, Bd. 5, S. 471—474.

[80] Prot. II, Bd. 5, S. 472 (Antrag 3), S. 473 (Antrag 4).

[81] Prot. II, Bd. 5, S. 472 (Antrag 3).

gleichzeitig verhindern, daß dieser den Nachlaß in fremde Familien hineintrage[82]. Der Antrag Nr. 4 wollte — entsprechend dem Vorschlage *Plancks* in der ersten Kommission — dem überlebenden Ehegatten eine Erbquote und ein zusätzliches Nießbrauchsrecht an den Erbteilen der Miterben einräumen[83]. So könne man die Erbquote des überlebenden Gatten möglichst niedrig halten und ihm dennoch die Fortführung seines bisherigen Lebensstils ermöglichen, ohne daß große Teile des Nachlasses in fremde Familien gelangten[84].

Die Kommission lehnte es jedoch ab, den prinzipiellen Standpunkt des ersten Entwurfes zu verlassen und einen Nießbrauch einzuführen. Sie betonte — wie auch die erste Kommission —, die meisten deutschen Gesetze teilten ihren Standpunkt, und es bestehe kein Grund, vom geltenden Recht abzuweichen[85]. Der Ehegatte stehe dem Erblasser ebenso nahe wie die Kinder und man dürfe ihn deshalb nicht allein auf ein Nießbrauchsrecht verweisen. Wirtschaftlich gesehen sei es falsch, wenn die Kinder das ihnen gebührende Kapital erst in späteren Jahren erhielten. Man enge mit einer solchen Regelung deren Arbeitskraft und Unternehmungslust allzu sehr ein[86].

Über den Umfang der Erbquote kam es zu längeren Debatten, da mehrere Kommissionsmitglieder die Stellung des überlebenden Ehegatten stärken wollten. So wurde vorgeschlagen, dem Ehegatten neben Abkömmlingen ein Kindesteil, aber nicht weniger als ein Viertel zu gewähren[87]. Die Mehrheit lehnte diese Anträge jedoch ab; sie verwies darauf, daß der Entwurf den überlebenden Ehegatten gegenüber dem geltenden Recht ohnehin schon begünstige. Eine noch stärkere Bevorzugung würde zu einer sprunghaften Entwicklung gegenüber dem bisherigen Rechtszustand führen; einen solchen Sprung gelte es aber auf jeden Fall zu vermeiden[88]. Ein erhöhtes Ehegattenerbrecht werde die Gefahr vergrößern, daß der überlebende Gatte bei einer Wiederverheiratung Vermögen des Erblassers in fremde Familien hineintrage. Zwar sei die Festlegung einer starren Quote immer willkürlich; jedoch werde die Bemessung des Erbteils auf ein Viertel in der Mehrzahl aller

---

[82] Prot. II, Bd. 5, S. 475. Dieser Gedanke war in den Kritiken des ersten Entwurfes von *Bähr* und *Petersen* besonders hervorgehoben worden. Vgl. vorn S. 75. Hingegen hat er die erste Kommission fast gar nicht beschäftigt. Vgl. vorn S. 69.

[83] Prot. II, Bd. 5, S. 473 (Antrag 4). Vgl. S. 75 und S. 79, wo auf ähnliche, von *Gierke* geäußerte Gedanken hingewiesen wird.

[84] Prot. II, Bd. 5, S. 475.

[85] Prot. II, Bd. 5, S. 476.

[86] Prot. II, Bd. 5, S. 476. Ähnliche Überlegungen hatte auch die erste Kommission zu dieser Frage angestellt. Vgl. vorn S. 71.

[87] Prot. II, Bd. 5, S. 476 (Anträge 5 a, 5 b), 473 (Antrag 7).

[88] Prot. II, Bd. 5, S. 478.

Fälle ein gerechtes Ergebnis herbeiführen. Im Einzelfalle habe der Erblasser die Möglichkeit, die gesetzliche Regelung durch letztwillige Verfügung zu korrigieren[89].

Ein Vorschlag, dem überlebenden Gatten ein verschieden hohes Erbrecht einzuräumen, je nachdem, ob er mit einseitigen oder gemeinsamen Kindern des Erblassers konkurriere, wurde von der Mehrheit abgelehnt. Man befürchtete, mit einer solchen Regelung die Klarheit des Gesetzes zu beeinträchtigen und sah auch keinen inneren Grund, der eine verschiedenartige Behandlung dieser Fälle gerechtfertigt hätte[90].

Die Regelung des Ehegattenerbrechts neben der Verwandten der elterlichen Parentel durch den ersten Entwurf fand in den Beratungen der zweiten Kommission keinen Widerspruch. Man billigte allgemein, daß dem Ehegatten in diesem Falle die Hälfte des Nachlasses als Erbteil zustehen solle[91]. Hingegen lagen verschiedene Anträge vor für den Fall, daß der überlebende Ehegatte mit Verwandten der großelterlichen Parentel zusammentraf. So wurde einerseits angeregt, der Ehegatte solle alle Verwandten der dritten Parentel von der Erbfolge ausschließen, während andererseits ein Gegenantrag forderte, der Gatte solle mit allen Verwandten der dritten Parentel konkurrieren und die Hälfte des Nachlasses als Erbteil erhalten[92]. Die beiden übrigen Anträge stellten sich mit geringen Abweichungen auf den Standpunkt des ersten Entwurfes[93].

Die Kommission lehnte es auch hier ab, die Entscheidung des ersten Entwurfes zu ändern[94]. Man verwies auf das geltende Recht, das den Großeltern neben dem Ehegatten durchweg ein Intestaterbrecht einräume, und hatte Bedenken, mit dieser Rechtstradition zu brechen[95]. Eine Erbberechtigung der Großeltern sei nach dem Entwurf immer nur gegeben, wenn die Eltern des Erblassers weggefallen seien. Dann sei der Erblasser als Enkel häufig im Hause der Großeltern aufgewachsen. Dieses verwandtschaftliche und persönliche Band sei so eng, daß man es durch das eheliche nicht ganz verdrängen lassen wolle; dies um so weniger, als eine Ehe nicht lange dauern könne, wenn beim Tode des Gatten noch Großeltern lebten[96]. Hingegen sah die Kommission keinen Anlaß, die Seitenverwandten der dritten Parentel zu berücksichtigen. Unter normalen Umständen stehe der Ehegatte dem Erb-

---

[89] Prot. II, Bd. 5, S. 478.

[90] Prot. II, Bd. 5, a. a. O.

[91] Prot. II, Bd. 5, S. 479.

[92] Prot. II, Bd. 5, S. 476 (Antrag 2 b = Antrag 8 a auf S. 473); Prot. II, Bd. 5, S. 476 (Antrag 4).

[93] Prot. II, Bd. 5, S. 472 (Antrag 1), 476 (Antrag 3).

[94] Prot. II, Bd. 5, S. 479.

[95] Prot. II, Bd. 5, S. 479.

[96] Prot. II, Bd. 5, S. 480.

lasser näher als ein Onkel oder dessen Kinder. Auf Ausnahmen könne man keine Rücksicht nehmen, in solchen Fällen müsse der Erblasser durch Testament die richtigen Anordnungen treffen[97]. Die Gewährung des Haushaltsinventars als Voraus wurde allgemein gebilligt. Man versuchte lediglich — wie schon in der ersten Kommission —, diesen Begriff inhaltlich genauer zu bestimmen[98].

Die Behandlung des Ehegattenerbrechts durch die zweite Kommission zeigt, daß diese nicht geneigt war, die grundsätzlichen Entscheidungen des ersten Entwurfes ernsthaft in Frage zu stellen. Auch die zweite Kommission gab den Argumenten, die schon die erste beeinflußt hatten, den Vorzug. Allerdings verliefen ihre Beratungen kürzer als die der ersten Kommission. Man war weniger geneigt, die vorzuschlagende Regelung aus dem Wesen der Ehe oder dem Rechtsgedanken der Verwaltungsgemeinschaft zu folgern, und beschränkte sich statt dessen vornehmlich auf Gründe wirtschaftlicher und praktischer Art. Eine Schwächung der Stellung des überlebenden Ehegatten gegenüber dem ersten Entwurf wurde nicht ernsthaft erwogen; eine noch weitergehende Stärkung hielt man aber für bedenklich, da sie den reibungslosen allmählichen Rechtsübergang zum BGB hätte behindern können.

Der zweite Entwurf fand hinsichtlich des Ehegattenerbrechts kaum noch Beachtung. Nur *Gierke* befaßte sich mit ihm und bemängelte, daß man den Standpunkt des ersten Entwurfes beibehalten hatte[99]. Nach Gierkes Ansicht hätte man sich einer in Deutschland weit verbreiteten Erbsitte anschließen und dem überlebenden Gatten die Nutzung des gesamten Ehevermögens einräumen sollen[100].

In den Beratungen der Reichstagskommission setzte sich der Abgeordnete von *Stumm-Halberg* — ein Vertreter des rheinischen Rechtsgebiets und Mitglied der Reichspartei[101] — für eine Beschränkung des Ehegattenerbrechts ein. Er befürchtete vor allem, ein solches Erbrecht könne bei unbeerbter Ehe den Nachlaß in andere Familien bringen[102]. Seine Anträge wurden aber auf Vorschlag der Regierungsvertreter von der Mehrheit abgelehnt, da sie den überlebenden Ehegatten zu sehr benachteiligt hätten[103]. Während der zwei-

---

[97] Prot. II, Bd. 5, S. 480.

[98] Prot. II, Bd. 5, S. 480, 481.

[99] *Gierke*, Reichstag S. 36.

[100] *Gierke*, Reichstag S. 37.

[101] *Frensdorff*, Planck, S. 376.

[102] St. B. R. T. 1895—97, S. 2097. Dieser Gedanke war auch in den Kritiken des ersten Entwurfes und in den Beratungen der zweiten Kommission mehrfach aufgetaucht. Vgl. vorn S. 75, 77.

[103] St. B. R. T. 1895—1897, S. 2098. Im Verlauf der Debatte tauchte nochmals die Frage auf, ob dem Ehegatten ein Nießbrauch zu gewähren sei, ohne daß man näher auf sie eingegangen wäre.

ten Lesung des Entwurfes wiederholte Stumm seine Vorschläge nochmals, ohne jedoch im Reichstag eine Mehrheit für sie zu finden[104].

Das überwiegend günstige Echo auf die Regelung des Ehegattenerbrechts im ersten Entwurf und ihre unveränderte Übernahme durch die zweite Kommission und den Reichstag machen deutlich, daß die Gewährung einer Erbquote für den überlebenden Ehegatten den damaligen Vorstellungen weitgehend entsprach. Daß der Nachlaß durch ein Ehegattenerbrecht in andere Familien gelangen konnte, betrachtete man überwiegend als geringes Übel gegenüber den Nachteilen eines Nießbrauches, der Vermögenskomplexe auf lange Zeit festgelegt und gebunden hätte. Diese Nachteile mußten in einer Zeit schwerwiegen, die den freien Waren- und Güterverkehr als unerläßlich betrachtete und daher alles vermeiden wollte, was die Handels- und Wirtschaftsfreiheit beeinträchtigt hätte. Gegenüber diesem Freiheitsstreben scheiterten alle Versuche, die auf die rechtliche Gestaltung einer mehr patriarchalisch gebundenen Familienordnung, auf eine Aufrechterhaltung der Hausgemeinschaft in der Person des überlebenden Gatten, hinausliefen.

Neben dem Freiheitsideal war die Vorstellung von der Gleichberechtigung beider Ehegatten im Erbrecht so stark, daß sie allen als selbstverständlich erschien und niemand auf den Gedanken kam, eine für beide verschiedenartige Regelung vorzuschlagen je nachdem, ob der Mann oder die Frau zunächst starben und beerbt wurden. Auch im Ehegattenerbrecht hatten sich also die Ideale der Freiheit und Gleichheit durchgesetzt.

---

104 St. B. R. T. 1895—1897, S. 3005, 3007.

3. Teil

Das Pflichtteilsrecht

1. Kapitel

DIE ANERKENNUNG DES PFLICHTTEILSRECHTS

Durch das Pflichtteilsrecht oder Noterbenrecht wird gewissen Personen kraft Gesetzes ein Recht auf Beteiligung am Nachlaß anderer Personen eingeräumt, das ihnen der Erblasser nicht beliebig entziehen kann. Die Frage nach der Berechtigung und Tragweite dieses Rechtsinstituts hatte in Deutschland bis in die siebziger Jahre des 19. Jahrhunderts wenig Beachtung gefunden, während sich in Frankreich ein lebhafter, mit Leidenschaft ausgetragener Streit über dieses Problem entsponnen hatte. Lediglich ein 1854 erschienener Aufsatz von *Helferich* befaßte sich mit der Berechtigung eines Pflichtteilsrechts und forderte dessen Beseitigung für den Grundbesitz[1]. Eine lebhafte Diskussion über Sinn und Wert des Pflichtteilsrechts entstand erst, als sich der 14. Deutsche Juristentag in Jena 1878 mit der Frage befaßte, ob und inwieweit die Testierfreiheit mit Rücksicht auf eine Pflichtteilsberechtigung eingeschränkt werden solle, und als beide Referenten für eine — teilweise — Beseitigung des Pflichtteilsrechts eintraten[2]. Allerdings konnten sich diese Vorschläge in den Beratungen des Juristentages nicht durchsetzen. Vielmehr wurde im Ergebnis auch von ihm die Beibehaltung des Pflichtteilsrechts empfohlen[3].

Die Gegner des Pflichtteilsrechts verlangten volle Testierfreiheit, um eine geschlossene Vererbung der Nachlässe zu ermöglichen. Eine solche geschlossene Vererbung hielten sie für unbedingt erforderlich zur Erhaltung eines gesunden Handwerker- und vor allem Bauernstandes[4]. Immer wieder betonten sie, das Pflichtteilsrecht mache eine Teilung der Erbschaft not-

---

[1] *Braun*, S. 278; *Schultzenstein*, Gruchot 23, 668; *Brentano*, Erbrechtspolitik, S. 115; *Petersen*, Verhdlg. des 14. Dt. Juristentages, Bd. 2, S. 64.

[2] Verhandlungen des 14. Dt. Juristentages, Bd. 1, S. 50—71, 72—101.

[3] Verhandlungen des 14. Dt. Juristentages, Bd. 2, S. 86.

[4] *Bruns*, S. 93; *Meyersburg*, S. 64; *Braun*, S. 302.

wendig[5]. Diese Teilungen ruinierten jedoch Bauern, Handwerker und auch Kaufleute. Denn entweder müsse der gesamte Nachlaß aufgelöst und verkauft werden oder einer der Erben, der die Erbschaft übernehme, werde mit der Verpflichtung belastet, alle anderen Erben abzufinden[6]. Diese Abfindungslasten hätten schon jetzt zu einer erheblichen Verschuldung des Grundbesitzes geführt[7]. Wolle man diesen Übelständen entschieden begegnen, so müsse man dem Familienvater freie Hand lassen, sein Vermögen einem Kinde ganz zuzuwenden[8].

Zwar gab man zu, daß eine schrankenlose Testierfreiheit Gefahren des Mißbrauchs in sich berge, glaubte jedoch, der gesunde Sinn des Volkes und die natürliche Liebe eines Vaters zu seinen Kindern werde schon dafür sorgen, daß einzelne Kinder nicht ohne hinreichenden Grund bevorzugt würden[9]. Allerdings forderten die Gegner des Pflichtteilsrechts diese schrankenlose Testierfreiheit nur für jene Fälle, in denen sie zugunsten einzelner Kinder oder des Ehegatten ausgeübt wurde, nicht jedoch für letztwillige Verfügungen zugunsten dritter Personen. Es liege kein realer Grund vor, dem Erblasser zu gestatten, sein Vermögen Kindern und Gatten gänzlich zu entziehen, um es völlig fremden Personen zuzuwenden[10].

Immer wieder verwies man auf das Beispiel des englischen Rechts, das eine unbeschränkte Testierfreiheit kenne[11]. Diese Befugnis veranlasse jeden Erblasser, durch Testament die ökonomische Lage seiner Familie selbständig zu ordnen und steigere so aufs höchste das Gefühl der Verantwortlichkeit für das Wohlergehen der Nachkommen[12]. Man kräftige die elterliche Autorität und stärke den Familiensinn. Denn die Verfügungsfreiheit werde durch die in ihr liegende Drohung gänzlicher Enterbung zu einer Quelle von Zucht und Ordnung; die Kinder lernten besser gehorchen und eben deshalb auch besser befehlen[13]. Außerdem steigere eine unbeschränkte Testierfreiheit Erwerbstrieb und Sparsamkeit des Familienvaters; wolle nämlich der Erblasser sein Gut geschlossen auf ein Kind vererben und gleichzeitig den ande-

---

[5] Zum Teilungsprinzip vgl. *Tocqueville*, Chapitre III (S. 47): „En vertu de la loi des successions, la mort de chaque propriétaire amène une révolution dans la propriété; non seulement les biens changent de maîtres, mais ils changent, pour ainsi dire, de nature; ils se fractionnent sans cesse en portions plus petites."

[6] *Bruns*, S. 90; *Meyersburg*, S. 63; *Braun*, S. 283.

[7] *Braun*, S. 284; *Rodbertus-v. Jagetzow*, S. 22.

[8] *Bruns*, S. 92, 93.

[9] *Bruns*, S. 93.

[10] *Bruns*, S. 96; *Braun*, S. 302.

[11] *Helferich*, S. 148; *Meyersburg*, S. 70.

[12] *Helferich*, S. 148; *Bruns*, der sich allerdings gegenüber diesem Argument sehr skeptisch äußert, S. 97.

[13] *Helferich*, S. 149; *Bruns*, S. 98 (mit skeptischem Vorbehalt).

ren Kindern auch etwas zuwenden, so könne er dieses nur durch größte Anstrengungen und äußerste Sparsamkeit erreichen[14].

Man betonte, gerade das Pflichtteilsrecht sei in Deutschland so bunt und verschieden gestaltet, daß von einer erkennbaren Volksüberzeugung, die dem Gesetzgeber einen ganz bestimmten Weg bei der Regelung dieser Materie anweise, schwerlich die Rede sein könne[15]. Deshalb habe der Gesetzgeber im Bereiche des Pflichtteilsrechts stärker als auf vielen anderen Gebieten des Privatrechts freie Hand, um einen wirtschaftlichen und sozialen Zustand herzustellen, der den wirtschaftlichen Bedürfnissen und dem Rechtsgefühl des Volkes entspreche[16]. Am besten sei es, das Vorbild des römischen Rechts nicht zu übernehmen und — zumindest für den Grundbesitz — von einem Pflichtteilsrecht abzusehen[17].

Diese Einwände vermochten *Schmitt* nicht davon zu überzeugen, daß sich eine Beseitigung des Pflichtteilsrechts empfehle[18]. Allerdings bereitete es ihm, der alles Erbrecht letztlich aus dem individuellen Willen des Erblassers ableitete, einige Schwierigkeiten, ein Pflichtteilsrecht ideell zu begründen und zu rechtfertigen. Das römische Recht der späten Republik hatte sich mit der Fiktion geholfen, ein Erblasser, der seine nächsten Angehörigen übergangen habe, sei wahnsinnig — non sanae mentis — gewesen; deshalb könne und dürfe sein Wille nicht berücksichtigt werden[19]. In der Neuzeit hatten verschiedene Autoren das Pflichtteilsrecht mit der Ausstattungs- und Alimentationspflicht der Eltern gegenüber ihren Kindern zu rechtfertigen gesucht[20]. Auch die Idee der den Kindern von ihren Eltern geschuldeten Liebe war zur Begründung eines Pflichtteilsrechts herangezogen worden[21].

Mit diesen Begründungen war Schmitt jedoch nicht einverstanden. Man könne das Pflichtteilsrecht nicht mit der Ausstattungs- und Alimentationspflicht der Eltern rechtfertigen. Denn beide Pflichten hätten mit der Erbfolge unmittelbar nichts zu tun: Die Alimentationspflicht setze Bedürftigkeit des Berechtigten voraus und die Ausstattungspflicht nicht den Tod des Erblassers[22]. Auch die den Kindern geschuldete Liebe der Eltern vermochte Schmitt nicht zu überzeugen. Lieblosigkeit hielt er für eine Verletzung der Moral, nicht aber notwendigerweise auch für eine Rechtsverletzung. Wer die

[14] *Helferich*, S. 148; *Bruns*, S. 99, 100 (mit skeptischem Vorbehalt).
[15] *Meyersburg*, S. 56.
[16] *Meyersburg*, S. 57.
[17] *Meyersburg*, S. 59.
[18] Vorlage Nr. 17 von 1875 III, § 1 III, § 2 II; Motive TE S. 54.
[19] *Windscheid*, § 584 (Note 7); *Dernburg*, § 147 (Note 4).
[20] Vgl. *Hedemann*, S. 74, 75 (insbes. Fußn. 34); *Grotius*, De iure belli ac pacis lib. II cap. VII § IV; *Meyersburg*, S. 65.
[21] *Schultzenstein*, Gruchot 33, S. 664, 665.
[22] Motive TE S. 54.

Eltern zwinge, ihr Vermögen den Kindern zu hinterlassen, wandle sie aus Wohltätern in Schuldner um. Ein solches Vorgehen sei jedoch unnatürlich; nur die „freie Erfüllung einer Liebespflicht" habe wahren Wert[23].

Schmitt knüpfte, seiner Auffassung vom Grund allen Erbrechts entsprechend, auch seine Überlegungen zum Pflichtteil an den Erblasserwillen an, indem er aus den Tatsachen von Heirat und Kinderzeugung eine Art Selbstbindung des Erblasserwillens folgerte. Wer heirate und Kinder zeuge, begebe sich eines Teils der Freiheit, über sein Vermögen nach Belieben von Todes wegen verfügen zu können, und müsse einen Teil des Nachlasses seinen nächsten Verwandten hinterlassen[24]. Schmitt ging also in der Gestaltung des Pflichtteilsrechts nicht von der Familie als Einheit aus, der ein Teil des Nachlasses gebührte, sondern von der Person des einzelnen Familienmitgliedes, dessen Willensfreiheit durch gewisse biologische Fakten gebunden sei. Das Pflichtteilsrecht war für ihn lediglich eine unvermeidliche Einschränkung der grundsätzlich ungebundenen Verfügungsfreiheit des Erblassers[25].

Die erste Kommission beschloß bereits im Jahre 1875 einstimmig, grundsätzlich ein Pflichtteilsrecht beizubehalten und anzuerkennen[26]. Für diese Entscheidung war vor allem maßgebend, daß der Gedanke einer Beschränkung des Erblassers durch ein Pflichtteils- oder Noterbenrecht, in welcher Form es auch immer ausgestaltet wurde, fast allen Zeiten und Völkern gemeinsam gewesen sei[27]. Die Wiederaufnahme der vollen Testierfreiheit im angelsächsischen Recht des 17. und 18. Jahrhunderts sei gegenüber der allgemeinen geschichtlichen Entwicklung in Europa ein allzu neuer und territorial allzu beschränkter Versuch, als daß man ihm folgen könne. Ohnehin dürfe man nicht vergessen, daß das englische Erbrecht auch anderweitige Eigentümlichkeiten aufweise wie die Unterscheidung zwischen Immobiliar- und Mobiliarerbrecht. Auch sei England jenes Land, in dem neben großem Reichtum Weniger bei der Masse der Bevölkerung Elend und Not herrsche. An diesem Zustand sei das aristokratische Erbrecht, das einen Erben auf Kosten der anderen bevorzuge, zu einem guten Teil schuld[28]. Außer in England habe

---

[23] Motive TE S. 54.

[24] a. a. O.

[25] Dieser Gedanke lag auch der gesamten Konzeption *Schmitts* hinsichtlich der ideellen Grundlagen des Erbrechts zugrunde. Vgl. vorn S. 35. Er findet sich auch bei den Überlegungen zur Höhe des Pflichtteils. Vgl. hinten S. 103.

[26] Protokoll der 12. Sitzung vom 23. Oktober 1873. — Dies geschah also noch vor dem 14. Dt. Juristentage von 1878, der sich mit der Existenzberechtigung eines Pflichtteilsrechts befaßte. Vgl. vorn S. 81.

[27] Motive TE S. 56.

[28] a. a. O.

[29] Motive TE S. 55.

das Pflichtteilsrecht sich sogar in den Staaten erhalten, die eine „ausgeprägte Individualherrschaft" anstrebten. Die Kommission verwies hier auf das Beispiel des römischen Rechts, in dem sich das Pflichtteilsrecht „gegen den Buchstaben des Gesetzes" durchgesetzt habe. Dies sei anerkanntermaßen aus dem „nicht zu unterdrückenden menschlichen Gefühle" geschehen, daß der Erblasser seine nächsten Angehörigen berücksichtigen müsse[29].

Dieses Gefühl war nach Meinung der Kommission im deutschen Volke so lebendig wie eh und je. Wenn gesagt werde, die deutschen Erbgesetze zeigten eine so durchgreifende Verschiedenheit, daß von einem einheitlichen Grundsatz, einer allgemeinen Volksüberzeugung, keine Rede sein könne, so übersehe man, daß alle diese Rechte in der Verwerfung einer schrankenlosen Testierfreiheit übereinstimmten. Angesichts solcher Tradition und Verbreitung dieses Rechtsgedankens sah sich die erste Kommission nicht in der Lage, das Pflichtteilsrecht zu beseitigen. Denn sie betrachtete es als oberste Richtschnur ihrer Tätigkeit, sich nicht „mit den von der menschlichen Natur und dem allgemeinen Rechtsbewußtsein des Volkes getragenen Ansichten in Widerspruch zu setzen"[30].

Die Kommission räumte zwar ein, vom Standpunkt der Zweckmäßigkeit möge manches gegen das Pflichtteilsrecht sprechen. Sie hielt aber derartige Bedenken für übertrieben und bezweifelte, ob sie von richtigen Voraussetzungen ausgingen[31]. Wenn vom volkswirtschaftlichen Standpunkt aus geltend gemacht werde, das Pflichtteilsrecht führe zu immer wiederholten Teilungen, Zersplitterungen oder Veräußerungen von Bauerngütern, Handels- und Handwerksbetrieben, so sei zu bedenken, daß sich das Pflichtteilsrecht seit tausend Jahren in Deutschland im großen und ganzen als unschädlich erwiesen habe[32]. Dem Gemeinwohl könne aus einer Ansammlung großer Vermögen in den Händen Weniger auch Nachteil erwachsen. Die Gleichteilung der Erbschaft erschwere einen solchen Prozeß jedoch erheblich[33]. Ferner sei zu beachten, daß der ökonomische Wohlstand Frankreichs groß sei, obwohl dessen Erbrecht eine Gleichteilung besonders begünstige[34].

Die Kommission bestritt nicht, daß die Testierfreiheit Selbständigkeit und Erwerbslust des Erblassers steigern und seine elterliche Autorität stärken könne. Um dieses Ziel zu erreichen, sei jedoch eine unbeschränkte Verfügungsfreiheit nicht erforderlich. In einer solchen Unbeschränktheit lägen ohnehin nicht nur Vorteile, sondern auch Gefahren; denn sie lasse Willkürentscheidungen des Erblassers zu, die auf unbegründeter Abneigung gegen

[30] Motive TE S. 56.
[31] Motive TE S. 56.
[32] Motive TE S. 57.
[33] Motive TE S. 57.
[34] Motive TE S. 57.

einzelne Kinder beruhten[35]. — Die Kommission räumte ferner ein, eine klare und kontroversenfreie Formulierung des Pflichtteilsrechts werde schwierig sein; sie meinte jedoch, vor derartigen Problemen dürfe ein Gesetzgeber nicht zurückschrecken. Man müsse eben nach einer möglichst klaren und einfachen Konstruktion suchen. Kein Gesetzgeber könne sich durch den Hinweis auf rechtstechnische Schwierigkeiten notwendigen Aufgaben entziehen[36].

Als Leitbild für die Gestaltung des Pflichtteilsrechts schwebte der Kommission eine „nach Art und Umfang zweckmäßige Lösung" vor, die dem Erblasser Raum genug zur „Berücksichtigung der individuellen Verhältnisse und Bedürfnisse" lasse, die aber auch die berechtigten Interessen der nächsten Verwandten berücksichtige. Die Gerechtigkeit erfordere Rücksicht auf die Angehörigen des Erblassers, und diese Gerechtigkeit dürfe nicht allein dem Nutzen und der Zweckmäßigkeit einer schrankenlosen Testierfreiheit geopfert werden. Hier gelte es, den rechten Ausgleich zwischen den widerstrebenden Interessen zu finden[37]. — Diese grundsätzliche Anerkennung des Pflichtteilsrechts, die allen in Deutschland geltenden Rechten entsprach[38], wurde in den Hauptberatungen der Kommission nicht mehr angegriffen, sondern vielmehr ausdrücklich bestätigt[39].

Das Vorgehen der Kommission zeigt, daß man sich zwar den in der Literatur gemachten Einwänden und Vorschlägen nicht völlig verschloß, andererseits aber nicht bereit war, mit allen in Deutschland geltenden Rechten zu brechen und eine Neuerung einzuführen, deren Folgen sich nicht überblicken ließen. Wenn sich aus der Vielfalt des geltenden Rechts ein einheitlicher Grundsatz entnehmen ließ, so wurde dieser auch übernommen und nicht ernsthaft in Frage gestellt.

Die Beibehaltung des Pflichtteilsrechts durch die erste Kommission wurde überwiegend gelobt[40]. *Gierke* begrüßte es, daß der Entwurf den auf Beseitigung oder wesentliche Schmälerung des geltenden Pflichtteilsrechts gerichteten Bestrebungen kein Gehör geschenkt habe, und fügte hinzu, weit eher

---

[35] Motive TE S. 56.

[36] Motive TE a. a. O.

[37] Motive TE S. 58.

[38] Gemeines Recht (*Windscheid*, §§ 575—593; *Roth*, §§ 341—348); bayr. LR III, 3 §§ 14, 15, 16—18; III, 8 § 14; ALR II, 2 §§ 391—480, 501—518, 706; II, 1 §§ 499, 631—633; österr. ABGB §§ 729, 762—796; sächs. BGB §§ 2564—2617; lüb. Gesetz Art. 22—25; Code civil art. 913—930; Zürcher GB §§ 2027—2053; hess. Entw. Art. 113—127; *Mommsen*, §§ 468—524.

[39] Prot. I, S. 10 135 (619. Sitzung v. 14. Januar 1887). Die Beratungen des 14. Dt. Juristentages aus dem Jahre 1878 scheinen für die Kommissionsmitglieder also nicht so bedeutsam gewesen zu sein, daß sie sich näher damit auseinandersetzten.

[40] *Eck*, Jahresbericht S. 25; *Petersen*, S. 96; *Baron*, S. 198; *Stolterfoth*, S. 52; *Kühnast*, S. 10, 20; *Wilke*, S. 1014.

lasse sich die Frage aufwerfen, ob man der Testierfreiheit nicht noch engere Schranken ziehen solle. Gierke warnte davor, „unter Vernichtung aller Spuren der familienrechtlichen Gebundenheit des Eigentums einen nackten Individualismus auf den Thron zu setzen“[41]. Auch *Menger* erkannte lobend an, daß man das Prinzip der Testierfreiheit in gewissem Umfange durch das System des Erbteilungszwanges modifiziert habe. So werde wenigstens für einen Teil des Nachlasses dem volkstümlichen Erbsystem Geltung verschafft, das keine völlige Enterbung zulasse und dadurch verhindere, daß die Enterbten der höheren Stände dem Proletariat zuströmten[42].

Hingegen wurde die Entscheidung des ersten Entwurfes aus Agrarkreisen zum Teil kritisiert. Eine Einschränkung der Testierfreiheit mache es unmöglich, die Zersplitterung des Grundbesitzes durch geeignete Verfügungen von Todes wegen zu verhindern. *Fuld* fragte polemisch, ob die deutsche Landwirtschaft denn niemals „vom Druck des weltbeherrschenden römischen Rechts befreit“ werden solle, ob es ihr denn niemals beschieden sein solle, „unter einem auch innerlich nationalen Rechte“ zu leben. Er verwies auf das stammverwandte englische Recht, das volle Testierfreiheit anerkenne, und auf Verhandlungen des Vereins für Sozialpolitik, in denen berufene Stimmen eine Erweiterung der Testierfreiheit befürwortet hätten[43]. *Klöppel* pflichtete ihm bei; er betrachtete das Pflichtteilsrecht nicht nur für den Grundbesitz, sondern auch für den handwerklichen und kaufmännischen Mittelstand als schädlich. Gewerbliche Anlagen und kaufmännische Geschäftsbetriebe, an deren Gründung der Erblasser die Arbeit seines Lebens gesetzt habe, müßten bei Zulassung des Pflichtteilsrechts zersplittert und aufgeteilt werden[44]. Diese Stimmen gegen das Pflichtteilsrecht befanden sich jedoch bei weitem in der Minderheit, und das Urteil der Nationalzeitung, das gesamte Pflichtteilsrecht sei „weder wirtschaftlich noch ethisch gerechtfertigt“[45], fand kein Echo.

In den Beratungen der zweiten Kommission stand die grundsätzliche Frage der Beibehaltung oder Beseitigung des Pflichtteilsrechts nicht mehr zur Debatte. Die Kommission ging auf dieses Problem gar nicht näher ein, sondern begann sofort mit der Beratung von Einzelfragen des Pflichtteilsrechts[46].

---

[41] *Gierke*, Entwurf S. 536, 535.

[42] *Menger*, S. 216, 219.

[43] *Fuld*, S. 148, 149, 161. Dieser Gesichtspunkt war von den Gegnern eines Pflichtteilsrechts im Laufe des 19. Jahrhunderts immer besonders betont worden. Vgl. vorn S. 82. Auch in den Reichstagsdebatten wurde er gegen das Pflichtteilsrecht ins Feld geführt. Vgl. hinten S. 88.

[44] *Klöppel*, S. 357.

[45] Nationalzeitung v. 30. September 1888.

[46] Prot. II, Bd. 5, S. 490. Man begann sofort mit den Beratungen der rechtlichen Konstruktion des Pflichtteilsrechts.

Dieses Vorgehen entsprach ihrer Tendenz, prinzipielle Entscheidungen des ersten Entwurfes nach Möglichkeit nicht in Frage zu stellen, sondern sofort zur Revision der einzelnen Vorschriften überzugehen.

Auch der Reichstag rüttelte nicht ernsthaft am Grundsatz eines Pflichtteilsrechts. Allerdings wurde im Verlauf der zweiten Lesung von dem konservativen Abgeordneten Graf *Mirbach*, einem Vertreter der Agrarkreise, beantragt, das Pflichtteilsrecht solle sich nicht auf den Teil eines Nachlasses erstrecken, der aus land- oder forstwirtschaftlichen Grundstücken bestehe[47]. Das Pflichtteilsrecht sei mit der Natur des Grundbesitzes unvereinbar. Jedoch fügte Mirbach resignierend hinzu, er sei sich von vornherein darüber im klaren, daß der Reichstag seinen Vorschlag ablehnen werde. Dennoch halte er es für seine Pflicht, diese Frage noch einmal aufzuwerfen, um dem hohen Hause die Probleme der Landwirtschaft vor Augen zu führen[48]. Der Reichstag lehnte diesen Antrag ohne nähere Erörterung der Frage ab[49].

Die Auseinandersetzungen um den Wert und die Berechtigung eines Pflichtteilsrechts lassen erkennen, daß sogar im liberalen 19. Jahrhundert der Gedanke einer schrankenlosen Testierfreiheit keine Anhänger fand. Niemand trat dafür ein, der Erblasser dürfe nach Belieben über sein Vermögen verfügen, ohne sich um seine nächsten Verwandten zu kümmern. Der Wert des Pflichtteilsrechts wurde auch von dessen Gegnern nur für die Fälle angezweifelt, in denen der Erblasser eines seiner Kinder auf Kosten der übrigen bevorzugen wollte, um eine geschlossene testamentarische Vererbung seines Vermögens innerhalb der Familie zu erreichen[50].

Insgesamt gesehen war man lediglich bereit, dem Erblasser für einen Teil des Nachlasses die Freiheit einzuräumen, die Gleichheit aller Erben zu beseitigen und einen Erben zu bevorzugen. Im übrigen siegte die Vorstellung von der Gleichberechtigung aller mit dem Erblasser gleich nahe verwandten Erben. Das Pflichtteilsrecht stellt somit einen Kompromiß zwischen den widerstreitenden Ideen der Freiheit und Gleichheit dar. Keine dieser beiden großen Ideen des 19. Jahrhunderts hatte sich also vollständig auf Kosten der anderen durchsetzen können[51].

Auch entsprach die Garantie eines bestimmten Anteils am Nachlaß den Vorstellungen der bürgerlich-liberalen Wirtschaftsgesellschaft. Man sah letztlich in jedem Nachlaß vor allem eine Ansammlung bestimmter Ver-

[47] St. B. R. T. 1895—1897, S. 3015.

[48] St. B. R. T. 1895—1897, S. 3016.

[49] a. a. O. Als einziger pflichtete der Abgeordnete von *Kardorff* dem Antrag *Mirbachs* bei. Allerdings wußte auch Kardorff, daß dieser Antrag keine Aussicht auf Erfolg hatte; er sprach aber die Hoffnung aus, eine spätere Revision des BGB möge zu einer Einschränkung des Pflichtteilsrechts führen.

[50] *Klöppel*, S. 356.

[51] *Hedemann*, S. 77, 78; *Wieacker*, Sozialmodell S. 7.

mögenswerte, die sich ohne Wertverlust trennen und aufteilen ließen. Der Pflichtteil bildete einen Grundstock, der einem gut wirtschaftenden Erben die Ausgangsposition zum Erwerb eines größeren Vermögens bot[52]. Die Einräumung einer solchen Startchance stand mit den Idealen der liberalen Wirtschaftsordnung besser im Einklang als eine Erhaltung der Nachlässe für einen Erben unter völliger Übergehung aller übrigen.

2. Kapitel

DIE RECHTLICHE KONSTRUKTION DES PFLICHTTEILS

In der Frage, welchen juristischen Charakter das Pflichtteilsrecht tragen sollte, wichen die in Deutschland geltenden Rechte stark voneinander ab. Ausgehend von der Vorstellung des Familienerbrechts als gesetzlicher Regel gab der Code civil den ehelichen Abkömmlingen des Erblassers ein unentziehbares Erbrecht am gesamten Nachlaß[1]. Die Abkömmlinge waren immer und auf jeden Fall Erben; über die Erbfolge selbst konnte der Erblasser nicht disponieren. Er konnte den gesetzlichen Erben lediglich durch Testament aufgeben, einen Teil des Nachlasses an bestimmte andere Personen herauszugeben[2]. Der Teil des Vermögens, über den der Erblasser in dieser Form verfügen durfte, stellte die „portion disponible" dar, der Teil, über den der Erblasser auch in Form einer Herausgabeverpflichtung nicht verfügen durfte, die „réserve", den Vorbehalt[3].

Nach gemeinem Recht hatte der Noterbe, der im Testament auf irgendeine Weise bedacht war, nur einen persönlichen Anspruch gegen die eingesetzten Erben auf Ergänzung des fehlenden Wertes bis zur Höhe seines Pflichtteils[4]. War der Noterbe jedoch durch das Testament völlig übergangen worden, so konnte er die letztwillige Verfügung des Erblassers mit der Folge anfechten, daß nunmehr die reine Intestaterbfolge eintrat und der Noterbe nicht nur seinen Pflichtteil, sondern die volle Intestaterbportion erhielt[5]. War der Noterbe hingegen nicht durch ein Testament, sondern durch einen

---

[52] Vgl. *Brentano* (Erbrechtspolitik S. 142), der sich mit Nachdruck dafür einsetzte, allen Kindern die Chance zu geben, „sich Freiheit und Leben zu erobern", indem sie auf jeden Fall einen Teil des Nachlasses erhielten.

[1] *Zachariä*, § 605.

[2] *Zachariä*, §§ 656, 657; *Rivier*, S. 668.

[3] *Binding*, AcP 58, 133; *Zachariä*, §§ 687, 688 (insbes. Note 4), 689, 692, 694, 695.

[4] *Windscheid*, § 582 (sog. „actio suppletoria"); Novelle 115, Caput V.

[5] *Windscheid*, § 584 (sog. „querela inofficiosi testamenti"); Novelle 115, Caput III 14.

Erbvertrag von der Erbfolge ausgeschlossen worden, so stand ihm nach der Praxis des gemeinen Rechts in jedem Falle nur ein schuldrechtlicher Anspruch auf Erstattung bzw. Ergänzung des Pflichtteilsbetrages zu[6].

Diese Grundsätze des römischen Rechts waren in eine ganze Reihe von Partikularrechten übergegangen. In diesen waren sie allerdings mehr oder weniger abgewandelt und modifiziert worden[7]. Auch der bayrische Entwurf von 1856 und *Mommsen* hielten an der Regel fest, daß der durch letztwillige Verfügung gänzlich ausgeschlossene Noterbe das Testament anfechten und verlangen konnte, Erbe zu werden. Allerdings konnte die Verfügung nur soweit angefochten werden, als sie das Pflichtteilsrecht beeinträchtigte: der Noterbe wurde lediglich in Höhe seines Pflichtteils, nicht aber, wie im gemeinen Recht, in Höhe seiner gesamten Intestaterbportion Erbe[8]. Hinterließ der Erblasser dem Noterben jedoch irgendetwas im Testament, so hatte dieser nur einen persönlichen Anspruch gegen die Erben auf Erstattung des fehlenden Betrages bis zum vollen Pflichtteilswert[9].

Das sächsische BGB behandelte den Noterben hinsichtlich seines Pflichtteils immer als Erben, gleichviel ob ihm zuwenig oder gar nichts hinterlassen worden war[10]. Der Pflichtteil bestand auf jeden Fall in einer Erbquote, deren Umfang jedoch nicht, wie im gemeinen Recht, bis zur Höhe der vollen Intestaterbportion gehen konnte. Ob dem Noterben etwas hinterlassen war und wieviel dies ausmachte, spielte nur für die Höhe des Pflichtteils, nicht aber für dessen Rechtscharakter eine Rolle. Einen schuldrechtlichen Ergänzungsanspruch des nicht ausreichend bedachten Noterben gab es nicht[11].

Eine dritte Gruppe von Rechten — vor allem das österreichische ABGB und nach damals wohl herrschender Ansicht auch das preußische ALR — erblickte im Pflichtteilsrecht lediglich einen Anspruch des Noterben auf Hinterlassung eines bestimmten Nachlaßwertes. Dieser Anspruch war schuldrechtlicher Art und richtete sich gegen die eingesetzten Erben. Die Erbeinsetzungen selbst waren für den Noterben unanfechtbar, er hatte keinen Anspruch darauf, selbst Erbe zu werden[12].

---

[6] Motive TE S. 656.

[7] *Roth*, § 343 (Noten 18—20); § 344 (Note 7); z. B. bayr. LR III, 3 § 15 Nr. 5 und 6.

[8] Bayr. Entw. Art. 579 (Motive TE S. 650); *Mommsen*, § 499 Abs. 1.

[9] Bayr. Entw. Art. 559 (Motive TE S. 650); *Mommsen*, § 504 Abs. 1.

[10] Sächs. BGB §§ 2564, 2589 (vgl. auch hess. Entw. Art. 119, Zürcher GB §§ 2027 ff.).

[11] Sächs. BGB §§ 2566, 2578.

[12] Österr. ABGB §§ 775, 776, 781; *Unger*, § 85 (S. 359); lübisches Gesetz von 1862, Art. 24, 25. Für einen schuldrechtlichen Anspruch des Pflichtteilsberechtigten im ALR sprachen sich *Schultzenstein*, § 33 (S. 156 ff.), § 13 (S. 67 ff.) und *Gruchot*, Bd. 3, S. 210 aus. Anderer Ansicht war *Förster*, Bd. 4 (§ 248), S. 50 ff. (insbes. S. 58) mit ausführlicher Darstellung der Streitfrage; vgl. auch *Roth*, § 342 (S. 529).

Die Kommission stand nun vor der Frage, welcher dieser Lösungen sie den Vorzug geben sollte. Die Regelung des französischen Rechts ging von der Vorstellung eines Familienerbrechts als gesetzlicher Regel aus und kam deshalb wegen ihres ideellen Ausgangspunktes nicht in Frage[13]. Die Kommission stellte sich das Pflichtteilsrecht vielmehr als einen Ersatzanspruch des Erben vor, dem der Erblasser den gebührenden Vermögensteil nicht hinterlassen hatte. Bei dieser Betrachtungsweise kam nur eine Regelung in Betracht, die den Berechtigten entweder die Verfügung des Erblassers beseitigen ließ oder ihm einen Ersatzanspruch für die Nichthinterlassung des ihm Gebührenden gewährte[14].

Bei den gemischten Systemen des gemeinen Rechts und *Mommsens* vermißte man die Einfachheit und Klarheit der Regelung. Denn sie enthielten alle möglichen Konstruktionen zugleich, sowohl Anfechtbarkeit der Verfügung als auch Werterstattungsanspruch, ohne daß man eine sachliche Rechtfertigung dieses Nebeneinanders sah[15]. Man wollte nicht einsehen, daß die Frage, ob jemand völlig oder teilweise übergangen war, für die Art seines Pflichtteilsanspruches von Bedeutung sein solle. Entweder gebühre dem Berechtigten ein Erbrecht oder nur ein persönlicher Anspruch auf Werterstattung. Hier gelte es, sich für eine der beiden Möglichkeiten zu entscheiden[16]. Vollends unannehmbar erschien der Kommission jene Regelung des römischen Rechts, welche die Höhe des Pflichtteils davon abhängig machte, ob der Noterbe völlig übergangen oder nur unzureichend bedacht war. Eine solche Lösung mußte nach Vorstellung der Mehrheit zu Schein- und Minimalerbeinsetzungen führen[17]. Auch eine unterschiedliche Behandlung der Enterbung durch Testamente und Erbverträge wurde sogleich abgelehnt. Im Interesse einer klaren gesetzlichen Lösung müsse man beide Fälle gleich behandeln[18].

So blieb der Kommission nur die Wahl zwischen der sächsischen Lösung, die den Pflichtteilsberechtigten in jedem Falle zum Erben berief, und der österreichischen Regelung, die dem Noterben immer nur einen persönlichen Anspruch auf Werterstattung gewährte[19]. Man verkannte nicht, daß ethische Gründe für ein Erbfolgerecht des Noterben sprächen und daß der Ehre einer Erbeinsetzung gewisse Bedeutung zukomme. Auch sah man, daß dem Berechtigten durch eine dingliche Berechtigung an den Erbschaftsgegenständen eine Sicherheit gegeben werde, die entfalle, wenn man ihn lediglich

---

[13] Vgl. S. 89.
[14] Motive TE S. 653, 654.
[15] Motive TE S. 655.
[16] a. a. O.
[17] Motive TE S. 655.
[18] Motive TE S. 656.
[19] Motive TE S. 656.

auf einen Ersatzanspruch gegen die Erben verweise[20]. Dennoch entschied die erste Kommission bereits 1875, auf Vorschlag *Schmitts,* mit 8 gegen 3 Stimmen, dem Pflichtteilsrecht den Charakter eines rein schuldrechtlichen Werterstattungsanspruches zu geben[21].

Die Kommission betonte, diese Entscheidung entspreche dem Prinzip, grundsätzlich von der unbeschränkten Verfügungsfreiheit des Erblassers auszugehen und diese so wenig wie möglich einzuengen. Sehe man den Pflichtteilsberechtigten als Erben an, so räume man ihm, wenn er gänzlich von der Erbfolge ausgeschlossen worden sei, sein Pflichtteilsrecht aber geltend mache, Einfluß auf die Wirksamkeit einer letztwilligen Verfügung des Erblassers ein. Soweit wollte die Kommission jedoch keinesfalls gehen. Das Pflichtteilsrecht sollte vielmehr so gestaltet werden, daß der Erblasser in seinen Dispositionen völlig frei war und daß diese nicht von Dritten umgestürzt werden konnten[22]. Außerdem füge sich diese Lösung am besten in das System des Erbrechts ein, das von dem Grundsatz einer Universalsukzession der Erben in den Nachlaß ausgehe und anderen Personen keine dinglichen Rechte am Nachlaß zugestehe[23].

Neben diesen grundsätzlichen Überlegungen führte die Kommission auch Zweckmäßigkeitsgesichtspunkte zugunsten ihrer Entscheidung an. Ein Pflichtteilserbrecht bringe ökonomische Nachteile mit sich, da der Berechtigte als Erbe jederzeit Teilung der Erbschaft verlangen könne. Das führe zu einer Vermögenszersplitterung und zu unnötigen Teilungskosten[24]. Es erschien der Mehrheit überdies bedenklich, daß beim Pflichtteilserbrecht jede auch noch so geringfügige Ergänzung des Pflichtteils zur Reduktion der Erbteile aller übrigen Miterben führen mußte. Wenn über die Höhe des Pflichtteils — wie oft — Streit bestehe, so führe dies bei einem Pflichtteilserbrecht zu unklaren Verhältnissen hinsichtlich der Beteiligung aller Miterben am Nachlaß. Einen solchen Zustand solle man jedoch nach Möglichkeit vermeiden. Gebe man dem Pflichtteilsberechtigten nur einen persönlichen Werterstattungsanspruch, so seien die Zuständigkeiten am Nachlaß ein für allemal geregelt[25]. Daher stellte die erste Kommission den Grundsatz auf, jeder Pflichtteilsberechtigte

---

[20] Motive TE S. 657. Auf diesen Gesichtspunkt wiesen die Befürworter eines Pflichtteilserbrechts immer wieder mit besonderem Nachdruck hin. Vgl. S. 95 f.

[21] Vorlage Nr. 17 v. 1875; Prot. d. 13. Sitzg. v. 25. Oktober 1875.

[22] Motive TE S. 658. Eine Ausnahme ließ die Kommission lediglich für den Fall einer irrtümlichen Übergehung des Pflichtteilsberechtigten durch den Erblasser zu (vgl. § 1782 E I; § 40 TE Erbrecht).

[23] Vorlage Nr. 7 von 1875, § 2 IV; siehe oben S. 28.

[24] Motive TE S. 659. Diese Überlegungen waren dafür maßgebend, daß sich die zweite Kommission zugunsten des ersten Entwurfes entschied. Vgl. hinten S. 98. Sie wurden auch in der Kritik zur Verteidigung des ersten Entwurfes angeführt. Vgl. S. 95.

[25] Motive TE S. 657.

habe nur einen „persönlichen Anspruch auf Hinterlassung des ökonomischen Wertes seiner Pflichtteilsquote" und jedem Erblasser stehe das Recht zu, Pflichtteilsberechtigte durch Hinterlassung dieses Wertes zu befriedigen[26].

Aus dieser Entscheidung folgte, daß es gleichgültig war, in welcher Form der Wert des Pflichtteils hinterlassen wurde. War dem Pflichtteilsberechtigten irgendetwas hinterlassen worden, so hatte er nur einen Anspruch darauf, daß der zur Leistung seiner Pflichtteilsquote fehlende Wert durch Zahlung einer Geldsumme ergänzt wurde. Der Noterbe war nicht befugt, das Zugewendete auszuschlagen und anschließend seinen vollen Pflichtteil in Geld zu verlangen[27]. Jedoch sollten Bedingungen und andere Belastungen unwirksam sein, wenn dem Noterben weniger als der Wert seines Pflichtteils zugewendet worden war. Überstieg das belastet Zugewendete hingegen den Wert des Pflichtteils, so stellte man den Berechtigten vor die Wahl, ob er das Hinterlassene mit den Beschränkungen annehmen oder ob er es ausschlagen und seinen Pflichtteil in Geld verlangen wolle[28].

Die Vorbeschlüsse über den Forderungscharakter des Pflichtteilsrechts wurden in den 1887 abgehaltenen Hauptberatungen ohne Debatte bestätigt[29]. Es erhoben sich jedoch Einwände gegen jene Vorbeschlüsse, nach denen der Erblasser nur zur Hinterlassung eines bestimmten Wertes an den Pflichtteilsberechtigten, gleich in welcher Form, verpflichtet war[30]. Der Kommission lag ein Antrag vor, dem Pflichtteilsberechtigten auf jeden Fall eine Abfindung in Geld zu sichern; es solle also nicht gestattet werden, daß der Pflichtteilsberechtigte durch Zuwendung anderer Gegenstände befriedigt werden könne[31]. Zur Begründung wurde angeführt, die Kommission habe in ihren Vorbeschlüssen dem Pflichtteilsberechtigten ohnehin nur ein obligatorisches Recht auf Abfindung zugestanden. Diese gegenüber dem gemeinen und sächsischen Recht schon wesentlich geminderten Rechte des Noterben dürften nicht noch weiter beschnitten werden, indem bestimmt werde, daß sich dieser mit einer bloßen Wertabfindung begnügen müsse und nicht einmal eine Befriedigung in Geld verlangen könne[32].

Die Kommission schloß sich diesem Antrag mit 6 gegen 4 Stimmen an und beschloß, dem Pflichtteilsberechtigten auf jeden Fall eine Abfindung in Geld zu sichern[33]. Eine Behandlung des Pflichtteilsrechts als Forderung auf eine Geldleistung habe den Vorteil, zwischen den Rechten, die dem Noterben die

---

[26] Protokoll der 13. Sitzung vom 25. Oktober 1875.
[27] Protokoll der 13. Sitzung v. 25. Oktober 1875.
[28] Protokoll der 13. Sitzung v. 25. Oktober 1875; Motive TE S. 663, 664.
[29] Prot. I, S. 10 135 (619. Sitzung v. 14. Januar 1887).
[30] Prot. I, S. 10 152 (620. Sitzung v. 17. Januar 1887).
[31] Prot. I, S. 10 150 f. (Antrag 3) 620. Sitzung.
[32] Prot. I, S. 10 153, 10 154 (620. Sitzung v. 17. Januar 1887).
[33] Prot. I, S. 10 152 (620. Sitzung).

Erbenstellung sicherten, und jenen, die dem Noterben nur eine Wertabfindung gewährten, eine Mittelstellung einzunehmen und so den Rechtsübergang für beide Gruppen möglichst schonend zu gestalten[34].

Im einzelnen bestimmte man, daß der Pflichtteilsberechtigte, der auf eine — gemessen am Pflichtteilswert — zu geringe Erbquote eingesetzt war, diese annehmen müsse und nur Ergänzung des fehlenden Betrages in Geld verlangen könne. Denn der Berechtigte erhalte mit der Erbquote ja gleichzeitig den Geldwert seiner Quote[35].

War der Pflichtteilsberechtigte hingegen auf eine zu geringe Erbquote eingesetzt und dazu noch unter Bedingungen oder Belastungen, so waren diese nach den Vorbeschlüssen als nichtig anzusehen. Der Kommission kamen während ihrer Hauptberatungen jedoch grundsätzliche Bedenken gegen eine solche Regelung[36]. Die Unwirksamkeit derartiger Belastungen widerspreche dem Prinzip des Entwurfes, daß der Pflichtteilsanspruch den Nachlaß allein mit einer Geldforderung beschwere, auf Verfügungen des Erblassers hingegen keinen Einfluß habe[37]. Man war nicht bereit, einen solchen Widerspruch zu den beschlossenen Grundsätzen hinzunehmen, und ordnete an, daß auch derartige Belastungen wirksam sein sollten. Doch wurde dem Pflichtteilsberechtigten ein Wahlrecht eingeräumt, den Erbteil so anzunehmen, wie er hinterlassen war, oder den hinterlassenen Erbteil auszuschlagen und seinen Pflichtteil in Geld zu verlangen[38]. Ein gleiches Wahlrecht gab die Kommission dem Pflichtteilsberechtigten auch in jenen Fällen, in denen der belastet hinterlassene Erbteil den Wert des Pflichtteils überstieg oder dem Pflichtteilsberechtigten statt einer Erbquote ein Vermächtnis hinterlassen war[39]. Insgesamt gab man also dem Pflichtteilsberechtigten grundsätzlich das Recht, zwischen dem ihm Hinterlassenen und dem Pflichtteil zu wählen, und machte eine Ausnahme nur für den Fall, daß ihm ein zu geringer Erbteil hinterlassen wurde[40].

Der Kompromiß zwischen Testierfreiheit und Familienerbrecht in Form des Pflichtteilsrechts ist zugunsten der Verfügungsfreiheit des Erblassers ausgefallen. Man dachte zwar nicht an eine gänzliche Beseitigung des Pflichtteilsrechts, wählte jedoch diejenige Rechtsform des Pflichtteils, die die Testierfreiheit am wenigsten einschränkte. Auch das Pflichtteilsrecht des ersten Ent-

---

34 Prot. I, S. 10 156 (620. Sitzung).

35 Prot. I, S. 10 154 (620. Sitzung).

36 Protokoll der 13. Sitzung vom 25. Oktober 1875); Motive TE S. 663.

37 Prot. I, S. 10 170 (620. Sitzung v. 17. Januar 1887).

38 Prot. I, S. 10 168, 10 169, 10 171 (620. Sitzung). Dieses Wahlrecht war dem gemeinen Recht als cautela socini bekannt. (Vgl. *Windscheid*, § 582 Note 4, S. 131.)

39 Prot. I, S. 10 180 (621. Sitzung v. 19. Januar 1887); Prot. I, S. 10 181 (621. Sitzung).

40 Vgl. §§ 1979—1982 E I.

wurfs ist also von der Vorstellung geprägt, die freie Verfügung des Erblassers über sein Vermögen bilde im Erbrecht den Regelfall und dürfe daher nur ausnahmsweise eingeschränkt werden; unumgängliche Beschränkungen sollten lediglich indirekt wirken und auf die letztwilligen Anordnungen selbst keinen Einfluß haben. Diese Grundsätze versuchte die erste Kommission auch in allen Einzelheiten des Pflichtteilsrechts ausnahmslos durchzuführen. Dieses Streben tritt besonders deutlich bei der Behandlung von Bedingungen zutage, die der Erblasser an die Hinterlassung eines Erbteils geknüpft hatte, der geringer war als der Pflichtteil. So erreichte die Kommission für alle Fälle, in denen dem Pflichtteilsberechtigten irgendetwas hinterlassen wurde, eine Lösung, die sich nahtlos in das Konzept des Pflichtteilsrechts einfügte. Daß das nunmehr beschlossene Wahlrecht möglicherweise in einzelnen Fällen zu Umständlichkeiten Anlaß geben konnte, wurde ohne Bedenken in Kauf genommen.

Die Ausgestaltung des Pflichtteilsrechts als persönlicher Forderung fand in der Kritik geteilte Aufnahme, wurde jedoch überwiegend gebilligt. Die Befürworter des Entwurfes betonten immer wieder die Zweckmäßigkeit der getroffenen Entscheidung und wiesen darauf hin, daß sich aus einer Erbenstellung des Pflichtteilsberechtigten peinliche Streitigkeiten innerhalb der Erbengemeinschaft ergeben könnten. Der Pflichtteilsberechtigte werde häufig ein rücksichtsloser und beschwerlicher Miterbe sein. Er werde seine Interessen auf das schärfste geltend machen und keine Rücksicht auf die anderen Erben nehmen[41]. Das mit einer Erbenstellung verbundene Recht, Erbteilung zu verlangen, werde die Erhaltung eines geschlossenen Vermögens in einer Familie völlig vereiteln[42]. Der moderne Mensch wisse übrigens nur wenig von dem sittlichen Vorzug einer Erbeinsetzung vor der Zuwendung bloßer Werte aus dem Nachlaß. Daher sei die Gestaltung des Entwurfes vorzuziehen; denn sie verbürge größere Klarheit und ermögliche eine raschere Abwicklung der Erbschaft[43].

Die Gegner der Regelung des Entwurfes wiesen vor allem auf ethische Gründe hin, die in ihren Augen für eine Erbenstellung des Pflichtteilsberechtigten sprachen. Sie traten für ein Familienerbrecht als Grundlage aller Erbfolge ein und warfen dem Entwurf vor, er kehre das natürliche Verhältnis um und betrachte gerade die gewillkürte Erbfolge als normalen, „besonders heilig zu haltenden“ Rechtszustand. Das Familienerbrecht dürfe

---

[41] *Kühnast*, S. 20; *Baron*, AcP 75, 199. Dieser Gesichtspunkt gab in der zweiten Kommission letztlich den Ausschlag für die Ausgestaltung des Pflichtteilsrechts als reiner Geldforderung. Siehe unten S. 98. Er findet sich auch schon in den Beratungen der ersten Kommission. Vgl. oben S. 92.

[42] *Petersen*, S. 98.

[43] *Kühnast*, S. 19; *Fuld*, S. 149; *Vollert*, S. 205; *Stolterfoth*, S. 52; *Eck*, S. 26.

durch die Testierfreiheit nicht so weit eingeschränkt werden, daß die Kinder des Erblassers völlig von der Erbfolge ausgeschlossen und auf ein ungesichertes Forderungsrecht verwiesen werden könnten[44]. *Gierke* erklärte, die Verweisung des Pflichtteilsberechtigten auf eine bloße Geldforderung sei für das „germanische Rechtsbewußtsein" wenig ansprechend; vor den ethischen Gründen, die für die Anerkennung eines Erbrechts sprächen, müßten alle Zweckmäßigkeitsrücksichten zurücktreten[45].

Bähr bestritt überdies, daß die Beschränkung des Pflichtteilsberechtigten auf eine Geldforderung die Abwicklung der Erbschaft vereinfache[46]. Als einziger schlug *Klöppel* für die Fälle, in denen der Erblasser zugunsten Nichtverwandter verfügt hatte, das System des Code civil vor[47]. Nach diesem sollte der Erblasser einem nichtverwandten Erben lediglich einen Anspruch gegen die gesetzlichen Erben auf Herausgabe eines Teils des Nachlasses einräumen dürfen. Diesem Antrag wurde jedoch widersprochen. Man erklärte die Grundgedanken des französischen Systems für wenig praktikabel[48]. Jene Regelung sei auf bestimmte in Frankreich während der Revolution herrschende Vorstellungen zurückzuführen und widerspräche den Tendenzen der seitherigen deutschen Rechtsentwicklung. Mit dem alten, abgestorbenen Familienerbrecht könne man in der Gegenwart nicht mehr Ernst machen[49].

Jene Vorschriften des Entwurfes, die jeden unter Belastungen Eingesetzten vor die Wahl stellten, entweder die Erbschaft auszuschlagen oder die Beschränkungen zu tragen, ohne sie bei Berechnung des Pflichtteils in Ansatz bringen zu dürfen, wurde von allen Kritikern abgelehnt, die sich mit dieser Frage beschäftigten. *Gierke* erklärte, der Erbe müsse in Zukunft schon die „Tugenden eines geriebenen Geschäftsmannes" besitzen, um nicht in den „Schlingen dieser verwickelten Regelung" gefangen zu werden und seinen Pflichtteil zu verlieren, weil er es versäumt habe, die Erbschaft auszuschlagen[50].

Die Stellungnahmen zum ersten Entwurf machen deutlich, daß die Mehrzahl der Kritiker den Entscheidungen der ersten Kommission zustimmte und

---

[44] *Gierke* ,Entw. S. 536; *Wilke*, S. 991; *Klöppel*, Gruchot Bd. 33, S. 357; *Bähr*, Arch. f. bürgerl. R. 3, 203; *Bähr*, Krit. Viert. 32, 204; § 1771 GE; Zusammenstellung BReg. Bd. 1, S. 185. Dieser Gesichtspunkt hatte in der ersten Kommission kaum eine Rolle gespielt. Vgl. oben S. 91. In der zweiten Kommission wurde er für den Antrag zugunsten eines Pflichtteilserbrechts angeführt. Siehe unten S. 97.

[45] *Gierke*, Entwurf S. 536.

[46] *Bähr*, Arch. f. bürgerl. R. 3, 203; Krit. Viert. 32, 204.

[47] *Klöppel*, Gruchot 33, 357. Über das französische System siehe vorn S. 89.

[48] *Petersen*, S. 98; *Kühnast*, S. 37.

[49] *Kühnast*, S. 38.

[50] *Gierke*, Entwurf S. 538; *Bähr*, §§ 1763—1765 GE; *Baron*, AcP 75, 201 ff.

deren Argumente überwiegend billigte. Man legte das Schwergewicht auf eine klare und übersichtliche Regelung, deren Vorzüge man höher einschätzte als ethische Argumente zugunsten einer Erbenstellung. Die Einzelheiten des Verhältnisses zwischen hinterlassenem Erbteil und Pflichtteilsanspruch stießen in der Kritik auf ein wesentlich geringeres Echo als die grundsätzliche Entscheidung für oder gegen ein Forderungsrecht.

In den Beratungen der zweiten Kommission wurde beantragt, dem Pflichtteilsberechtigten ein unentziehbares Recht auf eine Quote der Erbschaft zu geben und ihm die Befugnis einzuräumen, das Testament soweit anzufechten, als es seinen Pflichtteil beeinträchtige[51]. Der Antragsteller ging von der Vorstellung aus, das Familienerbrecht sei nach natürlicher deutscher Auffassung Ausgangspunkt und Regelfall der Erbfolge. Dieser Auffassung widerspreche es, wenn der Pflichtteilsberechtigte lediglich auf eine persönliche Geldforderung verwiesen werde[52]. Das Volk werde die Neuerung, die der erste Entwurf in konsequenter Fortbildung des römischen Rechts aus technischen Rücksichten einführen wolle, nicht verstehen. Dies zeige das Beispiel des preußischen Rechts, bei dem die Auffassung des Pflichtteils als einer persönlichen Forderung achtzig Jahre gebraucht habe, um sich durchzusetzen, und immer noch nicht unbestritten herrsche. Das System des Entwurfes sei überaus schwerfällig und kompliziert[53]. Daß der Pflichtteilsberechtigte als Erbe bei der Auseinandersetzung immer störe, werde vielfach übertrieben. In der Regel gebe er sich auch dann mit einer Geldforderung zufrieden, wenn er Erbe sei. Da sich die praktischen Vor- und Nachteile beider Konstruktionen die Waage hielten, sei jene Lösung vorzuziehen, die der natürlichen Auffassung und den sittlichen Anforderungen des Pflichtteilsrechts allein gerecht werde, also dem Pflichtteilsberechtigten ein Erbrecht zu gewähren[54].

Die zweite Kommission lehnte jedoch diesen Antrag mit 14 gegen 4 Stimmen ab[55]. Man ließ es auf sich beruhen, ob die Einführung eines Pflichtteilserbrechts wirklich dem deutschen Rechts- und Volksbewußtsein entspreche. Weder die Billigkeit noch die Idee des Pflichtteilsrechts ließen sich eindeutig für ein Erbrecht ins Feld führen. Aus der preußischen Entwicklung könne man auch das Gegenteil dessen herauslesen, was der Antragsteller beweisen wolle. Der Wortlaut des ALR lege es nahe, daß der Pflichtteil ein Erbrecht des Berechtigten begründe. Erst in der Folgezeit habe sich mehr und mehr

---

[51] Prot. II, Bd. 5, S. 490.

[52] Prot. II, Bd. 5, S. 494. Dieser Gesichtspunkt war in der ersten Kommission kaum beachtet worden. Vgl. vorn S. 91. Er war oben in den Kritiken des ersten Entwurfes mehrfach hervorgehoben worden. Vgl. vorn S. 95.

[53] Prot. II, Bd. 5, S. 494. Vgl. S. 96.

[54] Prot. II, Bd. 5, S. 494, 495.

[55] Prot. II, Bd. 5, S. 493.

die Auffassung durchgesetzt, es handele sich beim Pflichtteil lediglich um einen persönlichen Werthinterlassungsanspruch. Diese Entwicklung lasse durchaus den Schluß zu, die Ausgestaltung des Pflichtteils als persönlicher Forderung des Berechtigten gegen die Erben entspreche dem Rechtsbewußtsein der Gegenwart eher als ein Erbrecht[56].

Die Mehrheit begründete ihre Entscheidung zugunsten einer persönlichen Geldforderung des Pflichtteilsberechtigten mit deren praktischen Vorzügen gegenüber einem Erbrecht. Man glaubte, eine Abfindung in Geld pflege sich auf jeden Fall einfacher abzuwickeln als die Naturalteilung oder Liquidation des Nachlasses, der einer Erbengemeinschaft mit Einschluß des Pflichtteilsberechtigten gehöre[57]. Auch würden jene Fälle gar nicht so selten sein, in denen der Pflichtteilsberechtigte sich als Erbe zurückgesetzt fühlen und versuchen würde, seine Miterben zu stören. Ein gewisses Mißtrauen gegen den guten Willen des Pflichtteilsberechtigten sei daher durchaus berechtigt und angebracht[58].

Über die Frage, wie es sich auf die Pflichtteilsforderung auswirken solle, wenn der Berechtigte vom Erblasser in irgendeiner Form bedacht worden war, kam es in der zweiten Kommission zu heftigen Auseinandersetzungen[59]. Grundsätzlich schloß sich die Kommission dem ersten Entwurf an[60]. Nur in einem Punkt wich sie von dessen Regelung ab: War der Pflichtteilsberechtigte unter Belastungen als Erbe eingesetzt und betrug der hinterlassene Erbteil weniger oder nur soviel, wie der Wert des Pflichtteils ausmachte, so sollten angeordnete Belastungen oder Beschränkungen als nicht beigefügt gelten[61]. Man wollte nicht einsehen, daß ein Pflichtteilsberechtigter erst das empfangene Weniger ausschlagen müsse, um das Mehr des unbelasteten Pflichtteils zu erlangen. Die allgemeine natürliche Auffassung gehe dahin, daß der Berechtigte den empfangenen Erbteil behalten und die auferlegten Beschränkungen als unwirksam behandeln dürfe[62]. Die dogmatischen Bedenken der ersten Kommission, daß diese Regelung letztwillige Verfügungen des Erblassers unwirksam mache und dem Pflichtteil eine „dingliche" Wirkung beimesse, die zu seiner Konstruktion als persönlichem Anspruch nicht passe[63], wurden von der zweiten Kommission nicht geteilt.

---

56 Prot. II, Bd. 5, S. 497.

57 a. a. O. Dieser Gesichtspunkt findet sich auch in den Beratungen der ersten Kommission und in den Kritiken des ersten Entwurfes. Vgl. vorn S. 92, 95.

58 Prot. II, Bd. 5, S. 496.

59 Prot. II, Bd. 5, S. 500—502 (Anträge 1—4).

60 Prot. II, Bd. 5, S. 503, 504, 511; vgl. §§ 2306, 2307 BGB.

61 Prot. II, Bd. 5, S. 508; vgl. § 2306 BGB.

62 Prot. II, Bd. 5, S. 508. Insofern wurden die ablehnenden Stimmen in der Kritik des ersten Entwurfes berücksichtigt. Vgl. S. 96.

63 Prot. I, S. 10 170 (620. Sitzung vom 17. Januar 1887). Vgl. S. 94.

Diese Entscheidung zeigt, daß die zweite Kommission weniger stark eine folgerichtige Durchführung der dogmatischen Grundsätze in allen Einzelheiten als eine zweckmäßige Gestaltung im Einzelfalle anstrebte. Im übrigen aber teilte die Mehrheit den Standpunkt des ersten Entwurfes. Auch die zweite Kommission war bestrebt, diejenige rechtliche Form des Pflichtteils beizubehalten, die der Testierfreiheit die geringsten Schranken setzte. Doch vermied sie es, auf Fragen nach der ideellen Berechtigung des Pflichtteils einzugehen und daraus Folgerungen für die rechtliche Behandlung dieser Materie abzuleiten.

Gegenüber dem Bestreben nach einer klaren rechtlichen Konstruktion des Pflichtteils, die die dinglichen Berechtigungen am Nachlaß bereits mit dem Erbfalle klar werden ließ, traten auch in der zweiten Kommission alle ideellen Gründe, die für eine Erbquote sprachen, in den Hintergrund. Beide Kommissionen waren in ihrer Mehrheit derartigen Argumenten nur wenig zugänglich. Dieses Bestreben wird von *Heinrich Mitteis* treffend charakterisiert, wenn er das Pflichtteilsrecht des BGB als „lieblos, aber praktisch" bezeichnet[64]. Insgesamt dürfte eine Lösung, die den enterbten Pflichtteilsberechtigten völlig von der Erbauseinandersetzung fernhält, die wohl beste Konstruktion sein, wenn man bedenkt, daß nach der Regelung des BGB jeder Miterbe sofortige Teilung und Liquidation des Nachlasses verlangen und deshalb ein Zusammenhalt des Nachlasses nur durch eine gütliche Einigung der Erben erreicht werden kann[65].

Alle näheren Einzelheiten des Verhältnisses zwischen dem Pflichtteilsberechtigten und dem Erben wurden bereits von *Schmitt* im Teilentwurf sehr genau geregelt[66]. Auch in diesen Belangen rückte die Kommission, die sich in drei Sitzungen sehr eingehend mit ihnen befaßte, kaum von den Vorschlägen Schmitts ab. Sie versuchte lediglich, dessen Regelung noch genauer zu durchdenken. Die Auseinandersetzungen zeigen das Bestreben, alle nur

---

[64] Zitiert bei *Staudinger-Ferid* vor § 2302 Anm. 54.

[65] Vgl. *Staudinger-Ferid* vor § 2303 Anm. 53. Bemerkenswert ist, daß auch der Erbrechtsausschuß der Akademie für Deutsches Recht, der unter dem Einfluß der nationalsozialistischen Ideologie stark für ein Familienerbrecht und deshalb auch für ein Erbrecht des Pflichtteilsberechtigten eingenommen war, nach langen Debatten schließlich 1938 das — allerdings etwas abgewandelte — System des BGB beibehalten wollte. Diese Entscheidung entsprach den Vorschlägen des Kommissionsvorsitzenden *Heinrich Lange*, während der Berichterstatter der Kommission, *Gustav Boehmer*, das System des BGB scharf ablehnte. Vgl. *Lange*, § 8 (37); in AcP 144, 32 ff. (59, 87); *Boehmer* in AcP 144, 188 ff. (198).

[66] Vgl. §§ 266—271, 393 TE; Motive TE S. 690—704.

[67] Prot. I, S. 10 227—10 275 (624.—626. Sitzung v. 26., 28. und 31. Januar 1887); vgl. §§ 1992—1999 E I.

[68] Prot. II, Bd. 5, S. 525—527; vgl. dazu §§ 2317—2324 BGB.

denkbaren Möglichkeiten ins Auge zu fassen, um auf keinen Fall größere Gesetzeslücken offen zu lassen[67]. Da der erste Entwurf das Verhältnis zwischen dem Pflichtteilsberechtigten und den Erben fast perfekt geordnet hatte, kam es hierüber in der zweiten Kommission kaum noch zu Debatten[68].

3. Kapitel

DER PFLICHTTEILSBERECHTIGTE PERSONENKREIS

Wer grundsätzlich ein Pflichtteilsrecht befürwortet, muß ein solches auf jeden Fall den Abkömmlingen des Erblassers als dessen nächsten Verwandten einräumen. Diesen fast selbstverständlichen Standpunkt teilte auch die erste Kommission. Sie beschloß bereits auf ihren Vorberatungen im Jahre 1875 einstimmig, allen Deszendenten des Erblassers ein Pflichtteilsrecht zu gewähren[1]. Meinungsverschiedenheiten gab es allein in der Frage, ob auch den unehelichen Abkömmlingen ein Pflichtteilsrecht zustehen solle. Man einigte sich, daß diesen Kindern konsequenterweise ein Pflichtteilsrecht gebühre, soweit sie erbberechtigt seien[2].

Die Kommission war sich ferner einig, den Geschwistern, Geschwisterkindern und allen übrigen Seitenverwandten des Erblassers mit der Mehrzahl der geltenden Rechte ein Pflichtteilsrecht zu versagen[3]. Man war der Ansicht, daß die Geschwister nicht zur Familie im engeren Sinne gehörten und als Seitenlinie mit dem Erblasser in keiner unmittelbaren Verwandtschaft stünden. Die Berücksichtigung auch der Geschwisterkinder würde jedoch eine allzu große Erweiterung des Kreises der Pflichtteilsberechtigten bedeuten und zu einer allzu starken Beschränkung der Testierfreiheit des Erblassers führen. Vor allem würde eine solche Entscheidung im Widerspruch zu fast allen geltenden Rechten stehen[4]. Auch die Gestaltung des gemeinen Rechts, das den Geschwistern ein Pflichtteilsrecht dann gewährte, wenn ihnen der Erblasser eine unehrenhafte Person vorgezogen hatte, wurde verworfen. Diese Regelung sei den Anschauungen der Gegenwart fremd; überdies sei der Begriff einer „persona turpis“ sehr dehnbar und unscharf[5].

---

[1] Prot. der 12. Sitzung v. 23. Oktober 1875; Motive TE S. 637.

[2] Protokoll a. a. O.; Motive TE S. 637, 638; so auch sächs. BGB § 2565; hess. Entw. Art. 114; *Mommsen*, S. 153, 450.

[3] Protokoll a. a. O. (einstimmige Entscheidung); so auch ALR II, 3 § 33; österr. ABGB § 762; Code civil art. 916; lüb. Gesetz v. 1862 Art. 22; hess. Entw. Art. 113; bayr. Entw. Art. 544 (Motive TE S. 641); *Mommsen*, S. 458.

[4] Motive TE S. 640, 641; so auch *Binding*, AcP 58, 164, 265.

[5] Prot. d. 12. Sitzg. v. 23. 10. 1875. Vgl. *Windscheid*, § 579. *Schmitt* wies besonders darauf hin, daß z. B. in der Praxis des bayr. Landrechts unehel. Kinder, nicht aber die Konkubinen des Erblassers als „personae turpes“ galten (Motive TE S. 642).

Umstritten war hingegen, ob man den Eltern und Voreltern des Erblassers ein Pflichtteilsrecht gewähren solle. Das überkommene Recht wies in dieser Frage starke Unterschiede auf; teils gewährte es allen Aszendenten ein Pflichtteilsrecht, teils nur den Eltern und Großeltern, teils nur den Eltern[6]. *Schmitt* schlug vor, allen Aszendenten, also auch den Eltern, ein Pflichtteilsrecht zu versagen. Denn das Parentelsystem lege eine solche Lösung nahe. Es sei inkonsequent, die Großeltern einerseits nur dann erben zu lassen, wenn keine Geschwister mehr lebten, ihnen aber andererseits ein Pflichtteilsrecht zu gewähren, das man den Geschwistern verweigere, obwohl diese in der Erbfolgeordnung den Großeltern vorgingen[7]. Auch sei es wenig folgerichtig, den Eltern ein Pflichtteilsrecht zu geben, den auf den Platz eines weggefallenen Elternteils rückenden Geschwistern jedoch ein solches zu versagen, was den Stamm des weggefallenen Elternteils benachteilige[8].

Die Kommission folgte seinem Vorschlag jedoch nicht, sondern entschied sich für ein Pflichtteilsrecht der Eltern[9]. Man wolle sich nicht in Widerspruch setzen zu allen in Deutschland geltenden Rechten; die Pietät des Kindes gegenüber seinen Eltern verlange ein Pflichtteilsrecht der letzteren. Hingegen sah die Mehrheit bei entfernteren Aszendenten diese Voraussetzungen nicht als gegeben an. Mit jenen habe der Erblasser höchst selten in näherer Beziehung gestanden. Deshalb wurde ein Pflichtteilsrecht entfernterer Aszendenten einstimmig abgelehnt[10].

Bei Beratung des Ehegattenerbrechts im Jahre 1877 schlugen *Planck* und *Schmitt* gemeinsam vor, auch dem überlebenden Ehegatten ein Pflichtteilsrecht zu gewähren[11]. Beide betonten in ihrer Vorlage, es sei selbstverständlich und konsequent, dem Ehegatten ein Pflichtteilsrecht zuzugestehen, soweit man ihm ein Erbrecht gebe[12]. Diesem gemeinsamen Vorschlag schloß sich die erste Kommission ohne weiteres an[13].

---

[6] Alle Aszendenten wurden berücksichtigt von: ALR II, 2 § 501 ff.; österr. ABGB §§ 762, 763; Code civil art. 915, 916; sächs. BGB § 2565; gemeines Recht (*Windscheid*, § 579); bayr. LR III, 3 § 14 Nr. 1; hess. Entw. Art. 113. Die Eltern und Großeltern berücksichtigte der bayr. Entw. von 1856 (Motive TE S. 639). Nur die Eltern berücksichtigten: Preuß. Entw. v. 1835 II, 2 § 194; *Mommsen*, § 468; lüb. Gesetz v. 1862 Art. 22.

[7] Motive TE S. 639.

[8] Motive TE S. 640.

[9] Protokoll der 12. Sitzung v. 23. Oktober 1875.

[10] Protokoll der 12. Sitzung vom 23. 10. 1875.

[11] Vorlage Nr. 7 von 1877, S. 38; Motive TE S. 609. Diesen Standpunkt teilten: ALR II, 1 §§ 631 ff.; sächs. BGB § 2565; lüb. Gesetz v. 1862, Art. 22; hess. Entw. Art. 113, 114, 117; bayr. Entw. Art. 544 Nr. 3 (Motive TE S. 644); *Mommsen*, § 468; a. A. österr. ABGB § 762.

[12] Motive TE S. 640.

[13] Protokoll der 9. Sitzung v. 1. 10. 1877.

Die Entscheidung der ersten Kommission, nur den Abkömmlingen, Eltern und dem Ehegatten des Erblassers ein Pflichtteilsrecht zu gewähren, wurde in der Kritik des ersten Entwurfes überwiegend gebilligt. Man hob hervor, diese Beschränkung entspreche den meisten neueren Gesetzbüchern und Entwürfen[14]. *Gierke* räumte ein, die Regelung des Entwurfes stimme zwar mit der neueren Rechtsentwicklung überein; jedoch gab er zu bedenken, daß der Unterhaltspflicht der Aszendenten auch ein Pflichtteilsrecht gegenüber dem Erblasser entsprechen müsse[15]. Diesen Gesichtspunkt hob auch *Klöppel* hervor, der anregte, den Großeltern und Geschwistern ebenfalls ein — möglicherweise geringeres — Pflichtteilsrecht zuzugestehen[16]. *Bähr* war grundsätzlich mit dem Entwurf einverstanden, wollte aber — entsprechend seiner Auffassung vom Ehegattenerbrecht — dem überlebenden Gatten statt eines Pflichtteils lediglich einen Anspruch auf vollen standesgemäßen Unterhalt aus dem Ehevermögen gewähren[17]. Hingegen schlug *Asher* vor, die Stellung des Ehegatten zu stärken und weder den Kindern noch den Eltern des Erblassers ein Pflichtteilsrecht einzuräumen, sofern der überlebende Gatte als Alleinerbe eingesetzt werde[18]. *Miaskowski* bemängelte, der Entwurf habe den Kreis der Pflichtteilsberechtigten sehr weit gezogen und erschwere deshalb eine geschlossene testamentarische Vererbung landwirtschaftlicher Güter, machte jedoch keine konkreten Gegenvorschläge[19]. Von den Bundesstaaten war allein Sachsen nicht völlig mit dem Entwurf einverstanden; es forderte, auch den Großeltern ein Pflichtteilsrecht einzuräumen[20].

Die zweite Kommission hielt an der Entscheidung des ersten Entwurfes fest, nur den Abkömmlingen, Eltern und Ehegatten des Erblassers ein Pflichtteilsrecht zu gewähren, ohne daß es um diese Frage zu größeren Auseinandersetzungen gekommen wäre[21].

Der Umfang des pflichtteilsberechtigten Personenkreises blieb also auf den Bereich der Kleinfamilie, bestehend aus dem Ehegatten und den Kindern des Erblassers, beschränkt. Erweitert wurde er lediglich durch die Hereinnahme der Eltern des Erblassers in diesen Kreis; sie erfolgte aber nicht einstimmig und selbstverständlich, sondern wurde von der ersten Kommission erst nach längeren Auseinandersetzungen gebilligt. Eine weitere

---

14 *Wilke*, S. 989; *Baron*, S. 198; *Fuld*, S. 149; *Stolterfoth*, S. 52; *Petersen*, S. 98.

15 *Gierke*, Entw. S. 537. Nach § 1480 E I waren Verwandte in gerader Linie sowie Geschwister verpflichtet, einander Unterhalt zu gewähren. Die Unterhaltspflicht der Geschwister wurde im 2. Entwurf gestrichen. Vgl. § 1601 BGB.

16 S. 345.

17 §§ 1760, 1783 GE; vgl. vorn S. 75 (zum Ehegattenerbrecht).

18 Zitiert in: Zusammenstellung Bd. 5, S. 92, 93.

19 *Miaskowski*, LÖK S. 120.

20 Zusammenstellung BReg., Bd. 1, S. 185.

21 Prot. II, Bd. 5, S. 498.

Ausdehnung auf alle Aszendenten oder Geschwisterkinder wurde nur ganz vereinzelt angeregt. Wahrscheinlich lag dies daran, daß man den Grund der Pflichtteilsberechtigung hauptsächlich in der Verbindung des Berechtigten zum Erblasser und weniger in seiner Zugehörigkeit zu dessen Familie erblickte. Derartige enge persönliche Beziehungen zwischen dem Erblasser und seinen Verwandten gehen in der Regel nicht über den Bereich der engeren Familie, bestehend aus der Frau, den Kindern und Eltern des Erblassers hinaus.

4. Kapitel

DER UMFANG DES PFLICHTTEILS

I. Die Höhe des Pflichtteils

1. Man kann die Höhe des Pflichtteils als Bruchteil der Intestaterbportion oder als Nachlaßbruchteil, den die pflichtteilsberechtigten Verwandten unter sich aufteilen müssen, festlegen[1]. Behandelt man den Pflichtteil als bestimmten Nachlaßbruchteil, der den nächsten Verwandten des Erblassers hinterlassen werden muß, so stehen sich zwei Vermögensmassen gegenüber: der an die Familie gebundene und der frei verfügbare Teil des Nachlasses[2]. Diese Art der Regelung wurde von *Schmitt* abgelehnt. Ausgehend vom Prinzip der Testierfreiheit faßte er den Pflichtteil als Ersatzanspruch für das entzogene gesetzliche Erbrecht des Berechtigten auf. Da dieses auf der individuellen persönlichen Bindung zum Erblasser beruhe, stehe der Ersatzanspruch jedem einzelnen Angehörigen unabhängig von den anderen zu. Jeder Pflichtteilsberechtigte müsse sein Recht „unabhängig von allen anderen für sich allein" geltend machen können und daher „selbständig auf Grund seiner Intestaterbportion zugemessen" erhalten. Dem widerspreche es, wenn ein besonderer Nachlaßbruchteil für die Familie als ganzes festgelegt werde[3].

---

[1] Als Teil der Intestaterbportion faßten den Pflichtteil auf: das gemeine Recht (*Windscheid*, § 580); österr. ABGB §§ 765, 766; sächs. BGB §§ 2564, 2566; hess. Entw. Art. 114; bayr. Entw. Art. 552 (Motive TE S. 667); *Mommsen*, § 471. Als Nachlaßbruchteil bestimmten den Pflichtteil Code civil art. 913; bayr. LR III, 3 § 15.

[2] Die Nachlaßquote der Familie entspricht dem Vorbehalt des Code civil und der Rest dessen portion disponible; *Zachariä*, § 688 (S. 308).

[3] Motive TE S. 667. Dieser Gedanke lag auch der Gesamtkonzeption *Schmitts* vom Erbrecht und vom Pflichtteilsrecht zugrunde. Vgl. S. 35, 83.

Dieser Ausgangspunkt wurde sowohl von der ersten als auch von der zweiten Kommission übernommen, ohne daß man sich nähere Gedanken über ihn gemacht hätte. Man betrachtete es offensichtlich als selbstverständlich, die Höhe des Pflichtteils als Bruchteil der Intestaterbportion festzulegen, wie es auch der überwiegenden Mehrzahl der geltenden Rechte entsprach. Beide Kommissionen befaßten sich nur mit der Frage, wie hoch man den Bruchteil der gesetzlichen Erbportion ansetzen solle, der dem pflichtteilsberechtigten Verwandten auf jeden Fall hinterlassen werden mußte.

Die Höhe des als Bruchteil der Intestaterbportion ausgedrückten Pflichtteils kann je nach den Umständen wechseln oder für alle Beteiligten gleich sein. So bestimmte sich z. B. nach preußischem Recht die Höhe des Pflichtteils nach der Zahl der Abkömmlinge des Erblassers. Hinterließ dieser ein oder zwei Kinder, so betrug deren Pflichtteil ein Drittel ihrer Intestaterbportion. Bei drei und vier Kindern belief sich deren Pflichtteil auf die Hälfte und bei mehr als vier Kindern sogar auf zwei Drittel des gesetzlichen Erbteils[4]. Im gemeinen Recht betrug der Pflichtteil grundsätzlich ein Drittel der Intestaterbportion, jedoch die Hälfte in den Fällen, in denen der gesetzliche Erbteil weniger als ein Viertel des Nachlasses ausmachte[5]. Hingegen gewährten das österreichische Recht und alle neueren Entwürfe des 19. Jahrhunderts einen für alle berechtigten gleich hohen Bruchteil der Intestaterbportion als Pflichtteil[6]. Schließlich hatte *Bruns* in seinem Referat vor dem 14. Deutschen Juristentag angeregt, der Erblasser solle zugunsten Fremder bei einem Kind über die Hälfte, bei zwei Kindern über ein Drittel, bei drei Kindern über ein Viertel des Nachlasses und so fort verfügen dürfen[7].

Für die erste Kommission stand es von vornherein fest, daß die Höhe des Pflichtteils für alle Berechtigten gleich sein solle; man hielt dies für die einfachste und klarste Lösung[8]. Den Vorschlag von *Bruns* lehnte man ab. Der Kommission wollte nicht einleuchten, weshalb die Verfügungsfreiheit des Erblassers je nach der Zahl seiner erbberechtigten Verwandten größer oder geringer sein sollte. Wiederholte Kinderzeugung dürfe dem Erblasser nicht zum Nachteil gereichen, indem sie seine Verfügungsfreiheit beschränke[9].

---

[4] ALR II, 2 § 392; ähnlich Code civil (art. 913) und sächs. BGB (§ 2566); vgl. ferner Bad. LR Satz 913.

[5] *Windscheid*, § 580.

[6] Österr. ABGB § 765; lüb. Gesetz Art. 22; preuß. Entw. v. 1835 II, 2 § 112; bayr. Entw. Art. 552 (Motive TE S. 670); *Mommsen*, § 471, S. 453, 454; hess. Entw. Art. 114 (aber nur für Kinder).

[7] Verhandlungen Bd. 1, S. 106.

[8] Protokoll der 12. Sitzg. v. 23. 10. 1875; Motive TE S. 671.

[9] Motive TE S. 672.

Es galt zu bestimmen, wie hoch das als Pflichtteil zu gewährende Quantum der Intestaterbportion bemessen werden solle. Die meisten überkommenen Gesetze und Entwürfe gewährten, sofern sie einen gleichförmigen Maßstab anlegten, als Pflichtteil die Hälfte des gesetzlichen Erbteils[10]. Die Kommission versuchte, zwischen den Interessen des Erblassers und des Pflichtteilsberechtigten zu vermitteln. Der Pflichtteil sollte einerseits nicht bedeutungslos werden, andererseits aber auch nicht so anschwellen, daß dem Erblasser eine geschlossene Vererbung seines Vermögens auf einen Erben völlig unmöglich gemacht wurde[11]. *Schmitt* schlug im Anschluß an die Mehrzahl der überkommenen Rechte vor, den Pflichtteil auf die Hälfte des gesetzlichen Erbteils festzusetzen[12]. Ein anderer Antragsteller regte an, den Pflichtteil als ein Drittel der Intestaterbportion zu bemessen[13].

Die Mehrheit folgte dem Antrag Schmitts und setzte den Pflichtteil auf die Hälfte des gesetzlichen Erbteils fest[14]. Beschränke man den Pflichtteil auf ein Drittel, so bedeute das eine zu große Zurücksetzung des Pflichtteilsberechtigten. Setze man den Pflichtteil auf die Hälfte fest, so könne der Erblasser noch über sein halbes Vermögen letztwillig verfügen. Das sei in den allermeisten Fällen für ihn ausreichend, um ihm zu ermöglichen, die individuellen Verhältnisse zu berücksichtigen und eine geschlossene Vererbung des Nachlasses anzuordnen. Deshalb liege kein Grund vor, die Befugnisse des Erblassers auf Kosten der Pflichtteilsberechtigten noch stärker zu erweitern[15].

Diese Entscheidung der ersten Kommission fand überwiegend den Beifall der Kritiker. Man betonte, die Bruchteilsquote von $^1/_2$ entspreche dem Durchschnitt der in den verschiedenen Rechtsgebieten geltenden Quoten. Ihre Wahl bedeute einen annehmbaren Ausgleich zwischen der Freiheit des Erblassers und dem natürlichen Recht der Verwandten[16]. Letztlich könne in dieser Frage nur eine Willkürentscheidung getroffen werden; durchschlagende Gründe für eine bestimmte Bemessung gebe es nicht und der Entwurf sei wegen seiner Regelung nicht zu tadeln[17].

Gierke kritisierte demgegenüber die durchgänge Festsetzung des Pflichtteils auf die Hälfte des gesetzlichen Erbteils. Dieser einheitliche Maßstab

---

[10] Österr. ABGB § 765; lüb. Gesetz Art. 22; hess. Entw. Art. 114; *Mommsen*, § 471.

[11] Motive TE S. 672.

[12] Vorlage Nr. 17 v. 1875, II.

[13] Protokoll der 12. Sitzg. v. 23. 10. 1875.

[14] Protokoll a. a. O.; vgl. § 1975 Abs. 1 E I.

[15] Motive TE S. 672.

[16] *Wilke*, S. 992; *Bähr*, § 1760 GE; *Baron*, S. 198; *Fuld*, S. 149, 150; *Stolterfoth*, S. 52; *Eck*, S. 26.

[17] *Bähr*, Arch. f. bürger. R. 3, 209.

bestече zwar durch Einfachheit, sei aber in seiner mechanischen Gleichförmigkeit ungerecht. Gierke wollte danach unterscheiden, zu wessen Gunsten der Erblasser in die gesetzliche Erbfolge eingriff. Bei Verfügungen zugunsten der Kinder oder des Ehegatten war er mit dem Entwurf einverstanden. Verfüge der Erblasser jedoch zugunsten Fremder, so solle er nur über einen Kindesteil frei testieren dürfen. Zwischen beiden Fällen bestehe eine tiefe innere Verschiedenheit, die von einer gesunden Rechtsordnung zum Ausdruck gebracht werden müßte[18]. Diesen Vorschlägen schloß sich *Petersen* an, und auch *Planck* bemerkte, es sei zu überlegen, ob man das Pflichtteilsrecht der Kinder in den Fällen, in denen ein Außenstehender zum Erben eingesetzt werde, nicht ausdehnen sollte[19].

Petersen wollte den Pflichtteil der Eltern und des Ehegatten auf den Nießbrauch an ihrem Erbteil beschränken. Dadurch werde der Erblasser in die Lage versetzt, die Substanz des Vermögens seiner Familie zu erhalten, ohne daß seinem Ehegatten und seinen Eltern der Genuß ihres Pflichtteils entzogen werde[20]. Andere Kritiker schlugen vor, in den Fällen, in denen dem überlebenden Ehegatten der Nießbrauch am ganzen Vermögen eingeräumt werde, das Pflichtteilsrecht der Kinder einzuschränken[21].

Die zweite Kommission hielt an der Entscheidung des ersten Entwurfes fest, ohne daß über die Höhe des Pflichtteils und seine gleichförmige Festsetzung größere Diskussionen entstanden wären. Ein Abänderungsantrag, den Pflichtteil des Ehegatten auf den Nießbrauch an der Hälfte des gesetzlichen Erbteils zu beschränken, wurde nach kurzer Debatte abgelehnt[22].

Die Überlegungen *Schmitts* zu der Frage, ob man den Pflichtteil als Nachlaß- oder Erbteilsbruchteil bestimmen solle, machen nochmals deutlich, wie individualistisch das gesamte Pflichtteilsrecht vom Redaktor des Teilentwurfes aufgefaßt wurde. Beide Kommissionen gingen zwar auf seine Ausführungen nicht ein, da es für das praktische Ergebnis bedeutungslos war, ob man die Höhe des Pflichtteils als Nachlaß- oder Erbteilsquote ausdrückte. Sie übernahmen jedoch die Konzeption Schmitts ohne Änderungen. So haben sie letztlich ein Pflichtteilsrecht gestaltet, das vom Erblasser als einem Individuum ausgeht, dessen freier Wille nur durch seine enge persönliche Bindung zu einzelnen Menschen eingeschränkt wird.

Das Bestreben des Gesetzgebers nach einer klaren und einheitlichen Regelung mußte notwendigerweise zu einer einheitlichen Festsetzung der Pflichtteilsquote für alle berechtigten Verwandten führen. Eine Differenzierung

[18] *Gierke*, Entwurf S. 536.
[19] *Petersen*, S. 99; *Planck*, S. 403.
[20] *Petersen*, S. 100; so auch *Bähr* für den Ehegatten, vgl. § 1783 GE.
[21] *Baron*, S. 214, 215; *Gierke*, Entwurf S. 543; *Planck*, S. 403.
[22] Prot. II, Bd. 5, S. 498.

nach der Verwandtschaftsnähe oder Zahl der Berechtigten hätte dem Verlangen beider Kommissionen nach einer klaren und eindeutigen gesetzlichen Regelung widersprochen und wurde daher gar nicht ernsthaft in Erwägung gezogen.

Die von der Kommission getroffene Festsetzung der Pflichtteilshöhe beruhte auf der Annahme, die freie Verfügung über den Hälftenwert des Nachlasses werde ausreichen, um eine geschlossene Vererbung zu ermöglichen. Diese Vorstellung setzt einen gut wirtschaftenden Geschäftsmann mit kaufmännischem Geschick voraus und zeigt, daß die Kommissionsmitglieder in ihrer Mehrheit unbewußt von den Vorstellungen einer Handels- und Wirtschaftsgesellschaft mit guten Kaufleuten ausgingen. Vermögenskomplexe, die keinen hohen jährlichen Ertrag abwarfen, waren bei dieser Festsetzung des Pflichtteils kaum als geschlossene Einheit weiterzuvererben. Hier konnte nur ein besonderes bäuerliches Erbrecht Abhilfe schaffen.

II. Die Berechnung des Pflichtteils

1. Ausgangspunkt für die Berechnung der dem Pflichtteil zugrundeliegenden Intestaterbportion mußte nach den Entscheidungen der ersten Kommission die gesetzliche Erbfolge sein, wie sie ohne letztwillige Verfügung des Erblassers eingetreten wäre. Fraglich war, ob man für diese Berechnung auch jene Personen als Miterben berücksichtigen sollte, die wegen Erbunwürdigkeit, Erbverzicht oder Ausschlagung der Erbschaft auch dann nicht zur Erbfolge gelangt wären, wenn kein Testament vorgelegen hätte. Zählt man diese Personen nicht mit, so erhöhen sich die gesetzlichen Erbteile der übrigen Erben und demzufolge auch deren Pflichtteile. Zählt man diese Personen mit, so erhöhen sich die Erbteile und Pflichtteile der übrigen Erben nicht. Andererseits wird aber im letzteren Falle der für den Erblasser frei verfügbare Teil der Erbschaft größer, da jener zusätzlich auch über die Pflichtteile der weggefallenen Personen verfügen kann.

Das geltende Recht bot in dieser Frage eine „bunte Musterkarte von Vorschlägen“[23]. Es unterschied in der Regel zwischen mehreren Fällen, nämlich je nachdem, ob die betroffenen Personen durch Erbverzicht mit oder ohne Abfindung, durch Ausschlagung oder Erbunwürdigkeit wegfielen, und knüpfte an diese unterschiedlichen Tatbestände verschiedene Rechtsfolgen[24]. Derartige Differenzierungen schieden für *Schmitt* und die erste Kommission von vornherein aus. Sie störten die Einfachheit des Gesetzes und gäben nur

---

[23] Abänderungsvorschläge von 1886, S. 120.
[24] Vgl. *Roth*, § 342, Note 106, 114.

Anlaß zu Streitigkeiten, wenn auch einige sachliche Gründe für sie sprächen[25]. Der Kommission stellte sich lediglich die Alternative, ob sie diese Personen insgesamt mitzählen sollte oder nicht. Schmitt schlug vor, die weggefallenen Personen nicht mitzuzählen und die Pflichtteile der übrigen Erben zu erhöhen. Er glaubte, so eine „innere Harmonie zwischen dem Intestaterbrecht und dem Pflichtteilsrecht" zu erreichen[26]. Die Kommission entschied sich jedoch gegen den Antrag Schmitts. Sie betrachtete die Testierfreiheit als Regel, die nur ausnahmsweise aus besonderen Gründen eingeschränkt werden dürfe. Man wolle nicht zulassen, daß in seltenen Sonderfällen die Testierfreiheit stärker eingeengt werde als unbedingt erforderlich[27].

Diese Entscheidung der ersten Kommission zugunsten der Testierfreiheit stieß auf die Kritik *Gierkes*, der bemängelte, daß der Entwurf sich von dem Bestreben nach möglichster Erweiterung der Verfügungsfreiheit leiten lasse. Es war Gierke unerfindlich, weshalb sich die Testierfreiheit infolge des Wegfalls bestimmter Erben erhöhen sollte, und als „schlechthin ungerecht" bezeichnete er diese Regelung des Entwurfes für den Fall des entgeltlichen Erbverzichts[28]. Auch *Bähr* stimmte der Ansicht Gierkes zu. Er bemängelte besonders, daß der Entwurf einheitlich entschieden hatte, anstatt für die verschiedenen Fälle des Wegfalls von Erben zu differenzieren und, zumal für den Fall des Erbverzichts, eine Ausnahme vorzusehen[29].

Diese Frage beschäftigte auch die zweite Kommission sehr stark[30]. Man beschloß schließlich, nicht eine gleichförmige, einheitliche Entscheidung zu fällen, sondern über jeden Fall gesondert zu beraten und zu beschließen. Wer durch Erbverzicht von der Erbfolge ausgeschlossen war, sollte nicht mitgezählt werden; alle übrigen Erben wollte man berücksichtigen[31]. Man nahm an, der Verzichtende habe in der Mehrzahl aller Fälle ein Äquivalent für seinen Verzicht erhalten, das ungefähr der Größe seines Erbteils entsprochen habe. Da die übrigen Miterben nichts erhalten hätten, sollten deren Pflichtteile durch Nichtmitzählung des Verzichtenden erhöht werden[32]. Für alle übrigen Fälle sah man keinen Anlaß, vom Prinzip des ersten Entwurfes und seiner generellen Entscheidung zugunsten der Testierfreiheit abzuweichen[33].

Die zweite Kommission ging also vom Standpunkt des „Entweder-Oder"

---

[25] Prot. I, S. 10 195 (622. Sitzung v. 21. Januar 1887).

[26] Abänderungsvorschläge von 1886, S. 120; Motive TE S. 674.

[27] Prot. I, S. 10 192 (622. Sitzung v. 21. Januar 1887).

[28] *Gierke*, Entwurf S. 539.

[29] *Bähr*, Arch. f. bürg. R. 3, S. 212, 213; § 1773 GE (vgl. auch Zusammenstellung Bd. 5, S. 98, 99).

[30] Prot. II, Bd. 5, S. 513, Anträge 1 bis 3.

[31] Prot. II, Bd. 5, S. 516, 517, 612.

[32] Prot. II, Bd. 5, S. 613.

[33] Prot. II, Bd. 5, S. 519; § 2310 BGB.

der ersten Kommission ab und differenzierte nach den besonderen Fällen, die vorlagen. Während die erste Kommission im Interesse einer einfachen Konstruktion eine gleiche Behandlung unterschiedlicher Fälle in Kauf nahm, entschied die zweite Kommission elastischer und flexibler; ihr kam es stärker auf eine im Einzelfall zweckmäßige und sachgerechte Regelung als auf eine unter allen Umständen — sogar um den Preis einer Unbilligkeit — klare und gleichförmige Normierung an. Sie berücksichtigte also die Kritiken, soweit sich eine überwiegende Ansicht aus ihnen entnehmen ließ.

2. Über die Art, in welcher der für die Berechnung des Pflichtteils maßgebende Nachlaßwert zu schätzen sei und welche vorausempfangenen Leistungen der Pflichtteilsberechtigte sich auf seinen Pflichtteil anrechnen lassen mußte, machte *Schmitt* sich eingehende Gedanken[34]. Auch die erste Kommission befaßte sich in zwei Sitzungen sehr gründlich mit dieser Frage[35]. Die Beratungen lassen das Bestreben erkennen, die Schmitt'schen Vorschläge noch schärfer zu durchdenken und noch präziser zu fassen, damit für möglichst alle denkbaren Gestaltungen eine klare gesetzliche Norm aufgestellt werden konnte. Materiell wurden keine größeren Änderungen der Vorschläge Schmitts beschlossen[36]. In den Beratungen der zweiten Kommission kam es nur zu wenigen Auseinandersetzungen über diese Frage[37].

III. Der außerordentliche Pflichtteil

Der Erblasser kann seinen nächsten Verwandten den ihnen gebührenden Pflichtteil nicht nur durch letztwillige Verfügung, sondern — im praktischen Ergebnis — auch durch Rechtsgeschäfte unter Lebenden entziehen. Verfügt der Erblasser schenkungsweise unter Lebenden, so verringert er den Wert des Nachlasses und beeinträchtigt den Wert der Intestaterbportion, nach der sich der Pflichtteil berechnet[38]. Man darf deshalb Freigebigkeiten des Erblassers unter Lebenden nur so weit zulassen, als sie das Pflichtteilsrecht seiner

[34] Vgl. §§ 259—265 TE; Motive TE S. 677—690.

[35] Prot. I, S. 10 198—10 226 (622. und 623. Sitzung v. 21. u. 24. Januar 1887).

[36] Vgl. §§ 1985—1991 E I.

[37] Prot. II, Bd. 5, S. 518—525; vgl. §§ 2311—2316 BGB. Allerdings beschloß die zweite Kommission bei der 2. Lesung des Erbrechts hinsichtlich der Schätzung von Landgütern eine Besonderheit, die deren geschlossene Vererbung durch einen niedrigen Wertansatz und dementsprechend niedrige Pflichtteile erleichtern sollte. Vgl. § 2312 BGB; Prot. II, S. 8720—8724 (426. Sitzung v. 15. Juni 1895).

[38] Wenn der Erblasser z. B. vor seinem Tode sein gesamtes Vermögen wegschenkt, so ist im Augenblick des Todes kein Nachlaß mehr vorhanden, von dem man einen Pflichtteil berechnen könnte, und die Berechtigten würden leer ausgehen; vgl. Motive TE S. 665, 748.

nächsten Verwandten nicht beeinträchtigen, falls man dieses nicht illusorisch machen will. Deshalb untersagten fast alle Rechtsordnungen, die ein Pflichtteilsrecht kannten, dessen Verkürzung durch freigebige Geschäfte unter Lebenden in irgendeiner Form[39].

Schmitt betrachtete es als selbstverständlich, daß die Freiheit des Erblassers zu Verfügungen unter Lebenden eingeschränkt werden müsse, sofern jene die Pflichtteile der nächsten Verwandten verletzten. Die Durchführung dieser Einschränkung sollte den Grundsätzen über den Schutz des Pflichtteilsberechtigten gegen enterbende Verfügungen von Todes wegen nach Möglichkeit angeglichen werden[40]. Da der Pflichtteilsberechtigte nach den Beschlüssen der ersten Kommission bei enterbenden Verfügungen durch einen schuldrechtlichen Anspruch gegen die eingesetzten Erben auf Zahlung einer Geldsumme geschützt war, wollte Schmitt dem Pflichtteilsberechtigten ein Anfechtungsrecht gegen Schenkungen des Erblassers einräumen und dieses mit einem obligatorischen Anspruch auf Rückgewähr des Geschenkten, soweit durch die Schenkungen das Pflichtteilsrecht des Anfechtenden verletzt war, verbinden[41].

Zur Feststellung, ob der Pflichtteil durch eine Schenkung beeinträchtigt wurde, sollte bei der Berechnung des Pflichtteilsbetrages dem Nachlaß alles hinzugerechnet werden, was „schenkungsweise veräußert, weggegeben oder aufgegeben" worden war. Eine Beeinträchtigung liege dann vor, wenn der wirkliche Nachlaßbestand nicht zur vollen Befriedigung aller Berechtigten ausreiche[42]. Von mehreren Schenkungen sollte die später vorgenommene zuerst angefochten werden und soweit dies zur Befriedigung des Berechtigten nicht ausreiche, die nächst frühere Schenkung[43]. Schmitt wählte für dieses Institut die Überschrift: „Anfechtung von Schenkungen".

Die erste Kommission schloß sich diesen Vorschlägen grundsätzlich an. Jedoch glich sie die Befugnisse des Pflichtteilsberechtigten dem schuldrechtlichen Forderungscharakter des Pflichtteils noch stärker an. Sie ließ das Erfordernis fallen, daß der Berechtigte die Schenkung angefochten haben müsse, bevor er das Geschenkte herausverlange, und gewährte dem Pflichtteilsberechtigten einen unmittelbaren obligatorischen Anspruch auf Rückgewähr des Geschenkten. Hingegen wurde dieser Anspruch nicht als Forderung auf Zahlung einer Geldsumme ausgestaltet, die dem Werte des Geschenkten entsprach. Die Rücksicht auf den Beschenkten lege eine Heraus-

---

[39] Gemeines Recht (vgl. *Windscheid*, § 586; *Roth*, § 346); ALR I, 11 § 1113 ff.; österr. ABGB § 951; sächs. BGB § 2607; Zürcher GB §§ 1079 ff., 2046; bayr. LR III, 8 § 14; *Mommsen*, §§ 508 ff.; *Unger*, § 86 (S. 362 ff.); Code civil art. 928—930.

[40] § 282 Abs. 3 TE; Motive TE S. 748.

[41] Motive TE S. 666; § 282 TE.

[42] Motive TE S. 753; § 283 Abs. 1 und 2 TE.

[43] Motive TE S. 756; § 283 Abs. 3 TE.

gabepflicht nach Bereicherungsrecht nahe mit der Befugnis, die Herausgabe durch Zahlung einer Geldsumme abzuwenden. Andernfalls müsse der Beschenkte u. U. etwas herausgeben, was er nie erhalten habe: Geld statt des Geschenkten[44]. Die Ergänzungsforderung des Pflichtteilsberechtigten sollte zunächst gegen den Erben gehen, der für den Pflichtteil hafte. Erst wenn der Erbe ausfalle, dürfe sich der Pflichtteilsberechtigte an den Beschenkten wenden[45]. Schließlich beschloß man, dieses Forderungsrecht auch in der Bezeichnung dem Pflichtteilsrecht möglichst anzugleichen und „außerordentlichen Pflichtteil" zu nennen[46].

Mit dem außerordentlichen Pflichtteil befaßte sich der 20. Deutsche Juristentag, dem zwei Gutachten über diese Frage erstattet wurden. Beide Referenten stimmten der Regelung des ersten Entwurfes grundsätzlich zu; sie bemängelten lediglich Einzelheiten der rechtlichen Ausgestaltung[47]. Ebenso waren auch fast alle übrigen Kritiker mit dem außerordentlichen Pflichtteil im Prinzip einverstanden; sie erkannten die Berechtigung des Bestrebens an, den Pflichtteilsberechtigten auch gegen Verfügungen des Erblassers unter Lebenden zu schützen[48]. Einzig *Wilke* verwarf die Regelung des ersten Entwurfes grundsätzlich: Sie greife zu tief in die Verfügungsfreiheit des Einzelnen ein. Das Gesetz solle nur gegen jene Verfügungen des Erblassers einschreiten, die bewußt zur Benachteiligung von Pflichtteilsberechtigten getroffen würden[49].

Die zweite Kommission stellte den außerordentlichen Pflichtteil grundsätzlich nicht in Frage. Jedoch schränkte sie die Bestimmungen des ersten Entwurfes ein und zog nur solche Schenkungen zur Berechnung des Nachlasses heran, die der Erblasser in den letzten 10 Jahren vor dem Erbfall aus dem Stamm seines Vermögens gemacht hatte, nicht aber solche aus seinem laufenden Einkommen[50]. Die Kommission beließ es bei der Qualifizierung dieses Anspruches als schuldrechtlicher Forderung auf Herausgabe des Geschenkten und betonte, um Mißverständnisse zu vermeiden, ausdrücklich die Befugnis des Beschenkten, den Rückgabeanspruch durch Zahlung einer Geldsumme abzuwenden[51].

---

[44] Prot. I, S. 10 393 (632. Sitzung v. 14. Februar 1887).

[45] Prot. I, S. 10 347 (632. Sitzung v. 14. Febr. 1887; vgl. § 2014 E I.

[46] Prot. I, S. 10 370 (632. Sitzung v. 14. Febr. 1887); vgl. § 2010 E I.

[47] Verhdlgn. d. 20. Dt. Juristentages, Bd. 2, S. 46—91; Bd. 4, S. 442, 443. Allerdings kam der Juristentag selbst nicht mehr zu einer Beratung des Problems.

[48] *Gierke*, Entwurf S. 544, Anm. 1, 545; *Petersen*, S. 100; *Bingner*, S. 184; *Eck*, S. 26; *Vollert*, S. 210; *Bähr*, Arch. f. bürg. R. 3, 205.

[49] *Wilke*, S. 1010, 1011, 1014.

[50] Prot. II, Bd. 5, S. 582.

[51] § 2194 E II; § 2329 BGB.

Diese Ausgestaltung des außerordentlichen Pflichtteils läßt das Bemühen des Gesetzgebers erkennen, den Pflichtteilsberechtigten gegen jede nur denkbare Beeinträchtigung und Verkürzung seiner Rechte durch den Erblasser zu sichern. Auch macht sie die Tendenz sichtbar, jenen Schutz für alle Fälle möglichst gleichförmig und einheitlich zu ordnen. Aus diesem Bestreben gewährte man dem Berechtigten in Anlehnung an die Ausgestaltung des normalen Pflichtteils einen schuldrechtlichen Anspruch gegen den Erben und subsidiär einen solchen gegen den Beschenkten. Die Angleichung wurde im Verlaufe der Gesetzesberatungen gegenüber dem ursprünglichen Teilentwurf immer stärker verfeinert und präzisiert, jedoch ohne daß die ursprünglichen Grundsätze angetastet oder verändert worden wären.

4. Teil

Sondererbfolgen

1. Kapitel

Das Anerbenrecht

Das bäuerliche Anerbenrecht will einen Bauernhof ungeteilt in einer Hand und in einer Familie erhalten. So soll ein leistungsfähiger Bauernstand bewahrt werden. Diese geschlossene Erhaltung und Vererbung kann nur in der Weise geschehen, daß man das Bauerngut von der Gleichteilung unter alle Erben ausklammert und einem einzigen Erben, dem Gutsnachfolger, auf Kosten der übrigen Miterben zuspricht[1].

Eine derartige ungeteilte Vererbung von Liegenschaften auf einen Erben war dem mittelalterlichen deutschen Recht bekannt. Sie wurde dadurch erleichtert, daß vielerorts das Land nicht dem Bauern, sondern dem Grundherrn gehörte, der den geschlossenen Übergang des Hofes auf einen Erben des Bauern verlangte[2]. Als um die Wende zum 19. Jahrhundert allenthalben die Grundherrschaft aufgehoben wurde, fand das allgemeine Erbrecht mit seiner Gleichteilung der Nachlässe zunehmend stärkeren Eingang auf dem Lande[3]. Es erhoben sich jedoch schon frühzeitig Stimmen, die vor den Gefahren immer neuer Erbteilungen warnten und verlangten, ein besonderes Erbrecht für den bäuerlichen Grundbesitz einzuführen[4]; jedoch war es allgemein sehr umstritten, ob das Anerbenrecht volkswirtschaftlich dem Bauernstande wirklich nütze[5].

Man warf dem Anerbenrecht vor, es sei eine Folgeerscheinung der alten unfreien Agrarverfassung, die längst dem freien Spiel der Kräfte habe weichen müssen. Das Anerbenrecht verkörpere den letzten Rest des abge-

---

[1] *Hedemann*, S. 139, 140; *Beseler*, § 192 (S. 868, 869).

[2] *Kroeschell*, Bem. 179.

[3] *Kroeschell*, a. a. O.; *Miaskowski*, S. 468 (2. Abteilung).

[4] *Rodbertus-v. Jagetzow*, S. 22.

[5] *Hübner*, S. 740; *Kroeschell*, a. a. O. — Im Jahre 1830 hatte sich der *Freiherr vom Stein* in einer umfassenden Denkschrift für das Anerbenrecht in Westfalen eingesetzt. Vgl. *Freiherr vom Stein*, Briefe und Amtliche Schriften, S. 989—997 (Denkschrift für den 3. Westfälischen Provinziallandtag vom 13. Dezember 1830).

storbenen alten Familieneigentums und widerspreche dem Grundsatz der Gleichberechtigung aller Kinder[6]. Ja, es verletze die Familienliebe, die gebiete, alle Kinder bei der Verteilung des Nachlasses gleich zu behandeln. Man säe Neid und Zwietracht, wenn man den Miterben zumute, im Interesse der Familie Opfer zu bringen, die allein dem Anerben zugute kämen. Vollends verderblich wirke sich das Recht der Eltern aus, den Anerben selbst zu ernennen; gerade hierdurch seien der Ränkesucht und Heuchelei Tür und Tor geöffnet[7].

Brentano schrieb, es komme nicht darauf an, ein paar Personen zu haben, die sich „im schläfrigen Besitze ererbten Gutes" über ihre Geschwister erheben würden. Die Aufgabe sei vielmehr, allen Kindern die Möglichkeit zu geben, sich „Freiheit und Leben zu erobern". Diese Gelegenheit biete stets der kleine Erbteil, der jedem Kinde hinterlassen werde[8]. Wer von Jugend auf wisse, daß er der künftige Herr des Hofes sein werde, wachse nur zu leicht in Sorglosigkeit und Leichtsinn auf[9]. Brentano betrachtete den durch die Gleichteilung erzwungenen Verkauf eines Gutes und möglichen Besitzwechsel keineswges als unter allen Umständen schädlich; denn der neue Besitzer eines Grundstücks werde dessen Bestellung in aller Regel mit weit größerem Eifer besorgen als der alte[10]. So werde die Aufrechterhaltung eines gesunden Bauernstandes besser gewährleistet als durch das Anerbenrecht. Denn der Vorzug einer ungeteilten Erhaltung des Gutes müsse immer mit einer schweren Schuldenlast erkauft werden, die der Anerbe übernehme, um die übrigen Geschwister abzufinden. Diese Schuldenlast führe zu unerträglicher Belastung des Anerben und gewöhnlich zum Ruin des Hofes. Deshalb bedrohe das Anerbenrecht gerade, was es zu erhalten vorgebe: einen gesunden Bauernstand. Die englische Entwicklung unter einem Erbrecht, das entsprechend dem Anerbenrecht einen Erben bevorzuge, beweise dies deutlich. In England sei ein gesunder Bauernstand verschwunden, und es gebe dort nur noch große Güter und arme Landarbeiter oder Pächter[11].

Außerdem wandte man gegen das Anerbenrecht ein, die zurückgesetzten Geschwister würden dem Proletariat zuströmen und nur die Sozialdemokratie stärken[12]. Gerade die Verbitterung der zurückgesetzten Geschwister, die

---

[6] Motive TE S. 1192; *Brentano,* Erbrechtspolitik S. 135; *Miaskowski,* S. 275 (2. Abteilung).

[7] *Miaskowski,* S. 287 (2. Abteilung).

[8] *Brentano,* Erbrechtspolitik S. 142.

[9] *Miaskowski,* S. 292 (2. Abteilung); *Brentano,* Anerbenrecht S. 54.

[10] *Brentano,* Erbrechtspolitik S. 142; ders., Anerbenrecht S. 57, 53. Ähnliche Gedanken wurden auch in den Beratungen der zweiten Kommission laut. Vgl. S. 128.

[11] *Miaskowski,* S. 261 (2. Abteilung); *Brentano,* Anerbenrecht S. 52, 57.

[12] *Miaskowski,* S. 269—274 (2. Abteilung). Dies betonte auch *Menger* in der Kritik des ersten Entwurfes. Siehe unten S. 125.

man vom väterlichen Erbe verdrängt habe, verleihe sozialistischen Bestrebungen größeren Umfang und stärkere Kräfte[13]. Ferner bemängelte man, das Anerbenrecht beseitige die Einheitlichkeit des Erbrechts. Es widerspreche dem Bestreben, ein für alle Stände und Schichten gemeinsames Erbrecht zu schaffen[14].

Während des 19. Jahrhunderts unternahmen es mehrere Landesgesetzgeber, das Anerbenrecht für ihr Gebiet neu zu gestalten. So versuchte Preußen in den zwanziger und dreißiger Jahren, ein besonderes Erbrecht für den Grundbesitz einzuführen. Allerdings stieß man in den östlichen Provinzen auf Widerstand, so daß es nur in Westfalen 1836 zum Erlaß eines Anerbengesetzes kam[15]. Nachdem man in den 60er Jahren in Bayern und Hessen zunächst vergeblich versucht hatte, die Idee der Familienfideikommisse auf bäuerliche Güter zu übertragen, machte sich seit der zweiten Hälfte des 19. Jahrhunderts allgemein ein Stimmungsumschwung zugunsten des Anerbenrechts bemerkbar. Die preußische Provinz Hannover unternahm in den sechziger Jahren mehrere Versuche, das dort noch bestehende, in den einzelnen Territorien jedoch sehr verschieden gestaltete bäuerliche Erbrecht, dem immer noch die Reste der alten gebundenen Agrarverfassung anhafteten, zu reformieren[16]. Diese Bestrebungen führten schließlich im Jahre 1874 zum Erlaß der hannoverschen Landgüterordnung, die eine ganze Welle von Anerbengesetzen auslöste und zum Vorbild für entsprechende Regelungen in Lauenburg, Westfalen, Kassel, Brandenburg, Schleswig-Holstein, Schlesien, Oldenburg und Bremen wurde[17].

Bei der Vorbereitung einer umfassenden Privatrechtskodifikation, wie sie das BGB darstellte, mußte man sich darüber schlüssig werden, welche Haltung man gegenüber dem Anerbenrecht einnehmen wolle. Das Gutachten der Vorkommission vom 16. April 1874 empfahl, das Anerbenrecht nicht in das

---

[13] *Wisser*, S. 34, 35; *Brentano*, Anerbenrecht S. 55. Allerdings waren diese Befürchtungen wohl übertrieben. So berichtet *Miaskowski* von einer im Jahre 1843 im Herzogtum Altenburg veranstalteten Enquete, nach der die zurückgesetzten Kinder entweder auf fremde Höfe geheiratet hätten oder unverheiratet bei ihren Geschwistern geblieben seien. Einige hätten Häuser in benachbarten Städten gekauft und trieben „daselbst eine bürgerliche Nahrung“. Gewöhnlich würden diese Kinder von ihren Eltern nach Kräften bei der Gründung einer eigenen Existenz unterstützt. Die weiblichen Geschwister seien zumeist auf dem Hofe geblieben und hätten dort gearbeitet. Die persönlichen Verhältnisse seien durchweg gut gewesen und der Anerbe habe nach Kräften für seine Geschwister gesorgt. Miaskowski bedauerte, daß für die Zeit um 1880 keine neue Untersuchung zu dieser Frage existierte, nahm jedoch an, die Verhältnisse hätten sich nicht wesentlich geändert. Vgl. *Miaskowski*, S. 269 (2. Abteilung).

[14] *Miaskowski*, S. 241 (2. Abteilung); Motive TE S. 1192.

[15] *Miaskowski*, S. 468 (2. Abteilung); *Kroeschell*, Bem. 179.

[16] *Hedemann*, S. 133.

[17] *Miaskowski*, S. 138, 469 (2. Abteilung); *Hübner*, S. 740.

BGB aufzunehmen. Es sei besser, wenn diejenigen Bundesstaaten, in denen ein bäuerliches Erbrecht bestehe, sich untereinander um eine gemeinsame Regelung bemühten, als daß der Reichsgesetzgeber eingreife[18]. Diesen Standpunkt teilte auch der Justizausschuß des Bundesrates in seinem Bericht vom 9. Juni 1874. Das Anerbenrecht sei provinziell außerordentlich verschieden geordnet. Eine Vereinheitlichung dieser unterschiedlichen Vorschriften sei sehr schwierig. Man könne den einzelnen Gesetzen höchstens sehr allgemeine gemeinsame Grundsätze entnehmen. Diese würden aber keinesfalls ausreichen, um die Grundlage für eine einheitliche reichsgesetzliche Regelung zu bilden, die nicht grundlos in lang eingelebte Gewohnheiten der einzelnen Provinzen eingreife[19]. Die erste Kommission legte sich in ihren Sitzungen vom 22. und 24. September 1874 noch nicht fest, sondern behielt sich die Entscheidung darüber, ob das bestehende bäuerliche Erbrecht ganz oder teilweise zu beseitigen und wie weit es im BGB zu regeln sei, für später vor. Die nähere Bearbeitung dieser Frage wurde *Schmitt* als dem Redaktor des Erbrechtsentwurfes übertragen[20].

Entsprechend diesem Auftrag untersuchte Schmitt zunächst, ob eine gänzliche Beseitigung des Anerbenrechts zu empfehlen sei[21]. Als Ziel der Gesetzgebung betrachtete er die Erhaltung eines „gesunden, tüchtigen, leistungsfähigen, achtbaren, zuverlässigen, selbständigen, Sitte, Recht und Freiheit, Vaterland, Gemeinde und Verfassung hochhaltenden Bauernstandes“[22]. Von der Bewahrung eines solchen „wesentlich konservativen Elementes“ versprach er sich eine „Stärkung der Staatsautorität“ und einen „Bundesgenossen im Kampf gegen den staatsbedrohenden Sozialismus“[23]. Es erschien Schmitt selbstverständlich, daß die Erhaltung eines solchen Bauernstandes die Erhaltung eines geschlossenen Grundbesitzes erfordere und daß es deshalb unerläßlich sei, das Anerbenrecht weiter bestehen zu lassen. Solle die „Wohltat“, die in der „Schaffung eines freien Bauernstandes durch Beseitigung historischer Abhängigkeitsverhältnisse“ gelegen habe, erhalten bleiben, so dürfe der freie Besitz des Bauern nicht durch dauernde Erbteilungen bis zu einem Grade geschwächt werden, der ihn der Verschuldung und der „moder-

---

[18] Drucksache BR Nr. 53 v. 16. April 1874 (*Rassow*, S. 180).

[19] Drucksache BR Nr. 78 v. 9. Juni 1874 (*Rassow*, S. 198).

[20] Anlage zum Protokoll vom 11. April 1888 (Prot. I, S. 12 887); *Rassow*, S. 217.

[21] Motive TE S. 1192.

[22] Motive TE S. 1195. Ähnlich äußerte sich bereits der Freiherr *vom Stein* in einer Denkschrift aus dem Jahre 1830, wo er ausführte: „Die Gesetze müssen verhindern, daß das Grundeigentum nicht in Atome zersplittert oder in große, von wenigen Überreichen besessene Massen angehäuft werde. Beides erschüttert die bürgerliche Gesellschaft in ihren Fundamenten und hat gleich verderbliche Folgen, Überbevölkerung, Vervielfältigung der Proletarien und Zunahme der Verbrechen.“ (Frhr. *v. Stein*, S. 997).

[23] Motive TE S. 1195.

nen Übermacht des Kapitals" überliefere[24]. In zahlreichen Gebieten beruhe die Existenz der Bevölkerung ganz überwiegend auf dem Grundbesitz. Hier biete nur der einigermaßen große Betrieb Vorteil und Gewinn, besonders wenn der Boden nicht sehr ergiebig sei. Die bei jedem Erbfall nach allgemeinem Erbrecht immer wiederkehrende Teilung und Zersplitterung des Bodens wirke sich verderblich aus. Entweder würden die mittleren Güter infolge Verkaufs der Erbteile von Latifundien aufgesaugt oder es blieben viele Kleinbesitzer, von denen jeder etwas, aber keiner genug habe[25]. Auch wenn man ein einheitliches Erbrecht für alle Bürger fordere, so brauche man deshalb ein besonderes bäuerliches Erbrecht doch nicht schlechthin abzulehnen. So habe man offenbar auch in Preußen gedacht, da man dort die Rechtseinheit zurückgestellt und in verschiedenen Provinzen besondere Anerbenrechtsordnungen erlassen habe. Man dürfe die Rechtseinheit nicht so weit treiben, daß man lediglich der Gleichmacherei zuliebe berechtigte materielle Interessen bestimmter Bevölkerungskreise verletze[26]. Außerdem wies Schmitt darauf hin, daß die bäuerliche Bevölkerung der betroffenen Gebiete selbst das Anerbenrecht verlange. Sitte und Familiensinn seien in diesen Kreisen noch ungeschwächt auf ungeteilte Erhaltung des Hofes in der Familie gerichtet. Der Gesetzgeber dürfe derartige Traditionen nicht unbeachtet lassen, sondern müsse sie respektieren. Eine fest eingewurzelte Sitte werde sich auch gegen das Gesetz behaupten und es notfalls umgehen; dies habe ein Gesetzgeber aber auf jeden Fall zu vermeiden[27].

Der Gedanke, den Bauern durch eine uneingeschränkte Testierfreiheit die geschlossene Vererbung ihrer Höfe auf ein Kind zu ermöglichen und so das Anerbenrecht überflüssig zu machen, wurde von *Schmitt* abgelehnt[28]. Er hielt die bäuerliche Bevölkerung für „wenig geschickt und geneigt, formale Rechtsgeschäfte, insbesondere Verfügungen von Todes wegen" zu treffen. Wegen dieses Ungeschicks würden die Bauern häufig genug ihre berechtigten Interessen zurückstellen und auf letztwillige Verfügungen verzichten. Man könne den Bauern nur durch ein besonderes Intestaterbrecht, nicht aber durch ein besonderes testamentarisches Erbrecht helfen[29].

---

[24] a. a. O.

[25] Motive TE S. 1195; vgl. auch *Hedemann*, § 3 (S. 81); *Rodbertus*, S. 22; *Miaskowski*, S. 274, 278 (2. Abt.); *Tocqueville*, Chapitre III (S. 47). Man sprach von einer durch die Erbteilungen bewirkten „Pulverisierung des Bodens".

[26] Motive TE S. 1194. Der Vorwurf, allzuvielen Sonderrechten Platz gelassen zu haben, wurde später gegen die Regelung des ersten Entwurfes erhoben. Vgl. hinten S. 125.

[27] Motive TE S. 1195; so auch *Miaskowski*, S. 283 (2. Abteilung).

[28] Motive TE S. 1196; vgl. dazu auch die Diskussionen um die grundsätzliche Berechtigung eines Pflichtteilsrechts. Vgl. vorn S. 81—83.

[29] Motive TE S. 1196.

Alle diese Überlegungen bewogen *Schmitt,* grundsätzlich einen Fortbestand des Anerbenrechts zu befürworten. Jedoch war er nicht bereit, diese Materie reichsgesetzlich zu regeln und in das BGB aufzunehmen. Letztlich betrachtete er das Anerbenrecht als „territorial beschränktes Institut“, für das nicht überall in Deutschland ein Bedürfnis vorliege. Wegen der unterschiedlichen Verhältnisse in Deutschland eigne sich der Gegenstand nicht für eine reichsgesetzliche Kodifikation[30]. Deshalb schlug Schmitt vor, die Regelung des gesamten Anerbenrechts den einzelnen Bundesstaaten zu überlassen, die am besten beurteilen könnten, wo die Einführung eines Anerbenrechts notwendig sei und wie dieses Erbrecht am zweckmäßigsten ausgestaltet werden müsse[31].

Allerdings wollte *Schmitt* auf eine reichsgesetzliche Regelung des Anerbenrechts nicht vollständig verzichten, sondern den Bundesstaaten bestimmte Grundsätze für die Gestaltung des bäuerlichen Erbrechts bindend vorschreiben. Jedoch bemühte er sich, den Spielraum für die Landesgesetzgeber möglichst wenig einzuengen. Denn er wollte mit seinen Vorschlägen an die „historisch gewachsenen Verhältnisse“ anknüpfen und nicht in „lang eingelebte Gewohnheiten eingreifen“[32]. Vor allem legte er Wert darauf, dem Erblasser die Verfügungsfreiheit über seinen Hof reichsgesetzlich zu garantieren. Der Eigentümer eines Hofes müsse berechtigt sein, jederzeit anzuordnen, daß sein Gut sich nicht nach Anerbenrecht, sondern nach allgemeinem Erbrecht vererben solle[33]. Es gehe nicht an, das Anerbenrecht dem Hofbesitzer aufzudrängen. Der Landesgesetzgeber solle das Anerbenrecht stets nur als dispositives Recht einführen dürfen[34]. Ferner wollte *Schmitt* reichsrechtlich vorschreiben, daß der Anerbe immer auch Miterbe am gesamten übrigen Nachlaß sein müsse, damit er sich nicht der Haftung gegenüber den Nachlaßgläubigern entziehen könne[35]. In allen übrigen Fragen ließ *Schmitt* dem Landesgesetzgeber freie Hand. Er beschränkte sich also insgesamt auf solche Rahmenvorschriften, die ihm von seinem ideellen Ausgangspunkt, der Willensfreiheit des Erblassers, her und im Interesse der Verkehrssicherheit unerläßlich erschienen[36]. Hingegen war er bemüht, nicht in die rechtliche Konstruktion des Anerbenrechts einzugreifen, sondern diese Fragen völlig den Landesgesetzen zu überlassen.

---

[30] Motive TE S. 1200. Dieser Gesichtspunkt bewog die zweite Kommission, von einer reichsgesetzlichen Regelung abzusehen. Vgl. hinten S. 128.

[31] Vgl. §§ 12, 13 TE EGBGB.

[32] Motive TE S. 1200.

[33] § 13 Abs. 2 TE EGBGB.

[34] Motive TE S. 1203; vgl. auch *Miaskowski,* S. 284 (2. Abteilung).

[35] § 13 Abs. 1 TE EGBGB; Motive TE S. 1204.

[36] Vgl. *Hedemann,* S. 140.

Nach der Drucklegung des Teilentwurfes im Jahre 1879 ging die allgemeine Debatte um das Anerbenrecht weiter. In den siebziger Jahren machte sich in Wissenschaft und Gesetzgebung ein Stimmungsumschwung zu seinen Gunsten bemerkbar und führte zum Erlaß weiterer Provinzialgesetze nach dem Vorbild der hannoverschen Landgüterordnung von 1874[37]. Auch die österreichische Regierung legte im Jahre 1884 dem Abgeordnetenhause einen Anerbenrechtsentwurf vor[38]. Der deutsche Landwirtschaftsrat beschäftigte sich mehrfach mit der Frage und beschloß auf seinen Plenarversammlungen vom 8. Januar 1886 und 30. März 1887, eine einheitliche, reichsgesetzliche Regelung des Anerbenrechts für ganz Deutschland durch das BGB zu verlangen[39]. Am 27. April 1886 richtete er an Reichskanzler *Bismarck* eine Denkschrift und forderte, das BGB möge für den landwirtschaftlichen Grundbesitz ein Anerbenrecht einführen unter Wahrung der freien Disposition des Eigentümers über seinen Hof unter Lebenden und von Todes wegen[40].

Die erste Kommission beschäftigte sich in ihren Sitzungen vom 2. November 1885, 1. April und 8. Oktober 1887 mit der Frage, ob man das Anerbenrecht im BGB regeln solle[41]. Über das Ergebnis dieser Beratungen informierte *Pape* den Reichskanzler am 27. Dezember 1887 im Begleitschreiben zur Überreichung des ersten Entwurfes. In diesem Schreiben erklärte er namens der Kommission, es sei nicht angebracht, das Anerbenrecht reichsgesetzlich zu regeln. Die Verhältnisse in den einzelnen Bundesstaaten seien so unterschiedlich, daß der Reichsgesetzgeber sie gar nicht alle berücksichtigen könne. Es würde deshalb bei einer reichsgesetzlichen Regelung unumgänglich sein, den Landesgesetzgeber zu ermächtigen, einzelne Anerbenrechtsnormen zu modifizieren oder deren Anwendung sogar gänzlich auszuschalten, weil sie die besonderen Verhältnisse dieses Bundesstaates nicht hin-

---

[37] *Hedemann*, S. 133; *Kroeschell*, Bem. 180. Im Jahre 1884 erschien das grundlegende Buch *Miaskowskis* über das Erbrecht und die Grundeigentumsverteilung im Deutschen Reich, das in besonnener und überlegter Weise für das Anerbenrecht eintrat. *Miaskowski* (2. Abteilung), S. 203 ff.; Anlage z. Protokoll v. 11. 4. 1888 (Prot. I, S. 12 883).

[38] Anlage z. Prot. v. 11. 4. 1888 (Prot. I, S. 12 884).

[39] Anlage u. Prot. v. 11. 4. 1888 (Prot. I, S. 12 884).

[40] Motive E I EGBGB S. 209, 210.

[41] Da in den oben erwähnten Sitzungen keine Beschlüsse zum Anerbenrecht gefaßt wurden, sind diese Beratungen in den Protokollen auch nicht erwähnt worden. Deshalb läßt sich nicht mehr ermitteln, ob die Frage einer reichsgesetzlichen Regelung des Anerbenrechts in der ersten Kommission stark umstritten oder ob man einmütig gegen eine Aufnahme des bäuerlichen Erbrechts in das BGB eingestellt war. Vgl. Anl. S. 12 888.

reichend berücksichtigten. Bei dieser Sachlage empfehle es sich, von einer reichsgesetzlichen Regelung gänzlich abzusehen[42].

Die Beschlüsse des deutschen Landwirtschaftsrates und die schon im Rahmen der Kommission erfolgten Beratungen veranlaßten *Schmitt*, seine ursprünglichen Vorschläge noch einmal zu überarbeiten und seinen Standpunkt in einer dreißigseitigen Begründung zu rechtfertigen, bevor am 11. April 1888 die eigentliche Beratung des Anerbenrechts begann[43]. Schmitt bekräftigte nochmals seine — von der Kommission bereits gebilligte — Ansicht, das gesamte Anerbenrecht müsse grundsätzlich Sache der Landesgesetzgebung bleiben[44]. Er hielt auch an seinem Vorschlag fest, der Landesgesetzgebung einen reichsgesetzlichen Rahmen für die Gestaltung des Anerbenrechts zu ziehen. Doch zog er diesen Rahmen jetzt wesentlich enger als im Teilentwurf zum Erbrecht von 1879[45]. Nunmehr wollte er reichsgesetzlich festlegen lassen, welche Güter Gegenstand des Anerbenrechts, wer die Erbbeteiligten seien und wie man die Nachlaßgläubiger schütze[46]. Außerdem griff er in die rechtliche Konstruktion des Anerbenrechts ein und wollte dem Landesgesetzgeber in dieser Frage keine Freiheit mehr lassen. Er schlug vor, das Anerbenrecht in Form der Sondernachfolge des Anerben in den Hof zu beseitigen[47]. Es gehe nicht an, die „Einheit des Nachlasses zu zerreißen und ein „selbständiges Immobiliar- und Mobiliarerbrecht mit besonderen Vermögensmassen und eigenen Schulden" zu schaffen. Der Landesgesetzgeber dürfe dem Anerben nur ein obligatorisches Recht gegen die Miterben auf Übernahme des Gutes aus der Teilungsmasse gegen Wertersatz einräumen[48]. Die Höhe des Ersatzes habe sich nach dem für die Erbteilung durch Schätzung zu ermittelnden Werte, den die Landesgesetze — allerdings sehr niedrig — ansetzen dürften, zu bemessen[49]. Ferner wollte Schmitt jetzt festlegen, daß die Landesgesetzgebung die Pflichtteilsgrundsätze des allgemeinen Erbrechts nicht antasten dürfe[50].

Mit dieser sehr weitgehenden Eingliederung des Anerbenrechts in den Rahmen der allgemeinen Rechtsordnung glaubte *Schmitt*, gewährleistet zu

---

[42] Anlage S. 12 888; Drucksache BR Nr. 2, Session 1888, S. 9, 10. Daß man das Anerbenrecht nicht vollständig und abschließend kodifizieren könne, war auch in der Kritik des ersten Entwurfes und in den Beratungen der zweiten Kommission unbestritten. Jedoch wurde das von den meisten Kritikern nicht als Argument gegen eine Aufnahme des Anerbenrechts in das BGB angesehen. Vgl. S. 126 f.

[43] Anlage S. 12 883; Drucksache BR Nr. 2, Session 1888, S. 9, 10.

[44] Anlage S. 12 890, 12 891.

[45] Anlage S. 12 894.

[46] a. a. O.

[47] Anlage S. 12 895.

[48] Anlage S. 12 895.

[49] Anlage S. 12 903; § 131 Abs. 2 Nr. 3 der Zusammenstellung.

[50] Anlage S. 12 906.

haben, daß das Anerbenrecht als Sonderrecht des Grundbesitzes den allgemeinen Güterverkehr und die Stellung der Nachlaßgläubiger nicht gefährden werde. Obwohl es möglich gewesen wäre, diese Rahmenvorschriften unter einem Titel „Anerbenrecht“ in das allgemeine Erbrecht aufzunehmen, hat Schmitt diese Möglichkeit zu keinem Zeitpunkt erwogen. Das Anerbenrecht blieb für ihn trotz all seines Wohlwollens ein Sonderinstitut, dem er die gleichberechtigte Anerkennung neben der allgemeinen gesetzlichen Erbfolge versagte.

In ihren Sitzungen vom 11. bis 20. April 1888 befaßte sich die erste Kommission im Rahmen der Beratungen des Einführungsgesetzes ausführlich mit dem Anerbenrecht[51]. Da man sich in den Sitzungen vom 2. November 1885, 1. April und 8. Oktober 1887 bereits geeinigt hatte, das Anerbenrecht nicht in das BGB aufzunehmen, stand dieser Punkt nicht mehr zur Debatte[52]. Die Kommission mußte aber noch entscheiden, ob und in welchem Umfang man den Landesgesetzgebern einen Rahmen für die Gestaltung des Anerbenrechts ziehen solle. Man war sich sofort einig, die Ordnung des Anerbenrechts den Ländern nicht schlechthin, sondern nur begrenzt zu überlassen[53]. Doch gingen die Meinungen innerhalb der Kommission auseinander, wie weit dieser Rahmen für die Landesgesetzgebungen zu ziehen sei und welche Fragen der Reichsgesetzgeber verbindlich entscheiden solle.

So war entgegen den revidierten Vorschlägen Schmitts beantragt worden, das Anerbenrecht auch in Form der Sondernachfolge des Anerben in den Hof zuzulassen. Der Antragsteller wollte mit seinem Vorschlag Rücksicht auf diejenigen Gebiete nehmen, in denen diese Gestaltung des Anerbenrechts seit alters in Übung war, wie z. B. in der Provinz Hannover[54]. Die Kommission lehnte diesen Antrag jedoch ab[55], da er nach ihrer Ansicht auf eine „Anerkennung des Vindikationslegats“ hinauslief. Letzteres habe man nicht eingeführt, weil es den Grundsatz der Universalsukzession sprenge und zu Verwicklungen führe[56]. Eine Ausnahme für das Anerbenrecht würde eine „bedenkliche Spaltung“ in das gesamte Erbrecht tragen[57]. Deshalb hielt die Kommission am Vorschlage Schmitts fest und lehnte für Anerbenrechtsfälle die Individualsukzession ab. Jeder Anerbe sollte nur einen persönlichen Anspruch gegenüber seinen Miterben auf Überlassung des Anerbengutes gegen Ersatz eines gewissen Wertes haben[58]. Die Erbquoten sollten sich nach

---

[51] Prot. I, S. 12 869—12 973 (765.—769. Sitzung v. 11. bis 20. April 1888).
[52] Anlage S. 12 888; vgl. S. 119.
[53] Prot. I, S. 12 878 (765. Sitzung v. 11. April 1888).
[54] Prot. I, S. 12 879 (765. Sitzung v. 11. April 1888).
[55] Prot. I, S. 12 880 (765. Sitzung v. 11. April 1888).
[56] Prot. I, S. 9336, 9337 (579. Sitzung v. 27. 9. 1886); vgl. S. 29.
[57] Prot. I, S. 12 880 (765. Sitzung v. 11. April 1888).
[58] Prot. I, S. 12 916 (766. Sitzung v. 13. 4. 1888).

allgemeinem Erbrecht bestimmen und im Verhältnis nach außen — vor allem bezüglich der Haftung gegenüber den Nachlaßgläubigern — keine Änderung erfahren. Der Landesgesetzgeber dürfe bei der Gestaltung des Anerbenrechts lediglich das Innenverhältnis der Miterben abweichend vom allgemeinen Erbrecht regeln[59].

Die Kommission überlegte ferner, ob man den Landesgesetzgebern gestatten dürfe, bei der Regelung des Anerbenrechts die Pflichtteilsgrundsätze des allgemeinen Erbrechts abzuändern. Man betrachtete das Pflichtteilsrecht nicht als so wesentlichen Bestandteil allgemeiner Rechtsgrundsätze, daß man nicht bereit gewesen wäre, es zu opfern, wenn die Kommission dies für die Erhaltung eines kräftigen Grundbesitzerstandes für erforderlich gehalten hätte. Man sah jedoch keinen hinreichenden Anlaß, den Bundesstaaten eine Abänderung des Pflichtteilsrechts zu erlauben[60]. Wie auch *Schmitt* war die Mehrheit der Ansicht, es genüge, wenn der Landesgesetzgeber für das Anerbengut einen sehr niedrigen Schätzwert vorschreiben und so die Pflichtteile der Miterben dem Werte nach verringern dürfe. Es sei unnötig, noch weitergehende Abweichungen vom allgemeinen Erbrecht zuzulassen[61]. Auch über die Frage, ob die lokalen Anerbengesetze in die Testierfreiheit des Erblassers sollten eingreifen dürfen, kam es in der Kommission zu Auseinandersetzungen. Es wurde vorgeschlagen, daß die landesrechtlichen Anerbengesetze dem Erblasser untersagen dürften, das Anerbenrecht durch letztwillige Verfügung auszuschließen[62]. Der Antragsteller betonte, es gebe Fälle, in denen der Erblasser sein Gut entgegen den konkreten wirtschaftlichen Erfordernissen unter seine Kinder habe aufteilen wollen. Ein solches Vorgehen müsse der Landesgesetzgeber verhindern können, indem er das Anerbenrecht als zwingendes Recht einführe[63].

Dieser Antrag wurde jedoch abgelehnt. Die Kommission wollte den Grundsatz der Testierfreiheit auf keinen Fall durch das landesgesetzlich bestehende Institut des Anerbenrechts beschränken lassen. Ein besonderes bäuerliches Erbrecht sei allein aus dem Bedürfnis entstanden, jenen Gefahren zu begegnen, die aus der unzweckmäßigen Gleichteilung gemäß allgemeinem Erbrecht entstehen könnten. Das Anerbenrecht bedeute lediglich eine Modifikation des Intestaterbrechts, nicht aber einen Eingriff in die Verfügungsfreiheit des Erblassers[64]. Niemandem dürfe das Anerbenrecht aufgezwungen

---

[59] Prot. I, S. 12 930 (767. Sitzung v. 16. 4. 1888), Prot. I, S. 12 942 (768. Sitzung v. 18. 4. 1888).

[60] Prot. I, S. 12 923, 12 924 (766. Sitzung v. 13. 4. 1888).

[61] Prot. I, S. 12 923 (766. Sitzung v. 13. 4. 1888).

[62] Prot. I, S. 12 878 (765. Sitzung v. 11. 4. 1888).

[63] Prot. I, S. 12 949 (768. Sitzung v. 18. 4. 1888).

[64] Prot. I, S. 12 948 (768. Sitzung v. 18. 4. 1888); vgl. auch *Hedemann*, S. 140, 141.

werden; dieses sei nur lebensfähig, wenn es von jedem Eingriff in die Testierfreiheit absehe[65].

Man lehnte auch den weitergehenden Vorschlag *Schmitts* ab, dem Erblasser zu gestatten, jede beliebige Person als Anerben einzusetzen[66]. Wenn ein Hofeigentümer statt der gesetzlich dazu bestimmten Person eine andere ernennen wolle, so habe er sie aus dem Kreise der Anerben auszuwählen, den das Landesrecht festlege. Wolle der Erblasser dritte Personen einsetzen, müsse er das Anerbenrecht ganz ausschließen[67]. In allen übrigen Fragen ließ man den Landesgesetzgebern bei der rechtlichen Gestaltung des Anerbenrechts freie Hand[68].

Wie die Beratungen zeigen, lag das Schwergewicht aller Überlegungen auf dem juristisch-konstruktiven Aspekt des Anerbenrechts, den man den Prinzipien des allgemeinen Erbrechts soweit als möglich angleichen wollte. Man war um dieses Zieles willen sogar bereit, in alteingelebte Traditionen einzugreifen und eine Änderung bestehender Landesgesetze zu erzwingen, obwohl die Kommission derartige Eingriffe sonst nach Möglichkeit zu vermeiden suchte. Genau genommen hat man den Landesgesetzgebern lediglich gestattet, den Grundsatz der Gleichberechtigung aller Erben durch Bevorzugung eines Erben auf Kosten der übrigen zu durchbrechen. In allen sonstigen Fragen unterwarf man das Anerbenrecht den Prinzipien des allgemeinen Erbrechts. Das Streben nach Angleichung des Anerbenrechts an das allgemeine Erbrecht steigerte sich im Verlaufe der Beratungen immer mehr. Während der Teilentwurf noch von jedem Eingriff in die Konstruktion des Anerbenrechts absah, ging *Schmitt* in seiner revidierten Vorlage von 1888 weiter und setzte dem Landesgesetzgeber konstruktive Schranken, die von der Kommission übernommen wurden. Doch war dieses Vorgehen nicht Ausdruck einer ablehnenden Einstellung gegenüber dem Anerbenrecht; vielmehr glaubte man, dieses Rechtsinstitut durch Angleichung an das allgemeine Erbrecht besonders zu fördern.

Hinter den juristischen Überlegungen traten andere Erwägungen zurück. So ist kaum jemand näher auf die Vorwürfe eingegangen, die vom sozialpolitischen und wirtschaftlichen Standpunkt gegen das Anerbenrecht erhoben wurden. Der Mehrheit genügte es, daß es in Deutschland ein Anerbenrecht gab; in dessen Existenz sah sie gleichzeitig auch dessen Existenzberechtigung. Überdies fehlte den Kommissionsmitgliedern wohl auch der erforderliche Sachverstand, um die erhobenen Vorwürfe beurteilen zu können.

---

[65] Prot. I, S. 12 949 (768. Sitzung v. 18. 4. 1888).
[66] Anlage S. 12 870.
[67] Prot. I, S. 12 950 (768. Sitzung v. 18. 4. 1888).
[68] Vgl. Art. 83—87 E I EGBGB, insbesondere Art. 83 Abs. 2, 85 Abs. 1, 86, wo die Schranken der Landesgesetzgeber festgelegt wurden.

Bei aller freundlichen Einstellung gegenüber dem Anerbenrecht war jedoch niemand bereit, dieses Institut in das BGB aufzunehmen und als gleichwertige Erbfolgeordnung anzuerkennen. Das Anerbenrecht blieb für die Mehrheit der Kommission eine — wenn auch förderungswürdige — Ausnahme von den im übrigen geltenden erbrechtlichen Prinzipien.

Nach dem Erscheinen des ersten Entwurfes kam es über die Behandlung des Anerbenrechts zu heftigen Auseinandersetzungen, vielleicht den heftigsten im Bereiche des gesamten Erbrechts. Bei ihnen ging es außer um rein juristische in starkem Umfang auch um soziale und wirtschaftliche Probleme. Daher war es nicht verwunderlich, daß sich die Vertreter der betroffenen landwirtschaftlichen Kreise lebhaft mit ihnen beschäftigten, besonders mit der Frage, ob und wieweit man das Anerbenrecht in das BGB aufnehmen solle. Allerdings waren sich die Bauernvereine in der Beurteilung des ersten Entwurfes nicht einig. So sprachen sich der Landeskulturrat für das Königreich Sachsen, der Westfälische Bauernverein und der Landwirtschaftsrat Elsaß-Lothringens für die Entscheidungen der ersten Kommission aus[69]. Der Deutsche Landwirtschaftsrat, das Generalkomitee des landwirtschaftlichen Vereins für Bayern und das königlich-preußische Landesökonomiekollegium setzten sich hingegen dafür ein, das Anerbenrecht im BGB selbst zu regeln[70]. Auch unter den übrigen Kritikern des Entwurfes waren die Meinungen sehr geteilt. Die Befürworter der im ersten Entwurf getroffenen Entscheidung schlossen sich im wesentlichen den Gründen der gedruckten Motive an[71]. Einzelne waren überdies der Ansicht, der sozialpolitische Wert des Anerbenrechts sei immer noch stark umstritten, so daß sich für den Gesetzgeber besondere Zurückhaltung empfehle[72]. Dies gelte um so mehr, als der Kommission nähere Fachkenntnisse gefehlt hätten, die zur Regelung eines so schwierigen Rechtsgebietes unerläßlich seien[73]. Man befürchtete außerdem, eine Aufnahme des Anerbenrechts werde das BGB mit politischen und sozialen Meinungskämpfen belasten, die geeignet seien, das Zustandekommen des ganzen Gesetzes zu gefährden[74].

Hingegen bemängelten die übrigen Kritiker, daß der erste Entwurf nicht eindeutig zum Anerbenrecht Stellung bezogen und es weder aufgenommen noch beseitigt habe. *Menger* kritisierte, durch die weitere Zulassung des Anerbenrechts habe der Entwurf dem aristokratischen System der zwangs-

---

[69] Zusammenstellung EG S. 72, 74.

[70] Zusammenstellung EG S. 76, 77; Verhandlungen LÖK S. 869, 882. Dieser Beschluß kam hauptsächlich auf Betreiben *Gierkes* zustande.

[71] *Bingner*, S. 190; *Vollert*, S. 309; *Strehlke*, S. 944; *Ubbelohde*, S. 41; *Struckmann*, Verhdlgn. LÖK S. 876.

[72] *Hartmann*, S. 1263; *Mecke*, S. 16.

[73] *Petersen*, S. 23.

[74] *Opitz*, S. 9, 63; *Petersen*, S. 23.

weisen Erbvereinigung Raum gegeben und so sein demokratisch-gleiches Erbrecht um den besten Teil seiner Wirksamkeit gebracht. Lasse man den gesamten Nachlaß auf ein Kind übergehen, so strömten die enterbten Kinder dem Proletariat zu und verschlechterten dessen Lebensbedingungen. Deshalb sei das Anerbenrecht diejenige Gestaltung des Erbrechts, die die ärmeren Volksklassen am meisten benachteilige[75]. *Menger* schlug vor, das allgemeine Erbrecht des Entwurfs ausnahmslos für alle Volksklassen einzuführen. Wer nicht die Interessen einzelner Stände, sondern die der gesamten Gesellschaft im Auge habe, müsse das Anerbenrecht gänzlich beseitigen. Zum mindesten müsse verboten werden, neue Anerbengesetze zu erlassen[76].

Auch von Vertretern des liberalen Bürgertums wurde eine Beseitigung des Anerbenrechts gefordert. In diesen Kreisen dachte man allerdings weniger an mögliche soziale Folgen des bäuerlichen Erbrechts, sondern tadelte, daß der Entwurf die Rechtseinheit nicht konsequent verwirklicht habe. Das „Herz des Volkes" könne keinem Gesetzbuche „warm entgegenschlagen", das für Standesunterschiede Raum schaffe und diesem Bestreben sogar den Einheitsgedanken — wenigstens teilweise — opfere. So könne nie ein wirklich populäres Werk entstehen[77].

Alle übrigen Gegner des ersten Entwurfes bemängelten, daß dieser das Anerbenrecht nicht im BGB geregelt hatte[78]. Ihnen kam es besonders auf eine vorbehaltlose Anerkennung des bäuerlichen Erbrechts neben der allgemeinen gesetzlichen Erbfolge an. Sie betonten, das Anerbenrecht sei das einzige dem Grundbesitz angemessene Erbrecht. Die verschiedene Natur des beweglichen Vermögens sowie des städtischen Grundbesitzes auf der einen Seite und des bäuerlichen Grundbesitzes auf der anderen müsse auch bei der Gestaltung des Erbrechts berücksichtigt werden, indem man zwei verschiedene Erbrechtssysteme aufstelle. Das Anerbenrecht sei keine Ausnahme von der Regel des allgemeinen Erbrechts, sondern stehe gleichwertig neben diesem[79].

Der Entwurf belaste dieses lebensfähige Institut mit dem Makel eines anomalen Rechtsgebildes, wenn er es völlig der Landesgesetzgebung über-

---

[75] *Menger*, S. 214, 215; vgl. auch hinten S. 139, wo auf ähnliche Gedanken *Mengers* zu den Fideikommissen hingewiesen wird.

[76] *Menger*, S. 227.

[77] Freisinnige Zeitung v. 1. August 1890. Vgl. dazu auch S. 117.

[78] *Gierke*, Stellung S. 401 ff.; *Gierke*, Entwurf S. 567 f.; *Miaskowski*, LÖK, S. 118 ff.; *Fuld*, S. 146 ff.

[79] *Fuld*, S. 146; *Miaskowski*, LÖK S. 118, 119; Kommissions-Bericht an LÖK S. 353; *Gierke*, Stellung S. 417, 419; *Fuld*, S. 164; *Klöppel*, Gruchot 33, 357. — Dieser Gesichtspunkt lag auch einem in der zweiten Kommission gestellten Antrag zugrunde, der die Aufnahme des Anerbenrechts in das BGB forderte. Vgl. hinten S. 128.

lasse[80]. Es sei zu befürchten, daß das für den Landbesitz ungeeignete allgemeine Erbrecht schließlich auch das bäuerliche Erbrecht verdrängen werde, wenn letzteres nur ein geduldetes partikuläres Sonderdasein führe[81]. Eine reichsgesetzliche Regelung werde hingegen auf die Rechtsüberzeugung und Sitte der ländlichen Bevölkerung eine erzieherische Wirkung ausüben und auch den Widerstand vieler Juristen gegen das Anerbenrecht beseitigen[82].

Man verwies auf die Behandlung des ehelichen Güterrechts durch den Entwurf: Trotz tiefgreifender Unterschiede der bestehenden Güterrechtssysteme habe der Entwurf neben dem gesetzlichen Güterstand auch andere geltende Systeme dispositiv zugelassen. Es sei nicht einzusehen, weshalb er von den verschiedenen zugelassenen Erbrechtssystemen nur eines regeln wolle[83]. Die Möglichkeit einer einheitlichen Regelung des Anerbenrechts sei wegen der übereinstimmenden Grundgedanken aller Anerbenrechtsgesetze durchaus gegeben. Man müsse lediglich die verschiedenen Rechtssätze nach ihrer Folgerichtigkeit und Zweckmäßigkeit auswählen[84].

Alle Befürworter einer reichsgesetzlichen Regelung des Anerbenrechts waren sich einig, daß man es nicht erschöpfend im BGB abhandeln könne, sondern den Bundesstaaten einen gewissen Spielraum bei der Anwendung einzelner reichsgesetzlicher Normen geben müsse. Jedoch wichen ihre Vorstellungen über Inhalt und Umfang dieses Spielraums stark von einander ab. So war vor allem umstritten, ob man das Anerbenrecht kraft Gesetzes für alle oder nur für solche Höfe einführen solle, die in einer Höferolle eingetragen waren. Unterschiedliche Ansichten bestanden auch darüber, wie weit die Begriffe des Anerbengutes, die Person des Anerben sowie der Schätzwert des Anerbenhofes reichsgesetzlich festzulegen seien[85].

Gierke tadelte, daß der Entwurf in den Artikeln 83 bis 87 des Einführungsgesetzes gewisse Schranken für die Regelung des Anerbenrechts durch den Landesgesetzgeber gezogen hatte. Diese Bestimmungen zwängten das Anerbenrecht in eine äußerst künstliche Form, die für ein Bauernrecht gänzlich ungeeignet sei. Sie bedeuteten einen Bruch mit den bestehenden Rechtstraditionen und machten eine tiefgreifende Veränderung bestehender Anerbengesetze notwendig. Polemisch fügte er hinzu, diese Vorschriften seien „geeignet, weiten Kreisen die Augen darüber zu öffnen, in welches

[80] *Fuld,* S. 146, 147; *Gierke,* Stellung S. 419.

[81] *Gierke,* Stellung S. 419; Kommissions-Bericht an LÖK S. 353, 873.

[82] *Fuld,* S. 162.

[83] *Miaskowski,* LÖK S. 118.

[84] *Miaskowski,* LÖK S. 119.

[85] Zusammenstellung Kritiken EG S. 83—85; *Gierke,* Stellung S. 422; Bericht an LÖK S. 353, 354, 873; *Fuld,* S. 164. Diese Gesichtspunkte hatten die erste Kommission mitbewogen, sich gegen eine reichsgesetzliche Regelung auszusprechen. Vgl. vorn S. 119.

Knechtsgewand sich künftig echtes deutsches Volksrecht kleiden muß, um auch nur als geduldetes Sonderrecht vor dem sogenannten deutschen Recht des bürgerlichen Gesetzbuches zu bestehen. Denn endlich muß doch die Überzeugung durchbrechen, daß es so nicht geht[86]!"

Auch andere Kritiker waren mit dem Rahmen, der durch die erste Kommission gezogen wurde, nicht durchweg einverstanden, sogar wenn sie grundsätzlich deren Standpunkt teilten[87]. Allerdings wurde die reichsgesetzliche Garantie der Testierfreiheit im Anerbenrecht von keiner Seite in Frage gestellt. Sogar *Gierke* betonte, man müsse jede Rückkehr zu einer gesetzlichen Gebundenheit des Eigentums verhindern und das Anerbenrecht so gestalten, daß die Freiheit letztwilliger Verfügungen gewahrt bleibe. Das Prinzip der Eigentumsfreiheit sei so tief in das moderne Rechtsbewußtsein eingedrungen, daß man es nur im äußersten Notfalle antasten dürfe[88].

Von den Bundesregierungen sprach sich besonders die preußische dafür aus, das Anerbenrecht, allerdings mit weitgehenden Vorbehalten zugunsten der Landesgesetzgebung, in das BGB aufzunehmen und in ihm gründlich zu ordnen. Die in den Motiven des ersten Entwurfes gegen eine reichsgesetzliche Regelung angegebenen Gründe seien nicht stichhaltig. Die übereinstimmenden Voten landwirtschaftlicher Vereinigungen bewiesen, daß ein Bedürfnis nach reichsgesetzlicher Regelung bestehe[89].

Die Kritiken am ersten Entwurf machen deutlich, daß der Streit um die Existenzberechtigung des Anerbenrechts gegen Ende des vorigen Jahrhunderts im großen und ganzen zugunsten des Anerbenrechts entschieden war. Umstritten war dagegen vor allem die Frage, ob die gesamte Materie reichs- oder landesgesetzlich zu regeln sei. Es ging also um die Anerkennung des bäuerlichen Erbrechts als gleichwertiger Erbfolgeregelung neben dem allgemeinen Erbrecht.

Im Verlaufe der Erbrechtsberatungen durch die zweite Kommission beantragten mehrere Mitglieder, die Beratung über die Erbengemeinschaft zu unterbrechen und eine Sitzung auf die Behandlung des Anerbenrechts zu verwenden[90]. Der Vorsitzende der zweiten Kommission gab diesem Wunsche statt, und am 26. Februar 1895 beriet diese über einen Antrag von fünf ihrer Mitglieder, die Grundzüge des Anerbenrechts reichsgesetzlich — im Anschluß an die Vorschriften über die Erbengemeinschaft — zu ordnen[91].

---

[86] *Gierke,* Entwurf S. 570, 571; Komm. Ber. an LÖK S. 351, 871 (dem man deutlich anmerkt, daß er aus der Feder *Gierkes* stammt).

[87] *Petersen,* S. 23; Zusammenstellung EG 86—93.

[88] *Gierke,* Stellung S. 416; *Fuld,* S. 162. An der Garantie dieses Grundsatzes hielt auch die zweite Kommission fest, obwohl sie im übrigen alle reichsgesetzlichen Vorbehalte des ersten Entwurfes beseitigte. Siehe hinten S. 129.

[89] Zusammenstellung BReg., Bd. 2, S. 167.

[90] Prot. II, S. 8069 (396. Sitzg. v. 25. 2. 1895).

[91] Prot. II, S. 8079 (397. Sitzg. v. 26. 2. 1895).

Wegen der unterschiedlichen Verhältnisse in den einzelnen Teilen Deutschlands sollte die Ausgestaltung der Einzelheiten den Landesgesetzgebern überlassen bleiben. Den Antragstellern kam es vor allem darauf an, das Anerbenrecht als vollwertige Form der Erbfolge im BGB anerkannt zu wissen[92]. Zur Begründung des Antrages wurde auf die Bedeutung des Anerbenrechts für die Erhaltung eines gesunden Bauernstandes hingewiesen[93]. Ferner betonten die Antragsteller, in der Kritik sei überwiegend eine reichsgesetzliche Regelung des Anerbenrechts gefordert worden. Man werde die Annahme des BGB politisch erleichtern, wenn man durch Aufnahme des Anerbenrechts die Agrarkreise für das Gesetz gewinne[94].

Diese Anträge führten zu einer neuen, eingehenden Erörterung der Argumente für und gegen eine reichsgesetzliche Regelung des Anerbenrechts. Von einigen Kommissionsmitgliedern wurde die prinzipielle Berechtigung des Anerbenrechts in Frage gestellt; man äußerte Zweifel an dessen Nutzen und Notwendigkeit[95]. Ein Großteil der zweiten Kommission stand dagegen dem Anerbenrecht positiv gegenüber, hatte aber Bedenken gegen eine reichsgesetzliche Regelung der gesamten Materie. Ob die Voraussetzungen für eine Einführung des Anerbenrechts vorlägen, könne ein Landesgesetzgeber wegen der unterschiedlichen Verhältnisse in Deutschland am besten beurteilen. Auch sei es bedenklich, ein Sondererbrecht bestimmter Kreise in das BGB selbst aufzunehmen, das doch das für alle geltende Recht enthalten solle[96].

Die gegen eine reichsgesetzliche Regelung des Anerbenrechts erhobenen Bedenken bewogen die zweite Kommission schließlich, mit 15 gegen die 5 Stimmen der Antragsteller eine Aufnahme des bäuerlichen Erbrechts in das BGB abzulehnen, also insoweit der ersten Kommission zu folgen[97]. Dagegen stieß der Rahmen für die Regelung des Anerbenrechts, der den Landesgesetzgebern durch den ersten Entwurf gezogen worden war, auf Widerspruch. Bei den Beratungen des Einführungsgesetzes lag ein Antrag vor, der Landesgesetzgebung für die Gestaltung des Anerbenrechts völlig freie Hand zu lassen und nur die Verfügungsfreiheit des Erblassers von Todes wegen, eventuell auch unter Lebenden, durch reichsgesetzlichen Vor-

---

92 Prot. II, Bd. 5, S. 856. Das Streben nach gleichwertiger Anerkennung des Anerbenrechts durch eine reichsgesetzliche Regelung wird auch in vielen Kritiken des ersten Entwurfes deutlich. Vgl. S. 125.

93 Prot. II, Bd. 5, S. 854, 857.

94 Prot. II, Bd. 5, S. 857.

95 Prot. II, Bd. 5, S. 858. Derartige Vorwürfe hatte vor allem *Brentano* gegen das Anerbenrecht erhoben. Vgl. S. 114.

96 Prot. II, Bd. 5, S. 860. Diesen Gesichtspunkt hatte auch *Schmitt* gegen eine reichsgesetzliche Regelung angeführt. Vgl. vorn S. 118.

97 Prot. II, Bd. 5, S. 861; Art. 64 EG BGB.

behalt zu garantieren[98]. Nach längerer Erörterung dieser Frage — in Anwesenheit Kaiser Wilhelms II. — entschloß man sich, das Anerbenrecht völlig der Landesgesetzgebung zu überlassen und allein die Testierfreiheit durch reichsgesetzlichen Vorbehalt zu garantieren[99].

Mit Rücksicht auf die unterschiedlichen Verhältnisse in Deutschland wollte man die Landesgesetzgeber nicht durch Beibehaltung der Schranken des ersten Entwurfes zu tiefgreifenden Änderungen der bestehenden Anerbengesetze nötigen[100]. Hingegen legte die Kommission Wert darauf, die Testierfreiheit des Gutsinhabers zu gewährleisten. Man wollte dem Eigentümer auf jeden Fall die Möglichkeit garantieren, den besonderen tatsächlichen Verhältnissen durch geeignete Verfügungen Rechnung zu tragen und das Anerbenrecht auszuschließen. Dieses sollte immer nur dispositiv und niemals zwingend sein[101].

Sohm verteidigte in einem Vortrag vor der Juristischen Gesellschaft zu Berlin die Entscheidung der zweiten Kommission. Wichtig erschien auch ihm, daß das Anerbenrecht dem Bauernstande keinesfalls aufgedrängt werde und daher vom Erblasser jederzeit ausgeschlossen werden könne[102]. *Gierke* begrüßte es ebenfalls, daß die zweite Kommission die Vorbehalte, die der erste Entwurf den Landesgesetzgebern zog, beseitigt hatte. Insgesamt bedauerte er jedoch, daß die zweite Kommission sich gleich der ersten nicht zu einer Aufnahme des Anerbenrechts in das BGB habe entschließen können[103].

Den Entscheidungen der zweiten Kommission stimmte der 23. Deutsche Juristentag 1895 zu. Seine Mitglieder waren überwiegend der Meinung, das Anerbenrecht sei grundsätzlich zu bejahen, jedoch solle seine Regelung der Landesgesetzgebung überlassen bleiben[104]. Zwar betonte *Gierke* in den Verhandlungen nochmals, der Entwurf zweiter Lesung hätte besser daran getan, die Grundzüge des Anerbenrechts im BGB selbst zu regeln; Gierke fand jedoch kaum Widerhall für seine Vorschläge[105]. Man war allgemein der Ansicht, mit den Entscheidungen der zweiten Kommission sei der Streit um die reichsgesetzliche Regelung des Anerbenrechts ausgetragen[106].

---

[98] Prot. II, Bd. 6, S. 512 (Antrag 3, 4; 440. Sitzg. v. 13. 11. 1895; Prot. II, S. 9032).

[99] Prot. II, Bd. 6, S. 513.

[100] Prot. II, Bd. 6, S. 514, 515.

[101] Prot. II, Bd. 6, S. 515; vgl. Art. 64 Abs. 2 EGBGB. Dieser Grundsatz war auch in der Kritik des ersten Entwurfes von keiner Seite in Frage gestellt worden. Vgl. vorn S. 127.

[102] *Sohm*, Gruchot 39, 747.

[103] *Gierke*, Reichstag S. 38.

[104] Verhandlungen des 23. Dt. Juristentages, Bd. 2, S. 433, 113.

[105] Verhandlungen des 23. Dt. Juristentages, Bd. 2, S. 87.

[106] Verhandlungen des 23. Dt. Juristentages, Bd. 2, S. 84, 101, 113.

Im Reichstag stieß die Behandlung des Anerbenrechts nur auf wenig Interesse. Man billigte ohne weiteres die Regelung des zweiten Entwurfes[107].

Die Behandlung des Anerbenrechts zeigt, daß die zweite Kommission auch in dieser Frage weniger juristisch-konstruktiv dachte als die erste Kommission und deren dogmatische Bedenken nicht teilte, die diese bewogen hatte, die konstruktiven Prinzipien des allgemeinen Erbrechts auch auf das Anerbenrecht zu übertragen. Hier zeigt sich die Maxime der zweiten Kommission, an den grundsätzlichen Entscheidungen des ersten Entwurfes zwar festzuhalten, dessen dogmatische Überspitzungen hingegen zu mildern. Der zweiten Kommission lag jedoch soviel am Grundsatz der Testierfreiheit, daß sie an deren Garantie durch einen reichsgesetzlichen Vorbehalt festhielt.

Eine Aufnahme des Anerbenrechts in das BGB hätte den solzialpolitischen Vorstellungen des Gesetzgebers von einer einheitlichen Gesellschaft allzu sehr widersprochen, als daß man zu einem solchen Vorgehen ernstlich geneigt gewesen wäre. Zwar war man bereit, ein besonderes Bauernrecht zu dulden, nicht jedoch, es als dem allgemeinen Erbrecht gleichwertig anzuerkennen und dadurch im BGB selbst die Vorstellung eines für alle gleichen allgemeinen Erbrechts aufzugeben. Das Echo des 23. Deutschen Juristentages und die weitere Behandlung des Anerbenrechts im Reichstag machen deutlich, daß dies auch die Vorstellungen der meisten Zeitgenossen waren[108].

Das Anerbenrecht blieb weiterhin eine Sache der Landesgesetzgebung, bis es im Jahre 1933 durch das Reichserbhofgesetz reichseinheitlich geregelt wurde[109]. Dieses Gesetz wurde nach dem Kriege durch das Kontrollratsgesetz Nr. 45 aus dem Jahre 1947 aufgehoben, das die alten landesrechtlichen Vorschriften wieder in Kraft setzte. In der damaligen britischen Besatzungszone verzichtete man jedoch auf eine Wiederbelebung des alten Anerbenrechts und schuf am 24. April desselben Jahres eine Höfeordnung, die zum Teil an das Reichserbhofgesetz anknüpfte. Ihrem Vorbild folgte 1953 eine Höfeordnung für Rheinland-Pfalz. Heute gibt es im gesamten Gebiet der BRD mit Ausnahme des Saarlandes und Bayerns Anerbengesetze, die sich allerdings inhaltlich zum Teil erheblich voneinander unterscheiden[110].

---

[107] St. B. R. T., S. 732, 742. In der ersten Lesung des Entwurfes regte der Abgeordnete *Kaufmann* eine Prüfung der Frage an, ob man den Vorbehalt für die Landesgesetzgebung nicht enger ziehen solle. Doch wurde dieser Anregung nicht näher nachgegangen. Der sozialdemokratische Abgeordnete *Stadthagen* sprach sich für eine Beseitigung des Anerbenrechts aus. — Vgl. Art. 64 EGBGB.

[108] Verhandlungen des 23. Dt. Juristentages Bd. 2, S. 87.

[109] *Kroeschell*, Bem. 182.

[110] *Kroeschell*, Bem. 185; *Gmür*, ZGB, S. 106.

2. Kapitel

DAS FAMILIENFIDEIKOMMISS

Das Familienfideikommiß bildete eine wichtige wirtschaftliche Grundlage für den Einfluß und die soziale Stellung des deutschen Adels, da es diesem ermöglichte, seine geschlossenen Güter ungeteilt und unveräußerlich aufrechtzuerhalten[1]. Dieses Ziel wurde durch Verfügungsbeschränkungen erreicht, die den jeweiligen Inhaber hindern, das Gut zu veräußern oder zu verschulden oder es durch Verfügungen von Todes wegen aus der Familie zu bringen oder nach freiem Belieben zu vererben. Sämtliche Rechtsgeschäfte eines Fideikommißinhabers über die Substanz des Gutes waren nichtig[2].

Die Fideikommisse vererbten sich getrennt vom sonstigen Vermögen ihres Inhabers als besondere, in sich geschlossene Masse[3]. Die Erbfolgeordnung in die Fideikommisse bevorzugte einen Erben auf Kosten aller übrigen; denn das Gut ging immer nur geschlossen auf eine Person über, während die übrigen Erben leer ausgingen. Hinzu kam, daß die männlichen vor den weiblichen und die älteren vor den jüngeren bevorzugt wurden[4]. Das Familienfideikommiß fand sich im gesamten Reichsgebiet mit Ausnahme Elsaß-Lothringens, der bayrischen Rheinpfalz und Oldenburgs[5]. Verschiedene Bundesstaaten hatten es in ihren Privatrechtskodifikationen geregelt[6].

Die Geschichte der Fideikommisse im 19. Jahrhundert bildete ein buntes und wechselvolles Kapitel. In einer Zeit, die von den Prinzipien der Freiheit und Gleichheit aller Bürger ausging, mußte ein Institut auf Widerspruch stoßen, das Grund und Boden durch eine über Generationen hinaus sich erstreckende Erbfolgeordnung festlegte und überdies einzelne Erben begünstigte. Deshalb kam es im Laufe des Jahrhunderts immer wieder zu leidenschaftlichen Auseinandersetzungen um die Familienfideikommisse[7]. Zu ihren bekanntesten Gegnern gehörten *Lessing*, *Goethe*, *Schiller*, *Kant*, *Wilhelm von Humboldt*, *Gustav Freytag*, ferner die Staatswissenschaftler *Lorenz von Stein*, *Lujo Brentano* und *Gustav Schmoller*, während der

[1] *Stobbe*, § 321 (S. 363); *Miaskowski*, S. 26, 35 (2. Abteilung); *Beseler*, § 181 (S. 816).

[2] *Beseler*, § 181 (S. 821—824); *Roth*, § 315 (S. 373 ff.).

[3] *Gerber*, S. 126. Man sprach von der „successio ex pacto et providentia maiorum". Vgl. Motive TE S. 1192.

[4] *Beseler*, § 181 (S. 822).

[5] Vorlage Nr. 2 von 1878, S. 14.

[6] ALR II, 4 §§ 47—226; sächs. BGB §§ 2527 ff.; bayr. LR III, 10 §§ 1—25; österr. ABGB §§ 618—646.

[7] *Hedemann*, S. 53, 58, 59; *Miaskowski*, S. 46 (2. Abteilung).

Reichsfreiherr *vom Stein, Stahl* und besonders *Gerber* die Fideikommisse verteidigten[8].

Die Verteidiger beriefen sich vor allem auf die politische Bedeutung des Institutes. Die Familienfideikommisse hielten bestimmte Güter zusammen und sicherten gewissen Familien in der Person des Majoratsherrn eine angesehene, einflußreiche Stellung in der Gesellschaft und im Organismus des Staatslebens. So verliehen die Fideikommisse der Gesellschaft Festigkeit und der staatlichen Entwicklung Stetigkeit[9]. Außerdem wies man darauf hin, daß das Familienfideikommiß in den aufeinanderfolgenden Generationen einer Familie das Bewußtsein ihres Zusammenhanges und ihrer Zusammengehörigkeit kräftige; es fasse die Folge der Generationen zu einer Einheit zusammen und bilde einen lebendigen Bau, der mit der Familie fort und fort wachse[10].

Demgegenüber betonten die Gegner der Fideikommisse immer wieder deren für das wirtschaftliche Leben schädliche Folgen sowie ihre sozialpolitischen Nachteile. In wirtschaftlicher Hinsicht warfen sie den Fideikommissen vor, das in diesen gebundene Vermögen sei dem Verkehr entzogen; es befinde sich gewissermaßen in „toter Hand". Die Beschränkung der Verfügungsfreiheit von Fideikommißinhabern behindere die wirtschaftliche Bewegungsfreiheit der ganzen Nation. Eine vorteilhafte und rentable Bewirtschaftung dieser Güter werde durch deren Gebundenheit häufig unmöglich gemacht. Daher leisteten die Fideikommißgüter längst nicht das für die Gesamtproduktion des Volkes, was sie als freies und ungebundenes Eigentum leisten könnten[11].

Außerdem verhindere das Familienfideikommiß den Übergang von Grund und Boden in die tüchtigsten Hände; denn die besondere Erbfolgeordnung und der Zufall der Geburt biete keine Gewähr dafür, daß der zur Erbfolge berufene Fideikommißinhaber für seine Aufgaben geeignet sei[12]. Majoratsherren seien nicht selten träge, unwissend, verschwenderisch und nachlässig.

---

[8] Vgl. die Aufstellung bei *Miaskowski*, S. 47 (2. Abteilung); *Humboldt*, Kapitel XI (S. 118, 119).

[9] *Miaskowski*, S. 47, 73 (2. Abteilung). Diesen Gesichtspunkt hob auch *Johow* später hervor, als er eine Aufnahme der Fideikommisse in das BGB forderte. Vgl. S. 135.

[10] *Bothmer*, S. 9; *Beseler*, § 181; *Gerber*, S. 103, 105; *Miaskowski*, S. 19, 64, 67 (2. Abteilung). Vgl. auch unten S. 135, wo angeführt wird, daß sich auch *Johow* auf dieses Argument berief.

[11] Vorlage Nr. 2 von 1878, S. 15; *Bothmer*, S. 13; *Hedemann*, S. 60; *v. Scheel*, S. 107; *Miaskowski*, S. 49 ff. (2. Abteilung). Diese Gesichtspunkte spielten in den Beratungen der ersten Kommission kaum eine Rolle. Hingegen wurden sie in den Beratungen der zweiten Kommission zur Begründung eines Antrages angeführt, die Errichtung neuer Fideikommisse von Reichs wegen zu verbieten. Siehe unten S. 140 f.

[12] *Miaskowski*, S. 53 (2. Abteilung).

Böse Zungen sprächen von „Majoratsschlingeln", die nur zu Prunk und Luxus taugten[13]. *Gneist* warf den Fideikommissen vor, sie wirkten gegenüber den Inhabern wie eine Aufforderung zur Verschwendung und zum Schuldenmachen, weil die Inhaber für Schulden nicht mit ihren Fideikommißgütern hafteten, was sie von der Sorge um eine verständige Verwaltung ihres Vermögens entbinde[14].

In sozialpolitischer Hinsicht empfand man die Fideikommisse als schädlich, weil das durch sie gebundene Grundeigentum Angehörigen der höheren Stände vorbehalten bleibe. Sie bildeten einen „Kristallisationspunkt für Latifundien" und zeigten die Tendenz, kleinere Bauernhöfe aufzusaugen[15]. Man ziehe mit den Fideikommissen der Vermögensangleichung zwischen den Volksschichten künstliche Schranken und stelle sich in Widerspruch zu den Prinzipien einer Gesellschaft, die keine abgeschlossenen Klassen mehr kenne. Da die Fideikommisse an bestimmte adlige Familien gebunden seien, hätten andere Personen keine Möglichkeit, derartige Güter zu erwerben[16]. Solche Privilegien des Adels gegenüber dem Bürgertum seien mit modernen Rechtsanschauungen unvereinbar[17].

Von anderer Seite wandte man ein, die Erbfolgeordnung der Fideikommisse, die einzelne Erben auf Kosten der anderen bevorzuge, weiche von der naturgemäßen Gleichheit aller Erben ab. Sie sei deshalb Vernunft und Gefühl zuwider und schwäche die Bande der Geschwisterliebe. Die Folge seien Klagen, Neid und Zank ohne Ende. Man störe den Familienfrieden und vergewaltige die Rechte der einzelnen Familienmitglieder[18]. Es gebe nichts Alberneres als ein Recht, das alle Kinder zu Bettlern mache, um eines zu bereichern[19]. Die Fideikommisse untergrüben außerdem die Autorität des Familienvaters; denn sie nähmen ihm die Macht, mißratene Kinder durch Enterbung zu strafen und wohlgeratene durch größere Zuwendungen besonders zu berücksichtigen[20]. Man wies ferner darauf hin, daß die Fideikommisse von den nachgeborenen Kindern nur unter der Voraussetzung ertragen würden, daß diesen gute Stellen im Militär und in der Verwaltung

---

[13] *Miaskowski*, S. 62 (2. Abteilung); *Walcker*, S. 20. Allerdings wandten die Verteidiger ein, durch die allgemeine Wehrpflicht habe sich vieles geändert. Das Militär erziehe manchen Majoratsherrn zu einer verantwortungsbewußten Lebensführung.

[14] *Gneist*, S. 1236, 1361.

[15] *Miaskowski*, S. 58 (2. Abteilung).

[16] *Miaskowski*, S. 58 (2. Abteilung).

[17] Vorlage Nr. 2 von 1878, S. 15; *Miaskowski*, S. 57, 58 (2. Abteilung); *Bothmer*, S. 12, 16; *Walcker*, S. 67, 68; *v. Scheel*, Volkswirtschaftliche Bemerkungen S. 107.

[18] Vorlage Nr. 2 (S. 16); *Bothmer*, S. 13; *Hedemann*, S. 60; *Brentano*, S. 135; *Miaskowski*, S. 61 (2. Abteilung).

[19] *Bothmer*, S. 12, 17, 20, 21; *Miaskowski*, S. 61 (2. Abteilung).

[20] *Miaskowski*, S. 61 (2. Abteilung).

gleichsam als „Familienfideikommisse der Nachgeborenen" sicher seien. Daher werde durch dieses Institut indirekt auch eine Besetzung der Ämter allein nach Leistung und Befähigung verhindert[21].

Außerdem beruhten die Fideikommisse, wie viele Autoren meinten, auf einer vollkommen unbegründeten Ausdehnung der Verfügungsfreiheit ihrer Stifter[22]. Schon die Befugnis, von Todes wegen frei zu verfügen, sei ein Privileg; es gehe zu weit, wenn man auch solche Verfügungen respektieren solle, die in alle Zukunft hinein wirken möchten. Der Staat dürfe seinen Bürgern nicht erlauben, nach Willkür und Laune durch die Errichtung von Fideikommissen die Freiheit ihrer Nachkommen zu beschränken[23]. Überdies seien die Fideikommisse in juristischer Hinsicht der „Ursprung höchst nachteiliger Rechtsanomalien", die durch ihre komplizierten, unübersichtlichen und zersplitterten Regelungen die Freiheit und Sicherheit des Handelsverkehrs gefährdeten[24]. Deshalb sei es am besten, die Fideikommisse gänzlich zu beseitigen[25].

Die Vorkommission sprach sich in ihrem Gutachten vom 16. April 1874 dagegen aus, die Fideikommisse in der Reichskodifikation des Privatrechts zu regeln, und schlug vor, die gesamte Materie den Landesgesetzgebern zu überlassen[26]. Auch der Bericht des Justizausschusses vom 9. Juni 1874 empfahl, die Fideikommisse nicht im bürgerlichen Gesetzbuche zu regeln, sofern man sie überhaupt beibehalten wolle[27]. In ihren Sitzungen vom 22. und 24. September 1874 behielt sich die erste Kommission eine spätere Entscheidung der Frage vor, wie man mit den Fideikommissen verfahren solle[28].

Die mit dieser Frage befaßten Redaktoren des Sachen- und Erbrechts, *Johow* und *Schmitt,* beauftragten ihren gemeinsamen Hilfsarbeiter, den mecklenburgischen Kanzleirat Dr. *Martini,* alle geltenden Rechtsnormen zusammenzustellen und die notwendigen Vorarbeiten für eine Entscheidung der Fideikommißfrage zu liefern. Martini sprach sich nach Abschluß dieser Arbeiten für eine reichsgesetzliche Regelung der Familienfideikommisse aus. Johow schloß sich dieser Ansicht an und schlug Schmitt vor, eine gemeinschaftliche Vorlage zur Fideikommißfrage auszuarbeiten, in der man auch

---

21 *Brentano,* S. 210; *Miaskowski,* S. 62, 63 (2. Abteilung); *Walcker,* S. 67, 68.

22 *Miaskowski,* S. 48, 88 (2. Abteilung); *v. Scheel,* Volkswirtschaftliche Bemerkungen S. 107.

23 Vorlage Nr. 2 von 1878, S. 16; *Humboldt,* Kap. XI (S. 118).

24 Vorlage Nr. 2 a. a. O.

25 Vorlage Nr. 2, S. 15; *Lange,* S. 286; *Lorenz v. Stein,* S. 405. Auf diesen Einwand berief sich auch *Schmitt,* als er gegen eine Aufnahme der Fideikommisse in das BGB eintrat. Vgl. hinten S. 136.

26 Drucksache BR Nr. 53 v. 16. 4. 1874 (*Rassow,* S. 180).

27 Drucksache BR Nr. 78 v. 9. 6. 1874 (*Rassow,* S. 197).

28 Protokoll der 4. u. 5. Sitzg. v. 22. u. 24. 9. 1874 (*Rassow,* S. 217).

etwaige gegensätzliche Standpunkte darlegen könne; er wies darauf hin, daß *Schmitt* und *Planck* in der Frage des Ehegattenerbrechts ähnlich vorgegangen seien[29]. Schmitt lehnte dieses Ansinnen jedoch ab und bemerkte, dergleichen zweitrangige Institute solle man erst behandeln, wenn die Teilentwürfe zur Hauptsache fertiggestellt seien; jene Frage sei jetzt noch nicht spruchreif. Daraufhin arbeitete *Johow* allein eine Vorlage zu Fideikommißfrage aus, die er Schmitt am 30. Mai 1878 zur Einsicht vorlegte[30].

In dieser Vorlage beantragte *Johow*, die Familienfideikommisse unter dem Namen „Stammgutstiftung" in das bürgerliche Gesetzbuch aufzunehmen; die nähere Regelung der Einzelheiten wollte er selbst übernehmen[31]. Er gab zwar zu, daß vom volkswirtschaftlichen, ethischen, rechtsphilosophischen und juristischen Standpunkt manche Bedenken gegen die Fideikommisse sprächen; er war jedoch der Ansicht, die große politische Bedeutung der Fideikommisse überwiege deren Nachteile und mache eine reichsgesetzliche Regelung notwendig[32]. Ein Staatswesen könne nur dann volles Gedeihen finden, wenn über das ganze Land angesehene und bemittelte Personen verbreitet seien, die sich um die öffentlichen Angelegenheiten uneigennützig und mit gründlicher Kenntnis kümmerten. Hierzu bedürfe es der Erhaltung des Großgrundbesitzes, der solchen Personen eine materielle Basis für ihre Tätigkeit zu bieten vermöge. Die einzige Möglichkeit aber, den Großgrundbesitz auf die Dauer zu bewahren, sei die Beibehaltung der Familienfideikommisse[33]. Diese bewährten sich außerdem als geeignetes Mittel, Familiensinn und Familientugenden in ungewöhnlich hohem Maße zu wecken und zu befestigen[34]. Auch bestehe das Institut im größten Teile Deutschlands als kräftige, lebensfähige Einrichtung und nicht nur als halbvergessener Rest[35].

Johow forderte, das Familienfideikommiß in das bürgerliche Gesetzbuch aufzunehmen, weil er wollte, daß es als den anderen Instituten der bürgerlichen Rechtsordnung gleichwertig anerkannt werde. Wenn man die Fideikommisse der Landesgesetzgebung überlasse, so würden sie verkümmern und bald durch die Bundesstaaten aufgehoben werden. Daß die Fideikommisse diese Anerkennung durch das bürgerliche Gesetzbuch verdienten, zeige sich schon daran, daß sie in vielen Kodifikationen geregelt würden[36]. In der

[29] Acta, Bd. I, Aktenstück 117 (Schreiben Schmitts an den bayrischen Justizminister von *Fäustle* vom 21. Juni 1878). Vgl. vorn S. 66 ff. zum Ehegattenerbrecht.

[30] a. a. O.

[31] Vorlage Nr. 2 von 1878, S. 1 I und III.

[32] Vorlage Nr. 2 von 1878, S. 18.

[33] Vorlage Nr. 2 von 1878, S. 18; vgl. auch *Miaskowski*, S. 71, 72 (2. Abteilung).

[34] Vorlage Nr. 2, S. 17; vgl. auch *Miaskowski*, S. 70 (2. Abteilung).

[35] Vorlage Nr. 2, S. 17.

[36] Vorlage Nr. 2, S. 22; vgl. auch *Hedemann*, S. 56—59.

Anhandnahme einer reichsgesetzlichen Regelung der Fideikommisse erblickte Johow überdies eine günstige Gelegenheit, das Institut zu reformieren, seine Mängel zu beseitigen und ihm eine zeitgemäße Form zu geben. Diesem geradezu unabweisbaren Reformbedürfnis könnten die Landesgesetzgeber weit weniger entsprechen als der Reichsgesetzgeber[37].

Nachdem *Schmitt* die Vorlage Johows zur Kenntnis genommen hatte, gab er sie am 18. Juni zurück und behielt sich vor, einen Gegenantrag zu stellen. Am 21. Juni schrieb er dem bayrischen Justizminister, von *Fäustle,* einen vertraulichen Bericht, in welchem er diesen über den Stand der Fideikommißfrage unterrichtete und seine eigene Ansicht darlegte, man solle die Fideikommisse nicht in das BGB aufnehmen. Gleichzeitig enthielt dieses Schreiben eine Bitte Schmitts um nähere Weisungen aus München, wie er sich verhalten solle[38]. Durch Schreiben vom 28. Juni beantwortete von Fäustle den Bericht Schmitts und erklärte sich mit dessen Standpunkt einverstanden[39].

Daraufhin erarbeitete *Schmitt* eine eigene Vorlage und beantragte, die Familienfideikommisse nicht in das BGB aufzunehmen. Für bestehende und neu zu errichtende Fideikommisse solle allein das Landesrecht maßgebend sein. Dort, wo Fideikommisse bestanden, sollten sie nicht beseitigt werden, und dort wo sie nicht bestanden, wollte Schmitt ihre Neueinführung untersagen[40]. Er sah die Fideikommisse als Sondergebilde an, die für eine reichsgesetzliche Gestaltung ungeeignet waren, und berief sich auf die Gutachten der Vorkommission und des Justizausschusses, die beide von einer Aufnahme der Fideikommisse in das bürgerliche Gesetzbuch abgeraten hatten[41].

Kein Institut weise mehr Verschiedenheiten auf als die Fideikommisse. Nicht wenige prinzipielle Rechtsfragen seien in der unterschiedlichsten Art gelöst. Diese Verschiedenheit beruhe darauf, daß die Verhältnisse des Adels in den Bundesstaaten sehr unterschiedlich gestaltet seien. Das Institut diene nicht überall demselben Zweck; teils sei es mit staatlichen Einrichtungen und Organen verknüpft, teils nicht. Der Reichsgesetzgeber sei nicht berufen, alle diese Verschiedenheiten auszugleichen[42].

Schmitt betrachtete es als angemessen, sich darauf zu beschränken, über die Beseitigung oder Nichtbeseitigung der Familienfideikommisse zu entscheiden und, falls man das Institut beibehalte, sein Verhältnis zu den Bestimmungen des bürgerlichen Gesetzbuches zu klären. Alles andere überlasse

[37] Vorlage Nr. 2, S. 23.
[38] Acta, Bd. I, Aktenstück 117.
[39] Acta, Bd. I, Aktenstück 117. Dieses Schreiben ist sehr wohlwollend gehalten und zeugt von einem guten persönlichen Verhältnis zwischen Schmitt und Fäustle.
[40] Vorlage Nr. 3 von 1878, S. 1.
[41] Vorlage Nr. 3, S. 6, 9.
[42] Vorlage Nr. 3, S. 14.

man am besten der Landesgesetzgebung[43]. Er hielt die Aufgaben der Kommission ohnehin für schwierig genug und warnte davor, sich mit einer Regelung dieser Materie zu verzetteln[44]. Wenn das Familienfideikommiß als landesrechtliches Institut verkümmern und schließlich verschwinden sollte, so sei das kein allzu großer Schaden; werde doch in diesem Fall das Rechtsleben nur um eine Anomalie ärmer gemacht, die in ihren praktischen Wirkungen immer ein Klassenrecht bleibe, sogar wenn man die formelle Beschränkung der Fideikommisse auf den Adel dem Buchstaben nach fallen lasse[45]. Ein politisches Bedürfnis nach Beibehaltung des Großgrundbesitzes bestehe in erster Linie in den Bundesstaaten; die Zwecke des Reichs würden davon nur mittelbar berührt. Gerade das spreche für eine landesrechtliche und gegen eine reichsgesetzliche Regelung der Familienfideikommisse[46]. Der Gedanke eines einheitlichen deutschen Zivilrechts werde kaum Abbruch erleiden, wenn man ein solch anomales Institut der Landesgesetzgebung überlasse[47].

Beide Redaktoren legten ihre abweichenden Vorlagen der Gesamtkommission zur Entscheidung vor, die in ihrer Sitzung vom 23. Oktober 1878 darüber beriet, wie man mit den Fideikommissen verfahren solle[48]. Eine gänzliche Beseitigung der Fideikommisse wurde innerhalb der Kommission von keiner Seite vorgeschlagen. Hingegen war umstritten, ob und in welchem Umfang man diese Materie in das bürgerliche Gesetzbuch aufnehmen solle[49]. Außer den Vorschlägen *Johows* und *Schmitts* wurde ein Antrag vorgebracht, die Fideikommisse zwar reichsgesetzlich zu regeln, ihre Einführung aber den Landesgesetzen zu überlassen. Von anderer Seite wurde angeregt, dem Landesgesetzgeber einen reichsgesetzlichen Rahmen für die Ausgestaltung der Materie zu ziehen. Ein weiterer Vorschlag ging dahin, die privatrechtliche von der öffentlichrechtlichen Seite der Fideikommisse zu trennen, jene reichsgesetzlich und diese landesgesetzlich zu regeln. Schließlich beschloß die Kommission, die Regelung bestehender und neu zu errichtender Fideikommisse der Landesgesetzgebung zu überlassen. Erst in den Hauptberatungen solle entschieden werden, ob die Landesgesetzgeber neue Fideikommisse unbegrenzt oder nur innerhalb gewisser Schranken zulassen dürften[50].

---

[43] Vorlage Nr. 3 von 1878, S. 15.
[44] Vorlage Nr. 3, S. 16.
[45] Vorlage Nr. 3, S. 17, 19.
[46] Vorlage Nr. 3, S. 18, 19.
[47] Vorlage Nr. 3 von 1878, S. 20. Möglicherweise ist diese sehr negative Einstellung Schmitts zu den Fideikommissen zu einem guten Teil auf seine kleinbürgerliche Herkunft zurückzuführen.
[48] Protokoll der 13. Sitzung v. 23. 10. 1878.
[49] Protokoll a. a. O.
[50] Protokoll der 13. Sitzung v. 23. 10. 1878.

Entsprechend diesem Beschluß sah *Schmitt,* dem von der Kommission die weitere Bearbeitung dieser Materie übertragen wurde, in seinem Teilentwurf von einer reichsgesetzlichen Behandlung der Fideikommisse ab. Jedoch sollte es den Landesgesetzgebern verboten sein, das Institut der Fideikommisse in Gebieten neu einzuführen, in denen es bislang noch nicht bestanden hatte[51].

Seinen Vorschlägen stimmte die erste Kommission 10 Jahre später während ihrer Hauptberatungen im März 1888 im großen und ganzen zu. Sie beschloß, daß die landesgesetzlichen Vorschriften über Fideikommisse durch das BGB unberührt bleiben sollten[52]. Sie sah keinen Anlaß, generell die Errichtung neuer Fideikommisse zu beschränken und erblickte — anders als Schmitt — auch keinen Grund, die Einführung dieses Instituts in jenen Gebieten zu untersagen, in denen es bisher noch nicht bestand. Schmitts Vorschlag entspreche nicht dem Vorbeschluß vom 23. Oktober 1878 und lasse dem Landesgesetzgeber zu wenig Spielraum, wenn es gelte, lokale Bedürfnisse zu berücksichtigen[53].

Die Behandlung der Fideikommisse macht deutlich, daß die erste Kommission in ihrer Mehrheit nicht bereit war, im Streit um die sozialpolitische und wirtschaftliche Existenzberechtigung dieses Instituts eindeutig Stellung zu beziehen. Eine gänzliche Beseitigung hat sie niemals erwogen. Andererseits war die Kommission nicht bereit, die Fideikommisse als gleichwertig neben der allgemeinen bürgerlichen Rechtsordnung anzuerkennen und in das BGB aufzunehmen. Insgesamt ging die Kommission kommentarlos an dem ganzen Institut vorbei und überließ es vollständig der Landesgesetzgebung[54]. Die politischen Gründe *Johows* für eine reichsgesetzliche Regelung stießen bei ihr auf Widerstand, da sie nach Möglichkeit juristisch zu argumentieren und zu denken suchte. Allerdings gingen ihre rechtlichen Überlegungen nicht so weit, daß sie, entsprechend ihrem Vorgehen beim Anerbenrecht, versucht hätte, durch Rahmenvorschriften einige Prinzipien des allgemeinen Erbrechts für die Fideikommisse zwingend vorzusehen. Die Fideikommisse schienen der Mehrheit einer solchen Förderung nicht wert zu sein; sie stand ihnen kritischer und weniger wohlwollend gegenüber als dem Anerbenrecht.

Menger tadelte, daß der Entwurf die Familienfideikommisse weiterhin bestehen ließ. Er warf der ersten Kommission vor, sie habe dem aristokratischen Element der zwangsweisen Erbvereinigung Raum gegeben, das naturgemäß auf Erhaltung der den adligen und besitzenden Schichten günstigen

---

[51] Motive TE S. 1227; §§ 15—17 EGBGB.
[52] Prot. I, S. 12 702 (754. Sitzung v. 12. 3. 1888).
[53] § 17 TE EGBGB; Prot. I, S. 12 705 (754. Sitzung v. 12. 3. 1888).
[54] *Hedemann,* S. 57.

Lage gerichtet sei[55]. Allerdings sah er in den Familienfideikommissen keine unmittelbare Bedrohung des Proletariates, da die infolge deren Zulassung enterbten Kinder gewöhnlich nicht in dieses, sondern in andere Bevölkerungskreise absteigen würden. Auch erkannte er, daß eine völlige Beseitigung der Familienfideikommisse kaum durchzusetzen war, verlangte aber wenigstens ein reichsgesetzliches Verbot der Errichtung neuer Fideikommisse[56].

Andere Kritiker waren ebenfalls der Ansicht, die Fideikommisse hätten in manchen Teilen Deutschlands einen Umfang angenommen, der für Kultur und Volkswirtschaft schädlich sei und der Erhaltung und Vermehrung eines leistungsfähigen Bauernstandes hindernd im Wege stehe[57]. Sie verlangten, daß die Neuerrichtung von Familienfideikommissen reichsgesetzlich erschwert werde[58].

Die Mehrzahl aller Kritiker aber erklärte sich damit einverstanden, daß der 1. Entwurf die Regelung und Ausgestaltung der Familienfideikommisse der Landesgesetzgebung überließ und sich selbst jeder Stellungnahme enthielt[59]. *Petersen* betonte, wegen der großen wirtschaftlichen und sozialen Bedeutung der Fideikommisse würde eine reichsgesetzliche Regelung zwar den Vorrang vor einer nur landesrechtlichen verdienen; man könne den Entwurf jedoch nicht tadeln, daß er diesen Weg nicht eingeschlagen habe. Es sei besser, wenn man das BGB nicht mit dieser Materie belaste, die in vielen Punkten äußerst streitig sei, schwierige wirtschaftliche Fragen aufwerfe und viel politischen Sprengstoff enthalte[60]. Auch andere Kritiker pflichteten dem bei. *Mecke* hielt es für besser, diesen Streit besonders auszutragen, falls er überhaupt austragungsfähig sei[61].

Gierke hingegen vertrat die Ansicht, das BGB dürfe nicht „mit einem leichten Achselzucken" an den Fideikommissen vorübergehen, wenn es seine Aufgabe nicht verfehlen wolle[62]. Halte es das Institut für verderblich und überlebt, so müsse es auch den Mut finden, die Fideikommisse zu verbieten. Betrachte man sie aber als lebenskräftig und heilsam, so müsse man ihnen

---

55 *Menger*, S. 220, 226. Ähnliche Vorwürfe hatte *Menger* auch gegenüber dem Anerbenrecht erhoben. Vgl. S. 125.

56 *Menger*, S. 227; vgl. auch S. 125.

57 *Fuld*, Gruchot 33, 631, 632.

58 *Pfizer*, S. 8; *Fuld*, S. 146; Breslauer Zeitung v. 8. 9. 1888 und 4. 1. 1890. Dieses Argument lag einem in der zweiten Kommission gestellten Antrag zu Grunde, der ein Verbot der Neuerrichtung von Fideikommissen forderte. Siehe unten S. 140 f.

59 *Vollert*, S. 308; *Miaskowski*, LÖK S. 118; *Strehlke*, S. 944; *Petersen*, S. 19; *Mecke*, S. 8.

60 *Petersen*, S. 19, 20. Diesen Gesichtspunkt hatte auch Schmitt in den Beratungen der ersten Kommission hervorgehoben. Siehe unten S. 137.

61 *Mecke*, S. 8.

62 *Gierke*, Aufgabe S. 24.

ein zugleich deutsches und modernes Rechtsgewand schaffen[63]. Gierke selbst trat für eine Erhaltung und Reform der Fideikommisse ein. Den Grundgedanken des Instituts, sozial hervorragenden Familien zur Erhaltung ihres Glanzes und Ansehens eine materielle Grundlage zu sichern, hielt er für berechtigt[64]. Er wollte die Fideikommisse zu einem Familieneigentum umgestalten. Die genossenschaftlich organisierte und durch ihre Organe vertretene Gesamtperson „Familie" solle volle und freie Eigentümerin der Familienfideikommisse werden[65]. Das Vorgehen der ersten Kommission sei eine „ebenso bequeme wie unwürdige Abwälzung der dem deutschen Gesetzgeber gestellten Aufgabe einer Reform" der Familienfideikommisse[66].

Graf *Bothmer* betonte, die Unklarheit des gegenwärtigen Rechtszustandes gebiete eine reichseinheitliche Regelung der Familienfideikommisse. Er schlug vor, alle Eigentümlichkeiten dieses Instituts, die den bürgerlichen Rechtsanschauungen widerstrebten, zu beseitigen und den Abkömmlingen eines Fideikommißinhabers wenigstens zum Teil Pflichtteilsansprüche auf die Einkünfte des Gutes zu sichern[67]. Aus Adelskreisen wurde im übrigen nichts zur Fideikommißfrage laut. Sie waren offensichtlich zufrieden, daß der bestehende Rechtszustand durch den Reichsgesetzgeber nicht angetastet und die Rechte des Adels durch den Entwurf nicht geschmälert wurden. Auf eine Regelung der Fideikommisse im BGB legten sie augenscheinlich nur geringen Wert. Der Adel fühlte sich — anders als die Bauern — als sozial stärkste Schicht, die nicht darauf angewiesen war, daß ihre Sonderrechte im Rahmen einer Reichskodifikation als der allgemeinen Regelung gleichwertig anerkannt wurden.

In der zweiten Kommission, die am 17. Oktober 1895 über die Fideikommisse beriet, war man einig, sie nicht in das BGB aufzunehmen, sondern der Landesgesetzgebung zu überlassen. Auch wurde von keiner Seite vorgeschlagen, sie gänzlich zu beseitigen. Dagegen lag ein Antrag vor, die Errichtung neuer Familienfideikommisse von Reichs wegen zu verbieten[68]. Die Antragsteller hoben hervor, welche „kulturschädlichen Wirkungen" von den Fideikommissen ausgingen[69]. Man betonte, daß wirtschaftliche und sozial-

---

[63] *Gierke*, Stellung S. 436.

[64] *Gierke*, Stellung S. 431. Diese Gedanken finden sich auch bei Johow in den Beratungen der ersten Kommission. Vgl. vorn S. 135.

[65] *Gierke*, Stellung S. 433.

[66] *Gierke*, Stellung S. 434; *Gierke*, Entwurf S. 567; *Gierke*, Aufgabe S. 24. So auch *Bornhak*, S. 215.

[67] *Bothmer*, S. 28, 29.

[68] Prot. II, S. 8787 (430. Sitzung v. 17. 10. 1895); Bd. 6, S. 369.

[69] Bd. 6, S. 370. Gerade diese Wirkungen hatte man den Fideikommissen im Laufe des 19. Jahrh. immer wieder zum Vorwurf gemacht. Vgl. vorn S. 132 ff. In den Beratungen der ersten Kommission war dieser Gesichtspunkt hingegen kaum erörtert worden. Vgl. vorn S. 137.

politische Nachteile unabhängig von besonderen lokalen Verhältnissen in der Natur der Fideikommisse begründet lägen und daß deshalb eine reichsgesetzliche Abhilfe vonnöten sei. Die Antragsteller hoben hervor, sie hielten den durch dieses Rechtsinstitut angerichteten Schaden für so groß, daß eine gänzliche Beseitigung der Fideikommisse angebracht sei. Sie wollten sich jedoch vorerst mit einem Verbot der Neuerrichtung begnügen; denn die Kommission sei nicht die richtige Instanz für einen tiefergreifenden Einschnitt in den bestehenden Rechtszustand[70].

Die Kommission lehnte den Antrag ab; sie ließ sich gar nicht auf eine Diskussion der Vor- und Nachteile der Familienfideikommisse ein und betonte, nach den geltenden politischen und sozialen Anschauungen bestehe ein Bedürfnis, neue Fideikommisse zu errichten. Solange sich diese Anschauungen nicht änderten, müsse der Gesetzgeber für derartige Bedürfnisse eine geeignete Rechtsform aufrechterhalten[71]. Ob diese Anschauungen sich auf die Dauer halten würden, hielt man für ungewiß. Man betrachtete es aber nicht als Aufgabe der Kommission, in diese Entwicklung in irgendeiner Weise einzugreifen[72].

Diese Stellungnahme läßt das Verhältnis der zweiten Kommission zu politischen und sozialen Fragen deutlich werden. Sie erblickte die Aufgabe des Gesetzgebers vor allem darin, Bestehendes rechtlich zu sanktionieren. Sozialpolitische Entwicklungen wollte sie hingegen sich selbst überlassen. Erst wenn diese Entwicklungen zu einem bestimmten Ergebnis gekommen seien, habe der staatliche Gesetzgeber einzugreifen. — Gleichzeitig ist die Haltung der zweiten Kommission von dem Bemühen gekennzeichnet, den sozialpolitischen Sprengstoff der Fideikommißfrage nach Möglichkeit vom BGB fernzuhalten und deshalb zu diesem Problem jede Stellungnahme zu vermeiden, die zu Auseinandersetzungen im Reichstag hätte führen müssen und das Zustandekommen des Gesetzes hätte gefährden können. Dieses Ziel hat sie vollkommen erreicht; denn während der Beratungen des Reichstages hat die Frage der Familienfideikommisse keinen Anlaß mehr zu Streitigkeiten geboten[73].

Es ist aufschlußreich, die Behandlung des Familienfideikommisses mit der Stellungnahme des Gesetzgebers zur fideikommissarischen Substitution des römischen Rechts zu vergleichen. Dieses Institut beruhte auf der Befugnis des Erblassers, anzuordnen, daß sein Nachlaß nicht in der Hand des zunächstberufenen Erben bleiben, sondern unter bestimmten Voraussetzungen auf eine andere Person übergehen solle. Räumt man dem Erblasser dieses Recht ohne Einschränkungen ein, so kann er sein Ver-

---

[70] Prot. II, Bd. 6, S. 371.

[71] Prot. II, Bd. 6, S. 371.

[72] Prot. II, Bd. 6, S. 371.

[73] Lediglich die Abgeordneten *Kaufmann* und *Stadthagen* tadelten den Entwurf, weil er die Fideikommisse weiterhin bestehen ließ. Vgl. St. B. R. T., S. 732, 742, 3058.

mögen auf Generationen festlegen und vor Veräußerungen bewahren[74]. Ein solches Vorgehen war im gemeinen und im sächsischen Recht unbegrenzt zulässig und allen Bürgern gestattet[75]. Auch die fideikommissarische Substitution war im 19. Jahrhundert Gegenstand heftiger Angriffe gewesen. Da sie im Unterschied zum Fideikommiß jedoch nicht mit politischen Sonderrechten und Vorteilen des Adels verknüpft war, wurden gegen dieses Institut außer juristischen nur wirtschaftliche Argumente ins Feld geführt. Eine solche Bindung des Vermögens widerspreche der Notwendigkeit freien Güterverkehrs und Handelsaustausches; sie beruhe auf einer übertriebenen Steigerung der Verfügungsfreiheit des Erblassers[76]. Allerdings hatten diese Angriffe nicht erreicht, daß eines der in Deutschland geltenden Rechte die fideikommissarische Substitution schlechthin verbot. Vielmehr beschränkten sich fast alle Gesetzgebungen darauf, die Zahl der zulässigen Nacherbfälle zu beschränken[77].

Die erste Kommission beschloß bereits in ihren 1875 durchgeführten Vorberatungen, die fideikommissarische Substitution zuzulassen, die Zahl der zulässigen Substitutionen jedoch wesentlich zu beschränken, wie Schmitt es beantragt hatte. Sie faßte aber über Art und Umfang der Einschränkungen keine Beschlüsse[78]. *Schmitt* schlug im Teilentwurf zum Erbrecht vor, die Zahl der Sukzessionen so zu begrenzen, daß der Nachlaß nur einmal das Subjekt wechseln könne[79]. Die erste Kommission war mit dieser Art der Beschränkung nicht einverstanden. Sie wollte nicht nur die Zahl der Sukzessionsfälle, sondern auch die Zeit, innerhalb deren der Nacherbfall eintreten müsse, begrenzen[80]. Nur so glaubte sie eine „übermäßig lange Vinkulierung des Nachlasses" verhindern zu können[81].

Daß der Entwurf die Nacherbfolge im allgemeinen Erbrecht auf eine Generation beschränkt hatte, wurde in der Kritik allgemein begrüßt. Der Entwurf wurde gelobt, weil er den volkswirtschaftlichen und sozialpolitischen Bedenken Rechnung getragen hatte, die gegen eine Bindung des Nachlasses über Generationen hinaus und eine Beschränkung der Erben in ihrer Verfügungsfreiheit erhoben wurden. Lediglich die zweckmäßigste Art der Beschränkung war — wie in der ersten Kommission — umstritten[82].

Gierke verlangte demgegenüber, die Nacherbschaft unbegrenzt zuzulassen. Die Regelung des Entwurfes mache es unmöglich, der künftigen Nachkommenschaft den

---

[74] *Gerber*, S. 116; *Beseler*, § 181 (S. 826); *Unger*, Bd. 1, § 44 (S. 349 N. 8); Vorlage Nr. 2 von 1878, S. 8.

[75] *Windscheid*, § 561; sächs. BGB § 2507. Da das gemeine Recht nach dem Grundsatz „semel heres semper heres" keine Vor- und Nacherbschaft kannte, behandelte es die fideikommissarische Substitution als Universalvermächtnis der gesamten Erbschaft.

[76] Motive TE S. 178, 179; *Hedemann*, S. 53 ff. Vgl. dazu auch S. 134 für die Fideikommisse.

[77] Motive TE S. 179. Zwei Sukzessionen ließen zu: ALR I, 12 §§ 55, 57; *Mommsen*, § 465. Eine Sukzession ließen zu: Code civil art. 1048 ff.; preuß. Entw. 1835 I, 12 §§ 52, 54; hess. Entw. Art. 162 Abs. 1; bayr. Entw. Art. 499—502 (Motive TE S. 194).

[78] Vorlage Nr. 17 v. 1875, § 2 VI; Prot. d. 14. Sitzg. v. 27. 10. 1875.

[79] § 72 TE Erbrecht; Motive TE S. 194.

[80] Prot. I, S. 9161 (570. Sitzung v. 6. 9. 1886).

[81] Prot. I, S. 9162, 9163, 9165 (570. Sitzung v. 6. 9. 1886); §§ 1812, 1813 E I.

[82] *Menger*, S. 219; *Petersen*, S. 53; *Baron*, S. 230; *Schilling*, S. 17. Von den Bundesregierungen sprachen sich lediglich Baden und Elsaß-Lothringen gegen jede Nacherbeinsetzung aus. Vgl. Zusammenstellung BReg. Bd. 2, S. 154.

Nachlaß so zu sichern, daß auch jene Nacherben sukzedieren könnten, die beim Tod des Vorerben noch nicht lebten. Die Kommission berufe sich für ihre Entscheidung auf volkswirtschaftliche Gründe. Merkwürdigerweise geschehe dies immer dann, wenn eine „Vinkulierung" von Vermögen tunlichst verhindert werden solle[83].

Die zweite Kommission war einhellig der Meinung, es sei notwendig, der Nacherbfolge gewisse Schranken zu setzen. Die Ansichten gingen lediglich darüber auseinander, welche Beschränkungen am zweckmäßigsten seien. Im Ergebnis gab man dem Erblasser die Befugnis, die Geschicke seines Nachlasses für die durchschnittliche Dauer eines Menschenlebens, d. h. für 30 Jahre von seinem Tode an gerechnet, durch Anordnung einer Nacherbfolge zu bestimmen[84].

Im Bereiche des allgemeinen Erbrechts war man ohne weiteres bereit, der Willensfreiheit des Erblassers dort Grenzen zu setzen, wo dieser seine Freiheit dazu benutzen wollte, die Freiheit der Erben und des allgemeinen Handelsverkehrs einzuengen, indem er sein Vermögen auf Generationen hinaus festlegte. Diese Wertung war dem Gesetzgeber so selbstverständlich, daß man gar nicht über das „ob" einer Begrenzung der Nacherbfolge, sondern nur über das „wie", deren zweckmäßigste Begrenzung, beriet. Das allgemeine Erbrecht wurde also unbedenklich den Bedürfnissen der liberalen Wirtschaftsgesellschaft angepaßt, die auf freien Handelsverkehr und Warenaustausch angewiesen war. Bei der Gestaltung des allgemeinen Erbrechts war das Bürgertum sozusagen „unter sich" und brauchte nicht auf politische und soziale Sonderinteressen anderer Gruppen Rücksicht zu nehmen wie bei den Familienfideikommissen, die man nicht beseitigte, sondern weiter duldete.

Erst Artikel 155, Absatz 2, Satz 2 der Weimarer Reichsverfassung von 1919 schrieb eine Beseitigung der Fideikommisse im Wege der Landesgesetzgebung vor.

3. Kapitel

STAMMGÜTER

Stammgüter waren diejenigen Landgüter des Adels, die sich kraft autonomer Satzung, landesrechtlicher Vorschriften oder Gewohnheitsrechts in einer Familie fest forterbten. Sie konnten vom jeweiligen Inhaber nur mit Zustimmung seiner Söhne oder der sonstigen zur Veräußerungszeit lebenden Agnaten veräußert werden. Der Übergang der Stammgüter auf die Erben vollzog sich auf Grund eines Erbteilungsvorzuges oder in Form der Individualsukzession, bei der das Gut gesondert vom übrigen Nachlaß auf die

[83] *Gierke*, Entwurf S. 512. Gierke befürwortete auch die Beibehaltung der Fideikommisse. Vgl. vorn S. 140.

[84] Prot. II, Bd. 5, S. 85; vgl. § 2109 BGB; *Rüger*, S. 435.

Erben überging[1]. Die erbberechtigten Verwandten wurden nach Alter und Geschlecht bevorzugt bzw. zurückgesetzt. So ging der Mannesstamm den Töchtern und der Witwe des Erblassers vor; jedoch gab es hier Unterschiede. Bald ging der gesamte Mannesstamm vor, bald traten die Töchter und die Witwe des Erblassers nur hinter dessen Söhnen zurück. Auch gab es unter den männlichen Nachkommen häufig den Altersvorzug des erstgeborenen Sohnes[2].

Die Vorkommission schlug bereits in ihrem Gutachten vom 16. April 1874 vor, das Recht der Stammgüter nicht in das BGB aufzunehmen; denn es handele sich um ein im Absterben begriffenes Institut, das als „trümmerhafter Rest mittelalterlichen Wirtschafts- und Verwaltungssystems" in die Gegenwart hineinrage[3]. Diesen Standpunkt teilte auch der Bericht des Bundesratsausschusses für das Justizwesen[4]. Die erste Kommission sprach sich in ihren Vorberatungen im Jahre 1874 ebenfalls gegen eine Aufnahme der Stammgüter in das BGB aus, behielt sich aber vor, später zu entscheiden, ob man sie überhaupt noch ferner zulassen und welche Stellung man ihnen gegenüber den Vorschriften des BGB einräumen solle[5].

Schmitt unterschied in seinem Teilentwurf zwischen den Stammgütern des hohen Adels, die auf der Autonomie der landesherrlichen Familien oder des landesgesetzlich mit Autonomie ausgestatteten Adels beruhten, und Stammgütern des niederen Adels, die ihre Grundlage im partikularrechtlichen Gewohnheitsrecht oder Landesrecht hatten, das vielfach aus dem Mittelalter überkommen war[6]. Stammgüter des hohen Adels fanden sich überall in Deutschland mit Ausnahme der Gebiete des französischen Rechts; Stammgüter des niederen Adels gab es in Schlesien, einigen Teilen der Rheinprovinz, Westfalen, Hannover, Hessen, Baden, Lippe-Detmold und Schaumburg-Lippe[7].

Soweit die Stammgüter auf autonomer Satzung beruhten, bildete ihre rechtliche Ausgestaltung einen Teilbereich der Autonomie des hohen Adels, die Schmitt durch das BGB unangetastet lassen wollte, nachdem der bayri-

---

[1] *Beseler,* § 180 (S. 810); Motive TE S. 1211; *Stobbe,* § 196 (S. 516—519, insbes. S. 518).

[2] *Beseler,* § 180 (S. 811); Motive TE S. 1216.

[3] Drucksache BR Nr. 53 v. 16. 4. 1874 (*Rassow,* S. 180).

[4] Drucksache BR Nr. 78 v. 9. 6. 1874 (*Rassow,* S. 197).

[5] Protokoll der 5. Sitzung v. 22. 9. 1874 (*Rassow,* S. 217).

[6] Motive TE S. 1211; *Beseler,* § 180 (S. 810, 811); *Stobbe,* § 196 (S. 517, 518) mit näheren Hinweisen.

[7] Motive TE S. 1212—1214. Im Fürstbistum Münster beruhten die Stammgüter auf Gewohnheitsrecht, im Rheinland auf einer alten kurkölnischen Rechtsordnung, waren hier aber durch den Code civil zum Teil beseitigt worden.

sche Justizminister ihm dies nahegelegt hatte[8]. Die übrigen adligen Stammgüter wollte Schmitt aus denselben Gründen weiterhin zulassen, aus denen er für das Anerbenrecht eintrat[9]. Allerdings hatte er gegenüber diesen Stammgütern erhebliche Vorbehalte. Er erklärte, sie grenzten bedenklich nahe an Standesvorrechte, und ihr Fortbestand werde durch wirtschaftliche Gründe nicht so zwingend erfordert wie die Weitergeltung des Anerbenrechts. Der politische Zweck der Stammgüter sei längst erloschen. Es könne des Guten auch zuviel geschehen, wenn Anerbenrecht, Stammgüter, Fideikommisse und Lehen nebeneinander aufrechterhalten blieben[10]. Da das Stammgüterrecht jedoch in vielen Bundesstaaten bestand und seine Beseitigung in die Anwartschaftsrechte der schon lebenden Agnaten eingegriffen und schwierige Übergangsbestimmungen erfordert hätte, konnte Schmitt sich nicht entschließen, die Stammgüter aufzuheben und ihre Neuerrichtung zu verbieten. U. a. befürchtete er, daß der Adel durch den Wegfall der Stammgüter zur Errichtung von Fideikommissen gedrängt würde, die Schmitt für weit anomaler hielt als jene[11]. So lehnte Schmitt im Anschluß an die Beschlüsse von 1874 eine Beseitigung der Stammgüter ab und überließ diese völlig der Landesgesetzgebung[12].

Die erste Kommission schloß sich diesen Vorschlägen an; auch sie unterschied zwischen den auf autonomer Satzung beruhenden Stammgütern des hohen Adels und den übrigen, kraft Landesrechts oder Gewohnheitsrechts bestehenden Stammgütern. Die Sonderrechte des hohen Adels, d. h. der landesherrlichen und der bis 1806 reichsständischen Familien, sollten durch das BGB gar nicht berührt werden. Da diese Autonomie auch die Stammgüter umfaßte, wurden diese durch das BGB nicht betroffen[13]. Zu einer Beseitigung der Stammgüter des niederen Adels konnte man sich ebenfalls nicht entschließen. Man verkannte nicht, daß vom Standpunkt der Rechtseinheit Bedenken gegen eine Zulassung der Stammgüter sprächen; deren Begriff sei

---

[8] Motive TE S. 1211; Acta, Bd. I, Aktenstück 113 (Brief *v. Fäustles* an *Schmitt* vom 20. 4. 1878): „Ohne auf Euer Hochwohlgeboren wissenschaftliche Überzeugung irgendwie einwirken zu wollen, darf ich es doch als den allerhöchsten Intentionen entsprechend bezeichnen, daß Euer Hochwohlgeboren in der vorliegenden Frage für eine im Sinne des umstehend dargestellten Standpunktes liegende Lösung derselben schon in der Commission zu wirken suchen möchte." Dieser Brief macht gleichzeitig deutlich, daß die Regierungen der Bundesstaaten sich nicht scheuten, in den Gang der Kommissionsberatungen einzugreifen und auf ihre Delegierten einzuwirken, wenn sie ihre Interessen als bedroht ansahen.

[9] Motive TE S. 1217. Vergleiche dazu vorn S. 116 f. für das Anerbenrecht.

[10] Motive TE S. 1217.

[11] Motive TE S. 1217; auch *Mommsen* hatte eine Beseitigung der Stammgüter abgelehnt; § 3 Nr. 2 Entwurf eines Einführungsgesetzes.

[12] § 14 TE EGBGB.

[13] Prot. I, S. 12 686 (753. Sitzg. v. 10. 3. 1888); vgl. Art. 33, 34 E I EGBGB.

sehr unbestimmt. Jedoch war die Kommission der Ansicht, die Rücksicht auf den bestehenden Rechtszustand sowie die sozialen und wirtschaftlichen Zwecke der Stammgüter ständen deren Beseitigung entgegen. Außerdem ließen sich Fideikommisse und Stammgüter häufig nicht genau voneinander trennen, so daß es in solchen Fällen zweifelhaft bleibe, ob die betreffenden Güter den Charakter eines Familienfideikommisses oder Stammgutes hätten. Ein Verbot der Stammgüter müßte daher zu Streitigkeiten und Rechtsunsicherheiten führen[14]. Man zog es vor, das Recht der Stammgüter ohne nähere Umgrenzung völlig der Landesgesetzgebung zu überlassen[15].

Diese Stellungnahme des ersten Entwurfes fand in der Kritik ausnahmslose Zustimmung[16]. Auch in den Beratungen der zweiten Kommission wurde die vollständige Überweisung des Stammgüterrechts an den Landesgesetzgeber ohne besondere Erörterung sofort gebilligt[17].

4. Kapitel

LEHEN

Als Lehen bezeichnete man ein weit ausgedehntes Nutzungs- und Gebrauchsrecht an fremden Gegenständen, das einem Vasallen von seinem Herrn unter Verpflichtung zu wechselseitiger Treue verliehen worden war[1]. Das Lehensrecht war vererblich; die Lehenserbfolge war ähnlich geordnet wie die Erbfolge in Stammgüter. Es wurden die Nachkommen des letzten Lehenmannes zur Erbfolge berufen. Fehlten solche, so gelangten dessen Seitenverwandte zur Erbfolge[2]. Die Lehenserbfolge war in der Regel agnatisch; Frauen und deren Nachkommen wurden also gewöhnlich von ihr ausgeschlossen. Doch gab es auch Kunkellehen, die seit alters auf Frauen vererblich waren[3]. Ferner war es üblich, bei der Lehenserbfolge das Alter in gewisser Weise zu berücksichtigen und die Erstgeborenen zu bevorzugen[4]. Allgemein betrachtete man das Lehen im 19. Jahrhundert als absterbendes Institut, das sich überlebt hatte. In fast allen Teilen des Reiches war es

---

[14] Prot. I, S. 12 703 (754. Sitzung v. 12. März 1888).

[15] Prot. I, S. 12 703 (754. Sitzung v. 12. März 1888).

[16] *Gierke*, Stellung S. 435; *Fuld*, S. 146; *Petersen*, S. 17; *Mecke*, S. 7; *Miaskowski*, LÜK S. 117; *Vollert*, S. 308; *Pfizer*, S. 8.

[17] Prot. II, S. 8791 (430. Sitzung v. 17. 10. 1895); Bd. 6, S. 371: „Im übrigen wurde Artikel 35 nicht beanstandet."

[1] Motive TE S. 1228; *Beseler*, § 154 (S. 698 ff.).

[2] *Beseler*, § 171 (S. 773).

[3] *Beseler*, § 170 (S. 772, 773); § 171 (S. 776).

[4] *Beseler*, § 171 (S. 776).

landesrechtlich entweder schlechthin ausgeschlossen worden oder hatte man doch die Ablösbarkeit der einzelnen Lehen angeordnet und gleichzeitig verboten, neue zu errichten[5].

Die Vorkommission hatte sich in ihrem Gutachten vom 15. April 1874 gegen eine Aufnahme des Lehenrechtes in das bürgerliche Gesetzbuch ausgesprochen, da es nur noch als „trümmerhafter Rest mittelalterlichen Wirtschaftslebens" in die Gegenwart hineinrage[6]. Diesen Standpunkt teilte auch der Bundesratsausschuß für das Justizwesen[7]. Die erste Kommission hatte in ihrer Sitzung vom 22. September 1874 ebenfalls einen Ausschluß des Lehenrechts aus der Reichskodifikation des Zivilrechts befürwortet und sich die Entscheidung der Fragen vorbehalten, ob dieses Institut noch ferner zuzulassen und welche Stellung ihm im Verhältnis zu den Bestimmungen des BGB zu geben sei[8].

Da das Lehenrecht in einigen Teilen Deutschlands, wenn auch stark beschränkt, noch bestand, sah *Schmitt* von seiner gänzlichen Beseitigung ab. Er schlug einen Mittelweg ein, indem er die künftige Neuerrichtung von Lehen reichsgesetzlich verbieten wollte, wogegen bestehende Lehen bestehen bleiben und nach Landesrecht beurteilt werden sollten[9]. Unter Neuerrichtung wollte Schmitt auch die Wiederverleihung heimgefallener Lehen verstanden wissen. Ferner sollte es der Landesgesetzgebung freistehen, bestehende Lehen aufzuheben oder für ablösbar zu erklären[10]. Allerdings beschränkte Schmitt seine Vorschläge auf Privatlehen. Staats- und Thronlehen wollte er von dem Vorbehalt ausgenommen wissen; denn öffentliche Interessen und politische Notwendigkeiten geböten deren Aufrechterhaltung[11].

Die Kommission stimmte den Vorschlägen Schmitts im großen und ganzen zu. Sie lehnte es jedoch ab, die Neuerrichtung von Privatlehen zu verbieten. Man begründete dies damit, daß ein solches Verbot nur geringe praktische Bedeutung habe; deshalb bestehe kein genügender Anlaß, reichsgesetzlich in dieser Richtung einzugreifen. Außerdem ergäben sich Schwierigkeiten bei der Abgrenzung von Privat- und sonstigen Lehen. Schließlich überließ man das gesamte Lehenrecht, ohne es näher zu definieren, der Landesgesetzgebung[12].

Auch die Kritiker des ersten Entwurfes erklärten sich sämtlich mit dessen Entscheidung einverstanden[13]. Sie waren allgemein der Ansicht, daß es sich

---

[5] Motive TE S. 1228; *Beseler*, § 172 (S. 783 ff., Noten 34, 35).

[6] Drucksache BR Nr. 52 (*Rassow*, S. 180).

[7] Drucksache BR Nr. 78 (*Rassow*, S. 197).

[8] Prot. der 5. Sitzung v. 22. 9. 1874.

[9] Motive TE S. 1229; § 18 TE EGBGB.

[10] Motive TE S. 1229.

[11] Motive TE S. 1230.

[12] Prot. I, S. 12 705 (754. Sitzung v. 12. März 1888).

[13] *Fuld*, Gruchot 33, 631; Zeitschrift für Agrarpolitik S. 146.

um ein absterbendes Institut handle, dessen reichsgesetzliche Beseitigung überflüssig sei, weil sie sich im Laufe der Zeit von selbst vollziehen werde[14]. *Mecke* bemerkte, es könne den Einzelstaaten überlassen bleiben, „nach würdigem Begräbnis die Erbauseinandersetzung unter billiger Berücksichtigung aller Beteiligten" zu bewirken[15]. Auch *Gierke* sah keine Notwendigkeit, von Reichs wegen „mit diesen ehrwürdigen Ruinen" aufzuräumen[16]. Einzig *Bornhak* schlug eine Aufhebung des Lehenverbandes von Reichs wegen vor[17]. Die zweite Kommission empfahl übereinstimmend, diese Materie vollständig den Landesgesetzgebern zu überlassen[18].

---

[14] *Petersen*, S. 17; *Pfizer*, S. 8; *Miaskowski*, LÜK S. 117; *Vollert*, S. 308.

[15] *Mecke*, S. 7.

[16] *Gierke*, Stellung S. 435.

[17] *Bornhak*, S. 215, 216.

[18] Prot. II, S. 8791 (430. Sitzung v. 17. Oktober 1895); Bd. 6 S. 371.

5. Teil

Zusammenfassung

I. Der Gesetzgeber hat im BGB das Ziel einer Vereinheitlichung des vielfach zersplitterten Erbrechts fast vollständig erreicht. In enger Bindung und Anlehnung an die gemeinsamen Grundsätze des überkommenen Rechts hat er das gesamte Erbrecht dogmatisch folgerichtig und klar durchdacht und ausgestaltet. So hat er den Grundsatz, daß allein der Erbe Rechtsnachfolger des Erblassers in den gesamten Nachlaß ist, konsequent bis in alle Einzelheiten verwirklicht. Vermächtnis und Pflichtteil wirken nur persönlich als Anspruch gegen die Erben, geben jedoch keine dinglichen Rechte am Nachlaß. In allen Einzelfragen des Erbrechts wird immer wieder das Bestreben nach Klarheit, Eindeutigkeit und Folgerichtigkeit der getroffenen Entscheidungen deutlich. So hat das BGB, namentlich auch im Bereich des Erbrechts, einen wesentlichen Fortschritt der Gesetzestechnik erzielt[1].

Soweit das überkommene Recht Gemeinsamkeiten aufwies, wie z. B. die Anerkennung eines Pflichtteilsrechts, wurden sie ausnahmslos und ohne große Erörterungen vom Gesetzgeber übernommen. Fanden sich keine einheitlichen Grundsätze, so war man bemüht, einen Kompromiß zwischen den einzelnen Rechtsordnungen zu finden, der allen Bundesstaaten den Übergang zum neuen Recht und die Anpassung an das BGB möglichst erleichtern sollte[2]. In dieser Hinsicht stellt die Ordnung des Verwandtenerbrechts eine Meisterleistung dar, da sie in besonders guter Weise geeignet war, die bestehenden Verschiedenheiten auszugleichen.

Neue und originelle Rechtsformen wird man im Erbrecht des BGB vergeblich suchen; alle Regelungen haben Vorbilder im überkommenen Recht. Auch das neu eingeführte Parentelsystem war im Ausland erprobt[3]. Immer wieder tauchte in den Beratungen das Argument auf, die vorgeschlagene Lösung sei bereits geltendes Recht, sie habe sich bewährt und ihre Annahme sei deshalb kein Sprung ins Ungewisse. Dieses Argument gab in aller Regel den Ausschlag für eine bestimmte Entscheidung. Schon eine Kombination von Elementen verschiedener Rechtsinstitute, wie sie von *Planck* beim Ehegattenerbrecht vorgeschlagen wurde, erschien der Mehrheit der Kommis-

[1] Vgl. *Lange*, § 1 (S. 6.).
[2] Vgl. *Gmür*, ZGB, S. 23; *Schubert*, S. 15.
[3] Vgl. S. 44.

sionsmitglieder zu gewagt und wurde abgelehnt. Eine Vereinheitlichung wurde immer nur mit bestehenden Modellen angestrebt, nicht aber mit neu ausgedachten Konstruktionen, deren Auswirkungen sich nicht überblicken ließen.

Zwei Kommissionen haben sich bei der Neugestaltung des Erbrechts in glücklicher Weise ergänzt. Die erste Kommission war vor allem bedacht, ihre Grundsätze konsequent und möglichst ausnahmslos bis ins letzte Detail durchzuführen. Diese Einstellung befähigte sie in besonderem Maße, mit den Ungereimtheiten und Sonderregelungen des überkommenen Rechts aufzuräumen, die dieses so verwirrend und unübersichtlich machten. Da die zweite Kommission pragmatischer und undogmatischer dachte als die erste, ohne jedoch deren grundlegende Prinzipien aufzugeben, milderte sie die Übersteigerungen derselben und gestaltete die gesetzlichen Vorschriften flexibler und praktikabler. Während die erste Kommission glaubte, sich bei jeder Regelung über deren ideelle Ausgangspunkte Rechenschaft ablegen zu müssen, verzichtete die zweite Kommission ganz bewußt auf eine Stellungnahme zu derartigen Fragen, ohne allerdings eine wesentlich andere Grundeinstellung zu zeigen als die erste.

Auch wenn das Erbrecht des BGB weitgehend mit dem von *Schmitt* angefertigten Teilentwurf übereinstimmt, so ist es dennoch wesentlich eine Kommissionsarbeit und nicht das individuell geprägte Werk eines einzelnen Mannes. Denn die Zusammenstellung und Ausarbeitung des Teilentwurfes zum Erbrecht vollzog sich in engem Zusammenhang mit den Beratungen und Beschlüssen der Gesamtkommission. Auch war Schmitt nicht ein Mann, der selbständige, originelle Gedanken verwirklichen wollte. Vielmehr holte er in jeder wichtigen Frage Direktiven der Kommission und mitunter sogar seiner Regierung ein, bevor er eigene Vorschläge machte und Entscheidungen traf. So entstand ein wenig individueller, dafür aber klar durchdachter und präziser Erbrechtsentwurf, der von beiden Kommissionen später nur wenig abgeändert zu werden brauchte.

Allerdings haben auch die Erbrechtsvorschriften des BGB wie dessen andere Bestimmungen ihre Klarheit und Eindeutigkeit mit einem Verlust an Volkstümlichkeit und Anschaulichkeit bezahlen müssen. Beide Kommissionen verzichteten vielfach bewußt auf eine populäre Ausdrucksweise, wenn diese nicht präzise war. Dies Vorgehen darf aber nicht schlechthin mißbilligt werden; denn ein wahrhaft volkstümliches Erbgesetzbuch war gegen Ende des 19. Jahrhunderts wohl kaum mehr zu verwirklichen. Auch ist letzten Endes viel weniger wichtig, daß ein Volk ein gutes Gesetzbuch als daß es gute Juristen besitzt, die bei der Rechtsanwendung gegenüber den Erfordernissen ihrer Gegenwart aufgeschlossen sind[4].

[4] *Koschaker*, S. 207.

Der Gegensatz von deutschem und römischem Recht hat bei den Beratungen des Gesetzgebers keine Rolle gespielt. In der Entscheidung zugunsten des Parentelsystems betonte man sogar ausdrücklich, der mögliche deutschrechtliche Ursprung dieser Erbfolgeordnung sei für die Entscheidung ohne Belang gewesen. Auch die Zulassung des Erbvertrages, die Ablehnung einer Unterscheidung zwischen Testamenten und Kodizillen oder der Vonselbsterwerb der Erbschaft sind nie unter dem Gesichtspunkt der deutsch- oder römischrechtlichen Herkunft dieser Institute behandelt worden. Man entschied sich bald für deutschrechtliche und bald für römischrechtliche Sätze, aber nicht weil sie deutsch oder römisch, sondern weil sie in den Augen des Gesetzgebers klar, folgerichtig und innerlich gerechtfertigt waren[5]. Über allen konstruktiven Erwägungen vergaß man nicht zu prüfen, ob die beschlossenen Regelungen im Einzelfalle zu billigen und gerechten Ergebnissen führten; Konstruktion und Interessenabwägung standen als durchaus gleichwertig nebeneinander. Der Gesetzgeber war sich jedoch stets der Tatsache bewußt, nicht für alle denkbaren Fälle eine sachgerechte Lösung beschließen zu können, und nahm für Einzelfälle meist lieber ein unbilliges Ergebnis als eine Abweichung vom einmal beschlossenen Prinzip in Kauf.

II. In keiner der Beratungen der beiden Kommissionen ging man näher auf jene Vorschläge ein, die im Laufe des 19. Jahrhunderts gemacht worden waren, um mit Hilfe des Erbrechts eine Umgestaltung der bestehenden sozialen Verhältnisse zu erreichen. Der Gesetzgeber wollte durch die Neugestaltung des Erbrechts in keiner Weise auf eine Veränderung der bestehenden Güterverteilung hinwirken und stellte sich deshalb gar nicht die Frage, ob die Grundsätze des geltenden Erbrechts den sozialen Bedürfnissen des ausgehenden 19. Jahrhunderts entsprachen[6]. Da man sich gegen eine Reform und für eine bloße Vereinheitlichung des bestehenden Erbrechts entschieden hatte, beschränkten sich beide Kommissionen auf ein im wesentlichen eklektisches Verfahren, indem sie aus den bestehenden Erbrechtsnormen die passendsten und klarsten Regelungen auswählten. Immer wenn in den Beratungen des Gesetzgebers die Frage auftauchte, ob man mit Hilfe des Erbrechts soziale Reformen durchführen solle, so wurde erklärt, das Problem sei nicht spruchreif und könne noch nicht definitiv entschieden werden. Beide Kommissionen sahen es nicht als ihre Aufgabe an, in wirtschaftliche und soziale Entwicklungen einzugreifen, sofern sich deren Ergebnis nicht voraussehen ließ. Wenn man für bestimmte überlieferte Institute — wie etwa die Familienfideikommisse — ein fortbestehendes Bedürfnis zu erblicken glaubte, fühlte man sich auch verpflichtet, diese Rechtsformen weiterhin aufrechtzuerhalten.

---

[5] Vgl. auch *Wieacker*, Wandlungen S. 18.

[6] Vgl. *Wieacker*, Wandlungen S. 18.

Wirtschaftliche Überlegungen finden sich — vor allem in den Beratungen der ersten Kommission — nur am Rande. Man sah im Eigentum hauptsächlich ein Rechtsinstitut und ging nur wenig auf dessen wirtschaftliche Zweckbestimmung ein. So warf man für das allgemeine Erbrecht gar nicht die Frage auf, ob man eine unterschiedliche Regelung der Erbfolge je nach der Art der Nachlässe durchführen und bewegliches Gut einerseits und Grundstücke andererseits verschieden behandeln solle. Das Anerbenrecht und die Fideikommisse wurden weniger als Mittel angesehen, mit denen bestimmte wirtschaftliche Ziele erreicht, insbesondere eine Zersplitterung des Bodens vermieden werden konnte, als vielmehr in erster Linie als juristische Ausnahmeerscheinungen, die den Grundsätzen des allgemeinen Erbrechts widersprachen und deshalb weiterhin nur geduldet, aber nicht als den allgemeinen erbrechtlichen Regeln gleichwertig anerkannt werden sollten. Diese rein juristische Betrachtungsweise war zwar in der zweiten Kommission weniger stark ausgeprägt als in der ersten, aber insgesamt herrschte sie auch in ihr vor.

Man wird diese Einstellung nicht bemängeln dürfen, denn am Ende des vorigen Jahrhunderts wäre kaum ein Gesetzgeber in der Lage gewesen, die sozialen Umwandlungen des kommenden 20. Jahrhunderts hinlänglich zu berücksichtigen[7]. Auch war einer notwendigerweise unzulänglichen Reform eine möglichst vollständige Vereinheitlichung des Bestehenden vorzuziehen. Zudem bestand die erste Kommission — was freilich nicht unbedenklich war — ausschließlich und die zweite überwiegend aus Juristen, und mehr ist von solchen, die erfahrenermaßen nur selten Kritiker ihrer Gesellschaft sind, kaum zu erwarten. Man würde — rückblickend — fast übermenschliche Forderungen an die Schöpfer des BGB stellen, die aus der Pandektistik hervorgingen, wenn man ihnen heute vorwürfe, daß sie sich nicht gegen jene Vorstellungswelt des liberalen Bürgertums, der sie selbst entstammten, wendeten. Außerdem hätte es im Reichstag und Bundesrat zu heftigen Diskussionen führen müssen, wenn man soziale Reformen angestrebt hätte. Diese Auseinandersetzungen hätten aber das gesamte Gesetzeswerk gefährden müssen[8].

Diese Haltung seiner Schöpfer läßt das BGB zu einem Spiegel der sozialen und wirtschaftlichen Zustände des ausgehenden 19. Jahrhunderts werden[9]. Sozialpolitisch bedeutet die Gleichbehandlung aller Menschen im Erbrecht ein Überwindung der alten ständischen Gesellschaftsordnung. Im Ergebnis wirkte sich diese Gleichförmigkeit freilich als Bevorzugung und Begünstigung der Interessen des liberalen Besitzbürgertums aus. Denn wirtschafts-

---

[7] *Schubert*, S. 181.

[8] *Koschaker*, S. 286; *Wilmans*, S. 5.

[9] *Wieacker*, Privatrechtsgeschichte S. 461; *ders.*, Sozialmodell S. 8, 9.

politisch entsprach die weitgehende Vererbungsfreiheit und Abneigung gegen jede längere Bindung der Erbschaften durch eine dauernde Nacherbfolge, einen Nießbrauch oder ein Verbot der freien Teilbarkeit des Nachlasses den Erwartungen der bürgerlich liberalen Wirtschaftsgesellschaft, die auf freien Güterverkehr und deshalb auch auf freie Vererbung angewiesen war[10].

So mußte das Erbrecht des BGB jene benachteiligen, deren Lebensbedingungen diese Wirtschaftsvorstellungen nicht entsprachen, also vor allem die ländlichen Grundbesitzer, die auf eine geschlossene, unteilbare Vererbung ihrer Güter Wert legten[11]. Die Diskussion um das Anerbenrecht zeigt, wie sehr diese Gruppen um eine Anerkennung des für sie passenden Erbrechts als eine dem allgemeinen Erbrecht gleichwertige Ordnung kämpften. Die weitere Duldung dieser Rechtsinstitute macht aber auch deutlich, daß das liberale Bürgertum nur bis zu einem gewissen Grade willens und in der Lage war, seine Vorstellungen durchzusetzen, und daß es ihm nicht gelang, das gesamte Privatrecht der Herrschaft des allgemeinen Erbrechts zu unterwerfen[12]. Doch fanden sich die von jenem Geist erfüllten Kommissionen nicht bereit, diese Sondererbfolgen für bestimmte Bevölkerungskreise neben dem für alle geltenden, allgemeinen Erbrecht als gleichwertig anzuerkennen. Sie erwogen nicht, daß auch dieses allgemeine Erbrecht weitgehend ein Standesrecht des liberalen Besitzbürgertums war, auf dessen Bedürfnisse es besondere Rücksicht nahm.

III. Da das BGB der Gedankenwelt des späten 19. Jahrhunderts entstammt, ist auch sein Menschenbild ganz von den Vorstellungen des durch die idealistische Philosophie beeinflußten, gebildeten, liberalen Besitzbürgertums geprägt, das dem Freiheitsgedanken eine überragende Bedeutung beimaß[13]. Ideeller Ausgangspunkt des gesamten Erbrechts ist letztlich die dem einzelnen Menschen zugewiesene Rechtsmacht, die auch über seinen Tod hinaus weiterwirkt. Diese Willensmacht des Erblassers dominiert überall im Erbrecht; sie hat den Vorrang vor dem Familienerbrecht, sie ist die Regel und wird nur ausnahmsweise aus besonderen Gründen eingeschränkt[14]. Begrenzungen finden sich lediglich dort, wo die Bedürfnisse der nächsten Angehörigen des Erblassers oder der allgemeinen Rechts- und Wirtschaftsordnung dies zwingend zu gebieten schienen. Aber auch insoweit wurden die Einschränkungen möglichst schonend und flexibel gestaltet. So wurde zwar die Testierfreiheit durch ein Pflichtteilsrecht eingeschränkt, jedoch möglichst wenig, indem dem Pflichtteil der Charakter einer obligatorischen Forderung

[10] *Wagner*, S. 91.
[11] *Wagner*, a. a. O.; *Wieacker*, Sozialmodell S. 10, 11.
[12] *Wieacker*, Sozialmodell S. 14—16.
[13] *Gmür*, ZGB, S. 19.
[14] Prot. I, S. 10 194 (622. Sitzung v. 21. 1. 1887).

verliehen wurde. Zum anderen wurde dem Erblasser zwar untersagt, seinen Nachlaß durch Anordnung einer dauernden Nacherbfolge auf Generationen zu binden, aber doch gestattet, eine Nacherbfolge für eine Generation anzuordnen. Man gab bei dieser Kollision zwischen Willensfreiheit des Erblassers und Wirtschaftsfreiheit der letzteren zwar den Vorrang, ließ jedoch der Verfügungsfreiheit immerhin einen erheblichen Spielraum.

Gegenüber dieser Betonung der individuellen Freiheit des Erblassers traten dessen Familienbindungen in den Hintergrund. Man berücksichtigte weniger die Familie als übergeordnete Einheit, die den Erblasser und seine Angehörigen umschloß, als vor allem die einzelnen Familienmitglieder als Personen, die in bestimmten verwandtschaftlichen Bindungen zueinander standen. So wurde die gesetzliche Erbfolge nicht als Weitergabe des Familiengutes, sondern als Verteilung des Nachlasses an die Personen betrachtet, die dem Erblasser persönlich am nächsten standen[15]. Nicht die Familie als Gesamtheit, sondern deren einzelne Mitglieder standen im Vordergrund aller Betrachtungen. Der testierende Vater, der Sohn neben der Tochter, die Mutter neben den Kindern wurden zwar gelegentlich als Einheit empfunden; letzten Endes dachte der Gesetzgeber aber doch in erster Linie an die einzelnen Beteiligten und nahm vor allem deren Einzelinteressen war, wie die Ablehnung einer Aufrechterhaltung der Hausgemeinschaft in der Person des überlebenden Gatten und die bei der Ordnung des Verwandtenerbrechts angestellten Interessenabwägungen zeigen[16]. Vielleicht ist *Gierkes* Kritik im Ergebnis deshalb ohne großen Erfolg geblieben, weil er diese Art der individuellen Betrachtung und Berücksichtigung von Einzelinteressen ablehnte und die Familie als höhere Einheit, die dem Einzelnen übergeordnet war, aufgefaßt wissen wollte[17].

Auch gegenüber dem Staat wurde die Freiheit des Einzelnen sehr stark betont und das gesamte Erbrecht deshalb nach Möglichkeit von staatlichen Eingriffen freigehalten. Dem Staat wurde ein Erbrecht nur gewährt, wenn sich kein privater Erbe fand, und dieses Erbrecht wurde soweit als möglich dem Privaterbrecht angeglichen. Im übrigen schreckte man auch vor den geringsten staatlichen Eingriffen in die Privaterbfolge zurück und erblickte in der privatrechtlichen Autonomie des Einzelmenschen gleichsam einen naturrechtlichen Grundsatz, der den staatlichen Machtbefugnissen eine Grenze setzte. Diese Vorstellungen des Gesetzgebers sind möglicherweise in ihrer extremen Form, aber nicht schlechthin zu tadeln. Denn obwohl man in der Gegenwart die Einordnung des einzelnen Menschen in bestimmte soziale

---

15 *Boehmer*, Einleitung § 19 (S. 198).

16 *Hedemann*, S. 79.

17 *Gierke*, LÜK S. 882.

Bindungen stärker betont, so ist doch zu bedenken, daß die Ideen von der Freiheit und Gleichheit aller Menschen immer ihren Wert behalten werden und daß die Erkenntnis, der Mensch sei eine unabhängige, sich selbst bestimmende Persönlichkeit, ein Leitbild jeder Gesetzgebung sein sollte.

QUELLEN- UND LITERATURVERZEICHNIS

I. Quellen

A. Ungedruckte Quellen

1. Allgemeine Quellen

Acta des Königlich Bayrischen Staats-Ministeriums des Königlichen Hauses und des Aeussern. Die Ausarbeitung eines allgemeinen deutschen bürgerlichen Gesetzbuches betreffend. Band I und II, 1874—1896 (Bayrisches Hauptstaatsarchiv München, Abbteilung II, Geheimes Staatsarchiv, MA 76 707/1—2).

Ordensakten Nr. 536 und 6066 des Bayrischen Hauptstaatsarchivs München, Abteilung I, Allgemeines Staatsarchiv.

2. Kommissionsarbeiten zum BGB

Kommission zur Ausarbeitung des Entwurfs eines bürgerlichen Gesetzbuchs. Protokolle der Sitzungen von 1875—1880 nebst den Vorlagen der Redaktoren von 1875—1879, Berlin 1875—1880 (benutzt wurde das Exemplar der Bibliothek des Oberlandesgerichts Celle, Signatur Eb 52).

Protokolle der 1. Kommission zur Ausarbeitung des Entwurfs eines Bürgerlichen Gesetzbuches für das Deutsche Reich. Metallographiert, Berlin 1881—1889 (benutzt wurde das Exemplar der Universitätsbibliothek Göttingen, Signatur Jus Germ. V 1301).

Anlage zum Protokoll vom 11. April 1888. Begründung der Vorschläge betreffend das Anerbenrecht (Zusammenstellung §§ 129—133), in: Protokolle der 1. Kommission zur Ausarbeitung des Entwurfs eines Bürgerlichen Gesetzbuchs für das Deutsche Reich, Seite 12 883—12 912.

Protokolle der 2. Kommission zur Ausarbeitung eines Entwurfs eines Bürgerlichen Gesetzbuches für das Deutsche Reich. Metallographiert, Berlin 1890—1896 (benutzt wurde das Exemplar des Bayrischen Hauptstaatsarchivs München, Abteilung I, Allgemeines Staatsarchiv, Signatur MK 19 089—19 099).

B. Gedruckte Quellen

1. Gesetze

Baden:

Das Badische Landrecht vom 3. Februar 1809. Mit den Einführungsedikten, Gesetzen, welche das Landrecht abändern und ergänzen, sowie Verweisungen auf Parallelstellen. Nach dem Stand vom 1. Januar 1891, 2. Auflage, Tauberbischofsheim 1891.

Bayern:

Codex Maximilianeus Bavaricus Civilis, München 1756.

Bern:
Gerichts-Satzung für den Canton Bern von 1761 nebst einem Anhang der seither herausgekommenen Gesetze und Verordnungen, Bern 1810.

Deutsches Reich:
Bürgerliches Gesetzbuch und Einführungsgesetz zum Bürgerlichen Gesetzbuche, in: Reichsgesetzblatt 1896, Berlin 1896, S. 195—650.

Französisches Recht:
Code civil, in: Das Rheinische Civilrecht in seiner heutigen Geltung. Dargestellt und erläutert von Dr. Cretschmar, Düsseldorf 1883, S. 5—534.

Hessen-Darmstadt:
Entwurf eines bürgerlichen Gesetzbuches für das Großherzogtum Hessen, nebst Motiven. Dritte Abtheilung: Von der Erbfolge.
1. Theil: Gesetzesentwurf
2. Theil: Motive
Darmstadt 1845.

Lübeck:
Lübeckisches Gesetz, das Erbrecht der Eheleute und der Blutsfreunde, die letztwilligen Verfügungen, so wie die Erbgüter betreffend. (Publiciert am 15. Februar 1862) in: Sammlung der Lübeckischen Verordnungen und Bekanntmachungen, Bd. 29, 1862, Seite 4—12.

Österreich:
Das allgemeine bürgerliche Gesetzbuch für Jedermann verständlich und ausführlich erläutert von L. Pexa, 2. Auflage, Pest 1856.

Preußen:
Allgemeines Landrecht für die Preußischen Staaten. Unter Andeutung der obsoleten und aufgehobenen Vorschriften und Einschaltung der jüngeren noch geltenden Bestimmungen, herausgegeben mit Kommentar in Anmerkungen von Dr. C. F. Koch, 6. Ausgabe, Berlin 1874.
Preußische Gesetz-Revision, Pensum XVI, Entwurf der das Erbrecht betreffenden Gesetze, als Manuskript gedruckt, Berlin 1835.

Römisches Recht:
Corpus Iuris Civilis, herausgegeben von A. und M. Kriegel, E. Hermann und E. Ossenbrüggen, Bd. 3, Novellen, 15. Abdruck, Leipzig 1875.

Sachsen:
Das Bürgerliche Gesetzbuch für das Königreich Sachsen nebst der Publikationsverordnung vom 2. Januar 1863, Leipzig 1863.

Zürich:
Privatrechtliches Gesetzbuch für den Kanton Zürich. Mit Erläuterungen herausgegeben von Dr. Bluntschli, Redaktor des Gesetzes. Vierter Band, Erbrecht, Zürich 1856.

2. *Materialien zur Entstehung des BGB*

Bundesrat:
Drucksache des Bundesraths Nr. 53 der Session 1874 vom 16. April 1874, (abgedruckt bei Rassow, Verhandlungen S. 175—195).

Drucksache des Bundesraths Nr. 78 der Session 1874 vom 9. Juni 1874. Bericht des Ausschusses für Justizwesen betreffend 1.) das Gutachten der zur Ausarbeitung eines Planes und der Methode für die Aufstellung des Entwufs eines deutschen bürgerlichen Gesetzbuches gewählte Kommission (Nr. 53 der Drucksachen), abgedruckt bei Rassow, Verhandlungen S. 195—214.
Drucksache des Bundesraths Nr. 1 der Session 1876/77 vom 2. November 1876.
Drucksache des Bundesraths Nr. 184 der Session 1879/80 vom 12. November 1879.
Drucksache des Bundesraths Nr. 2 der Session von 1888 vom 27. Dezember 1887.

Kommissionsarbeiten:
Kommission zur Ausarbeitung des Entwurfs eines bürgerlichen Gesetzbuchs. Entwurf eines Rechtes der Erbfolge für das Deutsche Reich nebst dem Entwurfe eines Einführungsgesetzes. Vorlage des Redaktors Dr. von Schmitt nebst Begründung, Königl. Bayrischer Ministerialrath, Berlin 1879.
Kommission zur Ausarbeitung des Entwurfs eines bürgerlichen Gesetzbuches. Entwurf eines Familienrechts für das Deutsche Reich nebst Begründung. Vorlage des Redaktors Dr. Planck, Königlich Preußischer Appellationsgerichtsrath z. D., Berlin 1880.
Recht der Erbfolge. Abänderungsvorschläge des Referenten zu dem Entwurfe von 1879, Berlin 1886.
Entwurf eines bürgerlichen Gesetzbuches für das Deutsche Reich. Erste Lesung. Ausgearbeitet durch die von dem Bundesrathe berufene Kommission. Amtliche Ausgabe, Berlin und Leipzig 1888.
Motive zu dem Entwurfe eines bürgerlichen Gesetzbuches für das Deutsche Reich. Amtliche Ausgabe, 5 Bände, Berlin und Leipzig 1888.
Entwurf eines Einführungsgesetzes zum Bürgerlichen Gesetzbuche für das Deutsche Reich. Erste Lesung. Ausgearbeitet durch die von dem Bundesrathe berufene Kommission. Nebst Motiven. Amtliche Ausgabe, Berlin und Leipzig 1888.
Protokolle der Kommission für die zweite Lesung des Entwurfs des Bürgerlichen Gesetzbuches. Im Auftrage des Reichs-Justizamts bearbeitet von Alexander Achilles, Albert Gebhard, Peter Spahn, 7 Bände, Berlin 1897—1899.

Reichstag:
Stenographische Berichte über die Verhandlungen des Deutschen Reichstages. IV. Legislaturperiode, Session 1895—1897, Berlin 1895—1897.
Reichstagsdrucksachen Nr. 440—440 c. Bericht über den Entwurf eines Bürgerlichen Gesetzbuches mit dem Entwurfe eines Einführungsgesetzes zum Bürgerlichen Gesetzbuche (Nr. 87 und 87 a der Drucksachen der Session 1895—1897), in: St. B. R. T. 1895—1897, Berlin 1896, 3. Anlagenband, S. 1935—2192.

Zusammenstellung von Kritiken:
Zusammenstellung der gutachtlichen Aeußerungen zu dem Entwurf eines Bürgerlichen Gesetzbuches gefertigt im Reichs-Justizamte. Als Manuskript gedruckt. 6 Bände, Neudruck der Ausgabe 1890—1891, Osnabrück 1967.
Zusammenstellung der gutachtlichen Aeußerungen zu dem Entwurf eines Einführungsgesetzes zum Bürgerlichen Gesetzbuch, gefertigt im Reichs-Justizamt. Als Manuskript gedruckt. Neudruck der Ausgabe 1891, Osnabrück 1967.
Zusammenstellung der Aeußerungen der Bundesregierungen zu dem Entwurf eines Bürgerlichen Gesetzbuches, gefertigt im Reichs-Justizamte. Als Manuskript gedruckt. 2 Bände, Berlin 1891.

3. Kritische Schriften zu den Entwürfen des BGB

Badische Kommission zur Begutachtung des Entwurfs eines bürgerlichen Gesetzbuchs für das Deutsche Reich. Denkschrift des Referenten und Zusammenstellung der gefaßten Beschlüsse, o. Ortsangabe, o. Jahresangabe.

Bähr, Otto — Besprechung des Entwurfes eines bürgerlichen Gesetzbuches für das Deutsche Reich, in Krit. Viert. Schr. 30. Bd. (1889) S. 481—570.

ders. — Gegenentwurf zu dem Entwurfe eines Bürgerlichen Gesetzbuches für das Deutsche Reich, Kassel 1892.

ders. — Zum Erbrecht des Bürgerlichen Gesetzbuches, in: Archiv für bürgerliches Recht, 3. Bd. (1890), S. 141—227.

Baron, Julius — Das Erbrecht in dem Entwurf des Bürgerlichen Gesetzbuches für das Deutsche Reich, in: AcP 75 (1889), S. 177—280.

Bekker, Ernst Immanuel — System und Sprache des Entwurfs eines bürgerlichen Gesetzbuches für das Deutsche Reich, Berlin 1888.

Bingner, Adrian — Bemerkungen zu dem Entwurf eines Bürgerlichen Gesetzbuches für das Deutsche Reich, in: Sächsisches Archiv für Bürgerliches Recht und Prozeß, Bd. 1, (Leipzig 1891) S. 161—193.

Bornhak, Conrad — Der Entwurf eines Bürgerlichen Gesetzbuches und das öffentliche Recht, in: Annalen des Deutschen Reiches für Gesetzgebung, Verwaltung und Statistik, Nr. 3 (1891) S. 212—224.

Bothmer, Hans v. — Die Reform des adeligen Erbrechts. Ein Beitrag zur notwendigen Ergänzung des neuen bürgerlichen Gesetzbuches, Dresden 1888.

Eck, Ernst — Die Behandlung des Erbrechts im Entwurf eines bürgerlichen Gesetzbuches für das Deutsche Reich, in: 30. Jahresbericht über die Wirksamkeit der juristischen Gesellschaft zu Berlin, Berlin 1889.

Endemann, Friedrich — Gutachten über die Frage: Empfiehlt es sich, im künftigen deutschen Gesetzbuch die Anfechtbarkeit der Schenkungen aus dem vom Entwurf aufgestellten Gesichtspunkte des außerordentlichen Pflichtteils oder aus dem des Übermaßes festzusetzen? in: Verhandlungen des 20. Deutschen Juristentages Bd. 2, S. 46—69.

Fuld, Ludwig — Der Entwurf eines bürgerlichen Gesetzbuches für das Deutsche Reich und das bäuerliche Erbrecht, in: Zeitschrift für Agrarpolitik, Bd. 1, (Berlin 1888) S. 145 bis 164.

Gierke, Otto — Die soziale Aufgabe des Privatrechts. Vortrag gehalten am 5. April 1889 in der juristischen Gesellschaft zu Wien, Berlin 1889.

ders. — Der Entwurf eines Bürgerlichen Gesetzbuches und das deutsche Recht, Leipzig 1889.

ders. — Das Bürgerliche Gesetzbuch und der Deutsche Reichstag, Berlin 1896.

ders. — Die Stellung des künftigen bürgerlichen Gesetzbuches zum Erbrecht in ländlichen Grundbesitz, in: Schmollers Jahrbuch für Gesetzgebung, Verwaltung und Volkswirtschaft, Jahrgang XII, Heft 2, (1888) S. 401—436.

Gutachten — aus dem Anwaltsstande über die 1. Lesung eines Bürgerlichen Gesetzbuches, herausgegeben im Auftrage des Deutschen Anwaltsvereins von Adams, Wilke, Mecke, Hartmann, Erythropel, Berlin 1890.

Klöppel, Paul — Der Entwurf eines Deutschen Bürgerlichen Gesetzbuches, in: Gutachten aus dem Anwaltsstande, Berlin 1890.

ders. — Das Familien- und Erbrecht des Entwurfs zum bürgerlichen Gesetzbuch, in: Gruchot — Beiträge, Bd. 33 (1889), S. 338—364.

Kühnast, Ludwig — Das Erbrecht des Entwurfs eines bürgerlichen Gesetzbuches für das Deutsche Reich, Berlin 1888.

ders. — Erbrechtliche Studie des Entwurfs eines bürgerlichen Gesetzbuches, in: Gruchot — Beiträge, Bd. 32 (1888), S. 656—679.

Mecke — Das Verhältnis des BGB's zu den Landesgesetzen, in: Gutachten aus dem Anwaltsstande, Berlin 1890.

Menger, Anton — Das bürgerliche Recht und die besitzlosen Volksklassen. 1. Auflage 1890; photomechanisch gedruckte Auflage, Tübingen 1927.

Meyer, Georg — Rechtsgutachten für Ihre Durchlauchten und Erlauchten die Fürsten und Grafen von Schönberg betreffend die Stellung des bürgerlichen Gesetzbuches für das Deutsche Reich zu der Autonomie der standesherrlichen Häuser, Ettlingen 1891.

Miaskowski, August v. — Referat über den Entwurf eines bürgerlichen Gesetzbuches für das Deutsche Reich, in: Verhandlungen des königlich-preußischen Landes-Oekonomie-Kollegiums S. 114—122.

Mitteis, Ludwig — Bemerkungen zum ehelichen Güterrecht nach dem Entwurf eines bürgerlichen Gesetzbuches für das Deutsche Reich, in: Grünhuts Zeitschrift für das Privat- und öffentliche Recht der Gegenwart, Bd. 16, S. 545—616.

Opitz, Hugo Friedrich — Gutachten über den Entwurf eines bürgerlichen Gesetzbuches für das Deutsche Reich. Erstattet an den Landeskulturrat des Königreichs Sachsen, Leipzig 1889.

Petersen, Julius — Die Berufung zur Erbschaft und die letztwilligen Verfügungen überhaupt nach dem Entwurfe eines Bürgerlichen Gesetzbuchs für das Deutsche Reich, Berlin 1889.

Planck, Gottlieb — Zur Kritik des Entwurfes eines bürgerlichen Gesetzbuches für das Deutsche Reich, in: AcP 75, 327—429.

Pfizer, Gustav — Was erwartet Deutschland von dem bürgerlichen Gesetzbuch? in: Deutsche Zeit- und Streitfragen, Neue Folge, Jahrgang IV, Heft 55, Hamburg 1889.

Rassow, Henning — Die Verhandlungen der Kommission zur Ausarbeitung eines bürgerlichen Gesetzbuches für Deutschland, in: Gruchot — Beiträge 21, (1877) S. 167—235.

Reatz, Carl Ferdinand — Gutachten über die Frage: Empfiehlt es sich, im künftigen deutschen Gesetzbuche die Anfechtbarkeit der Schenkungen aus dem vom Entwurf aufgestellten Gesichtspunkt des außerordentlichen Pflichtteils oder aus dem des Übermaßes festzusetzen? in: Verhandlungen des 20. Deutschen Juristentages, Bd. 2, S. 70—91.

Schröder, Richard — Das Familiengüterrecht in dem Entwurfe eines bürgerlichen Gesetzbuches für das Deutsche Reich, Berlin 1889.

Sohm, Rudolph — Über den Entwurf eines bürgerlichen Gesetzbuches für das Deutsche Reich in zweiter Lesung. Ein Vortrag gehalten in der Juristischen Gesellschaft zu Berlin am 15. 6. 1895, in: Gruchot-Beiträge, 39 (1895), S. 737 bis 766.

Stolterfoth, Paul — Beiträge zur Beurteilung des Entwurfs eines bürgerlichen Gesetzbuches für das Deutsche Reich, Leipzig 1890.

Strehlke, Gustav — Zum bürgerlichen Gesetzbuch, in: Über Land und Meer, Deutsche Illustrierte Zeitung, 62. Band, 31. Jahrgang (1888—1889), Nr. 45.

Ubbelohde, August — Kritische Beiträge zum Zivilgesetzentwurf, in: AcP 75, S. 36—67.

Verhandlungen — des 20. und 23. Deutschen Juristentages. Herausgegeben von dem Schriftführeramt der ständigen Deputation, Berlin 1889, 1895.

Verhandlungen — des königlich preußischen Landes — Oekonomie-Kollegium über den Entwurf eines bürgerlichen Gesetzbuchs für das Deutsche Reich und andere Gegenstände. III. Session der IV. Sitzungsperiode vom 11. bis 22. November 1889, Berlin 1890.

Vierhaus, Felix — Die Entstehungsgeschichte des Entwurfes eines Bürgerlichen Gesetzbuches für das Deutsche Reich. In Verbindung mit einer Übersicht der privatrechtlichen Kodifikationsbestrebungen in Deutschland, Berlin 1889.

Vollert — Das Weimarische Erbgesetz und der Entwurf des bürgerlichen Gesetzbuches, in: Blätter für Rechtspflege in Thüringen und Anhalt, Neue Folge Bd. 16, (Jena 1889), S. 193—210, 289—312.

Wilke — Gesetzliche Erbfolge und Pflichtteil, in: Gutachten aus dem Anwaltsstande, Berlin 1890.

Zoll — Römisches und heutiges Intestaterbrecht, ein Beitrag zur Reform des letzteren, in: Grünhuts Zeitschrift für das Privat- und öffentliche Recht, Bd. 17, S. 554—583.

II. Literatur

A. Literatur bis 1900

Amira, Karl v. — Erbfolge und Verwandtschaftsgliederung nach den altniederdeutschen Rechten, München 1874.

Baron, Julius — Angriffe auf das Erbrecht, in: Deutsche Zeit- und Streitfragen, Jahrgang VI (1877), Heft 85, Berlin 1877.

Behrend, Jakob-Friedrich — Das Deutsche Privatrecht, in: v. Holtzendorff's Encyklopädie der Rechtswissenschaft, 4. Auflage, Leipzig 1882, S. 537—581.

Bericht — vom vierten Kongreß des internationalen Arbeiterbundes zu Basel 1869, in: Der Vorbote, Politische und sozialökonomische Monatsschrift. Vierter Jahrgang, Oktober 1869, S. 150—152 (Zitierweise: Bericht).

Beseler, Georg — System des gemeinen deutschen Privatrechts, 4. Auflage, Berlin 1885.

Binding, Georg — Über die Hauptgrundlagen des künftigen Erbrechts, in: AcP 57 (1874) S. 399—421; 58 (1875) S. 108—149, 153—261.

Brater, Karl — Die Reform des Erbrechts zu Gunsten des Nothleidenden, München 1848.

Braun, Theodor — Die Gesetzgebung und das Pflichtteilsrecht, in: Treitschke und Wehrenpfennig's Preußischen Jahrbüchern, 42. Band (Berlin 1878), S. 278—302.

Brentano, Lujo — Über Anerbenrecht und Grundeigentum, Berlin 1895.

ders. — Erbrechtspolitik, Alte und neue Feudalität, Stuttgart 1899.

Bruns, Carl Georg — Gutachten über die Frage, ob und inwieweit die Testierfreiheit mit Rücksicht auf eine Pflichtteilsberechtigung beschränkt werden soll, in: Verhandlungen des 14. Deutschen Juristentages, Bd. 1, 1878, S. 72—112.

ders. — Das heutige römische Recht, in: v. Holtzendorff's Encyklopädie der Rechtswissenschaft, 4. Auflage, Leipzig 1882, S. 387—533.

Daries, Joachim Georg — Institutiones iurisprudentiae universalis, in quibus omnia naturae socialis et gentium capita. Editio quarta, Jena 1751.

Dirksen, Heinrich Eduard — Übersicht der bisherigen Versuche zur Kritik und Herstellung des Textes der Zwölf-Tafel-Fragmente, Leipzig 1824.

Drosde — Lehrbuch des Naturrechts, 1823.

Fichte, Johann Gottlieb — Grundlage des Naturrechts nach Prinzipien der Wissenschaftslehre, Jena und Leipzig 1796.

Förster, Franz — Theorie und Praxis des heutigen gemeinen preußischen Privatrechts auf der Grundlage des gemeinen deutschen Rechts, IV. Band, 2. Auflage, Berlin 1873.

Gaertner, Georg Friedrich — Das Noterbenrecht in seiner Bedeutung und nach seinen Folgen im allgemenen Landrechte, in: Zeitschrift für wissenschaftliche Bearbeitung des preußischen Rechts, 2. Band (Berlin 1834), S. 392—459.

Gans, Eduard — Das Erbrecht in weltgeschichtlicher Entwicklung. Eine Abhandlung der Universalrechtsgeschichte, Neudruck der Ausgabe Berlin 1825, Aalen 1963; Band 2, Das römische Erbrecht; Band 3: Das Erbrecht des Mittelalters.

Gerber, Carl-Friedrich-Wilhelm — Beiträge zur Lehre vom deutschen Familienfideikommiß (1857), in: Gesammelte Juristische Abhandlungen III (S. 100—144). Zweite Ausgabe in einem Bande, Jena 1878.

Gneist, Rudolf v. — Geschichte und heutige Gestalt der englischen Communalverfassung, Band 2, Berlin 1863.

Gros, Karl-Heinrich — Lehrbuch der philosophischen Rechtswissenschaften oder des Naturrechts, Tübingen 1802.

Grotius, Hugo — De iure belli ac pacis libri tres, Amsterdam 1735. (1. Auflage, Paris 1625).

Gruchot, Julius Albert — Preußisches Erbrecht in Glossen zum Allgemeinen Landrecht auf römischer und germanischer Grundlage. 3 Bände, Berlin 1865—1867.

Hegel, Georg, Wilhelm, Friedrich — Grundlinien der Philosophie des Rechts, 3. Auflage, Leipzig 1930. (1. Auflage, Berlin 1820).

Helferich — Studien über württembergische Agrarverhältnisse, in: Zeitschrift für die gesamte Staatswissenschaft, 10. Band (Jahrgang 1854), S. 123—167.

Heusler, Andreas — Institutionen des Deutschen Privatrechts, 2. Band, Leipzig 1886.

Hilgard der Ältere, Theodor — Zwölf Paragraphen über Pauperismus und die Mittel, ihm zu steuern, Heidelberg 1847.

Humboldt, Wilhelm v. — Ideen zu einem Versuch, die Grenzen der Wirksamkeit des Staates zu bestimmen, Stuttgart 1962. (1. Auflage, Breslau 1851).

Kant, Immanuel — Metaphysik der Sitten. Erster Teil, Anfangsgründe der Rechtslehre, herausgegeben von Karl Vorländer, Hamburg 1959 (unveränderter Abdruck der Vorländerschen Ausgabe von 1922).

Lange, Friedrich Albert — Die Arbeiterfrage. Ihre Bedeutung für Gegenwart und Zukunft. 4. Auflage, Winterthur 1879.

Lassalle, Ferdinand — Das System der erworbenen Rechte, 2. Teil, Das Wesen des Römischen und Germanischen Erbrechts, Leipzig 1861.

Leibniz, Gottfried Wilhelm — Nova methodus discendae docendaeque iurisprudentiae, Leipzig und Halle 1748. (1. Auflage, Frankfurt 1667).

Manifest der Kommunistischen Partei — in: Karl Marx, Friedrich Engels, Werke, Band 4, Berlin 1959, S. 461—493.

Meyersburg — Gutachten über die Frage, ob und in wie weit die Testierfreiheit mit Rücksicht auf eine Pflichtteilsberechtigung eingeschränkt werden soll, in: Verhandlungen des 14. Deutschen Juristentages, Band 1, 1878, S. 50 bis 71.

Miaskowski, August v. — Das Erbrecht und die Eigentumsverteilung im Deutschen Reiche. Ein sozialwirtschaftlicher Beitrag zur Kritik und Reform des deutschen Erbrechts.
Erste Abteilung, Leipzig 1882;
Zweite Abteilung, Leipzig 1884.

Mommsen, Friedrich — Entwurf eines deutschen Reichsgesetzes über das Erbrecht nebst Motiven, Braunschweig 1876.

Montesquieu — De l'esprit des lois, Paris, o. J. (1. Auflage, Genève 1748).

Munzinger, Walther — Erbrechtliche Studien. Vortrag gehalten im Rathaussaale zu Solothurn am 19. Februar 1868, in: Oeffentliche Vorträge, gehalten in der Schweiz, II. Band, Heft XI, Basel 1874.

Pufendorf, Samuel — De iure naturae et gentium ibri octo, Frankfurt und Leipzig 1744 (1. Auflage, Lund 1672).

Rivier, A. — Das Französische Civilrecht, in: Holtzendorff's Encyklopädie der Rechtswissenschaft, 4. Auflage, Leipzig 1882, S. 649—669.

Rodbertus — v. Jagetzow — Zur Erklärung und Abhülfe der hetigen Creditnoth des Grundbesitzes, Jena 1869.

Roscher, Wilhelm — Geschichte der Nationalökonomie in Deutschland, 2. Auflage, München-Berlin 1924.

Roth, Paul v. — Bayrisches Civilrecht, Dritter Teil, Tübingen 1875.

ders. — Über den Stand der Bearbeitung eines deutschen Civilgesetzbuches, in: Annalen des Deutschen Reiches für Gesetzgebung, Verwaltung und Statistik (1876), S. 931 bis 941.

ders. — System des deutschen Privatrechts, Erster Teil, Tübingen 1880.

Rüger, Wilhelm — Abhandlungen aus dem Erbrechte des Deutschen Bürgerlichen Gesetzbuches, in: Sächsisches Archiv für Bürgerliches Recht und Prozeß, 9. Band (Leipzig 1899), S. 401 bis 503.

Samter, Adolf — Gesellschaftliches und Privateigentum als Grundlage der Sozialpolitik, Leipzig 1877.

Savigny, Friedrich Carl v. — System des hetigen römischen Rechts, 8 Bände, Berlin 1840—1849.

Scheel, Hans v. — Eigentum und Erbrecht, Berlin 1877.

ders. — Erbschaftssteuern und Erbrechtsreform, 2. Auflage, Jena 1877.

ders. — Volkswirtschaftliche Bemerkungen zur Reform des Erbrechts, in: Annalen des Deutschen Reiches für Gesetzgebung, Verwaltung und Statistik (Jahrgang 1877), S. 97—108.

Schultzenstein, Max — Über die Beibehaltung und Gestaltung des Pflichtteilsrechts, in: Gruchot — Beiträge, Bd. 23 (1879) S. 661 bis 700 und 812—861.

ders. — Beiträge zur Lehre vom Pflichtteilsrecht, 2. Ausgabe, Berlin und Leipzig 1883.

Stahl, Friedrich Julius — Die Philosophie des Rechts nach geschichtlicher Ansicht. Zweyter Band, Christliche Rechts- und Staatslehre, Heidelberg 1833.

Stein, Karl Freiherr vom — Briefe und amtliche Schriften, 7. Band, 2. Teil, Freiherr vom Stein in Westfalen. Bearbeitet und herausgegeben im Auftrage der Freiherr vom Stein-Gesellschaft von A. Hartlieb von Wallthor, Stuttgart, Berlin, Köln, Mainz 1969.

Stein, Lorenz v. — Handbuch der Verwaltungslehre und des Verwaltungsrechts, Stuttgart 1870.

Stobbe, Otto — Handbuch des deutschen Privatrechts, 5. Band, Erste und zweite Auflage, Berlin 1885.

Tocqueville, Alexis de — De la démocratie en Amérique, Gallimard, 2. Ausgabe, 1951 (1. Auflage, Paris 1835).

Trendelenburg, Adolf — Naturrecht auf dem Grunde der Ethik, Leipzig 1860.

Umpfenbach, Karl — Des Volkes Erbe, Berlin 1874.

Unger, Josef — System des österreichischen allgemeinen Privatrechts, Bd. 6, Das Österreichische Erbrecht, 3. Auflage, Wien 1879.

Walter, Ferdinand — Naturrecht und Politik im Lichte der Gegenwart, Bonn 1863.

Wilmanns, Carl — Die goldene Internationale und die Notwendigkeit einer sozialen Reformpartei, 3. Auflage, Berlin 1876.

Windscheid, Bernhard — Lehrbuch des Pandektenrechts, 7. Auflage, Frankfurt/Main 1891.

Zachariä von Lingenthal, Carl Salomo — Handbuch des Französischen Civilrechts, 8. Auflage, bearbeitet von Carl Crome, 4. Band, Erbrecht, Freiburg 1895.

B. Literatur nach 1900

Bartholomeyczik, Horst — Erbrecht. Ein Studienbuch, 6. ergänzte Auflage, München und Berlin 1964.

Boehmer, Gustav — Vorschläge zur Neuordnung der gesetzlichen Erbfolge (BGB §§ 1924—1936), Berlin 1938.

ders. — Einführung in das Bürgerliche Recht, 2. Auflage, Tübingen 1965.

Brox, Hans — Erbrecht. Köln, Berlin, Bonn, München 1966.

Das *Bürgerliche Gesetzbuch* — mit besonderer Berücksichtigung der Rechtsprechung des Reichsgerichtes und des Bundesgerichtshofes. Kommentar herausgegeben von Reichsgerichtsräten und Bundesrichtern. 11. Auflage, V. Band, Erbrecht, Berlin 1960.

Coing, Helmut — (siehe *Kipp*, Theodor).

Enneccerus-Nipperdey — Allgemeiner Teil des Bürgerlichen Rechts. Ein Lehrbuch. 15. neubearbeitete Auflage, Erster Halbband, Tübingen 1960.

Erman — Handkommentar zum Bürgerlichen Gesetzbuch in zwei Bänden, 3. neubearbeitete Auflage, Münster 1962.

Frensdorff, Ferdinand — Gottlieb Planck, Berlin 1914.

Gmür, Rudolf — Savigny und die Entwicklung der Rechtswissenschaft, Münster 1962.

ders. — Das Schweizerische Zivilgesetzbuch verglichen mit dem Deutschen Bürgerlichen Gesetzbuch, Bern 1965.

Hedemann, Justus Wilhelm — Die Fortschritte des Zivilrechts im XIX. Jahrhundert, Zweiter Teil: Die Entwicklung des Bodenrechts von der französischen Revolution bis zur Gegenwart. 1. Hälfte: Das materielle Bodenrecht, Berlin 1930.

Kiefner, Hans — Der Einfluß Kants auf Theorie und Praxis des Zivilrechts im 19. Jahrhundert, in: Philosophie und Rechtswissenschaft. Zum Problem ihrer Beziehung im 19. Jahrhundert. Hrsgg. von J. Blühdorn und J. Ritter, Frankfurt 1969.

Kipp, Theodor — *Coing*, Helmut — Erbrecht, Ein Lehrbuch, Tübingen 1960.

Die *Königlich Bayrischen Staatsminister der Justiz* — in der Zeit von 1818 bis 1918. Ihre Herkunft, ihr Werdegang und ihr Wirken. Mit einem Anhang: Die Staatsräte und die Referenten dieser Zeit. Herausgegeben von dem Staatsministerium der Justiz, II. Teil (1854—1918) und Anhang, München 1931.

Koschaker, Paul — Europa und das römische Recht, 4. Auflage, München und Berlin 1966.

Kroeschell, Karl — Landwirtschaftsrecht, 2. Auflage, Köln, Berlin, Bonn, München 1966.

Lange, Heinrich — Lehrbuch des Erbrechts, München und Berlin 1962.

Larenz, Karl — Allgemeiner Teil des deutschen bürgerlichen Rechts, München 1967.

Meyers Großes Konversations-Lexikon — Ein Nachschlagewerk des allgemeinen Wissens. 6. gänzlich neubearbeitete und vermehrte Auflage, Leipzig und Wien 1908.

Mitteis-Liebrich — Deutsches Privatrecht, 5. Auflage, München 1968.

Planck, Gottlieb — Bürgerliches Gesetzbuch nebst Einführungsgesetz.
Erster Band, Einleitung und Allgemeiner Teil, 2. Auflage, Berlin 1898.
Fünfter Band, Erbrecht, 1. und 2. Auflage, Berlin 1902.

Schärl, Walter	Die Zusammensetzung der bayrischen Beamtenschaft von 1806 bis 1918. Münchener historische Studien, Abteilung bayrische Geschichte. Kallmünz, Oberpfalz 1955.
Schubert, Werner	Die Entstehung der Vorschriften des BGB über Besitz und Eigentumsübertragung. Münsterische Beiträge zur Rechts- und Staatswissenschaft, Heft 10, Berlin 1966.
Soergel, Hans Theodor — *Siebert*, Wolfgang	Bürgerliches Gesetzbuch mit Einführungsgesetz und Nebengesetzen. Band 1, Einleitung, Allgemeiner Teil, 10. Auflage, Stuttgart, Berlin, Köln, Mainz 1967.
J. von *Staudingers*	Kommentar zum Bürgerlichen Gesetzbuch mit Einführungsgesetz und Nebengesetzen. 11. neubearbeitete Auflage, V. Band, Erbrecht, Berlin 1954.
Wagner, Adolph	Theoretische Sozialökonomik, Leipzig 1907.
Wegmann, Franz	Die Begründung des Erbrechts im 19. Jahrhundert. Diss. Münster 1969.
Wieacker, Franz	Privatrechtsgeschichte der Neuzeit, 2. Auflage, Göttingen 1967.
ders.	Das Sozialmodell der klassischen Privatrechtsgesetzbücher und die Entwicklung der modernen Gesellschaft. Vortrag gehalten vor der juristischen Studiengesellschaft in Karlsruhe am 12. Dezember 1952, Schriftenreihe der Juristischen Studiengesellschaft Karlsruhe, Heft 3, Karlsruhe 1953.
ders.	Wandlungen im Bilde der historischen Rechtsschule, Vortrag gehalten vor der Juristischen Studiengesellschaft in Karlsruhe am 19. Januar 1967, Karlsruhe 1967.
Zeitgenossenlexikon	Deutsches Biographisches Handbuch deutscher Männer und Frauen, Leipzig 1905.

FSC
www.fsc.org
MIX
Papier | Fördert
gute Waldnutzung
FSC® C083411

Kolibri 360 GmbH
Ferdinand-Jühlke-Straße 7
99095 Erfurt, Deutschland
produktsicherheit@kolibri360.de